Dr. Katharina Turecek | Mag. Birgit Peterson

Handbuch
Studium

effizient und erfolgreich lernen,
schreiben und präsentieren

KRENN

VORWORT

Dieses Buch haben wir für dich als Studentin bzw. Student geschrieben – mit der Absicht, all die fürs Studieren wichtigen Tipps und Tricks zu vermitteln, die wir selbst gerne schon am Anfang unserer Studien gewusst hätten. Du hältst eine Sammlung in der Praxis bewährter Strategien und Methoden in der Hand, gespickt mit zahlreichen Anregungen und Tipps. Probiere sie aus und entscheide selbst, welche Techniken dir zusagen. Finde deinen eigenen Weg und erleichtere dir so dein Studium – und auch das Leben danach.

Während unserer eigenen Studien haben wir festgestellt, dass an der Uni zahlreiche Fertigkeiten vorausgesetzt werden: vom „selbst Organisieren" eines funktionierenden „Lernplans" von Semester zu Semester über die Bewältigung großer Stoffmengen in kurzer Zeit bis zum Verfassen von schriftlichen Arbeiten und Präsentationen. Als Kognitionswissenschaftlerinnen haben wir uns intensiv damit auseinandergesetzt, wie effektives Studieren besser funktionieren kann, und zahlreiche Arbeitsmethoden gesammelt, erprobt und optimiert. Zudem hat uns auch der theoretische Hintergrund und die physiologische Basis der untersuchten Lern- und Arbeitsstrategien interessiert: die hier vorgestellten Herangehensweisen entsprechen dem aktuellen Stand der Forschung.

Erfolgreich zu studieren ist ein komplexer Prozess um eine zentrale Kompetenz: Selbstorganisation und die Fähigkeit, sich neues Wissen anzueignen. Dazu gehört auch die Fähigkeit, Fachliteratur analysierend zu lesen und selbst wissenschaftliche Texte zu verfassen. Um wissenschaftlich arbeiten zu können, zeigt das „Handbuch Studium" darüber hinaus, wie du komplexe Zusammenhänge begreifen und aus einem Haufen Daten oder Materialien tiefere Bedeutungen analysieren lernst.

Diese Fähigkeiten sind bei weitem bedeutsamer als all das Fakten-Wissen, das du dir im Laufe deines Universitätsstudiums aneignen wirst. Denn Wissen verändert sich heutzutage „stündlich", und es ist sehr unwahrscheinlich, dass du dein ganzes Leben lang im selben Job bleiben wirst. Aktuelle Entwicklungen werden jedenfalls ganz automatisch dazu führen, dass du dich mit neuen Geräten, neuen Gedanken, neuen Ideen auseinandersetzen musst. Die dazu nötigen „überfachlichen Kompetenzen" werden dir in Zukunft in allen Lebensbereichen nützlich sein.

Deine eigenen Studier-Erfahrungen, Erfolge und Erlebnisse interessieren uns! Du findest in diesem Buch viele Erzählungen und Erfahrungsberichte von uns persönlich, unseren Studienkolleginnen und -Kollegen oder Studierenden, die wir in Einzelberatungen oder Workshops betreut haben. Gerne wüssten wir auch von dir, wie du bestimmte Situationen während deines Studiums meisterst. Und auch dein Feedback interessiert uns! Erzähle uns, wie dir unser Buch gefallen hat und was du besonders nützlich gefunden hast: studieren@a-head.at

Wir wünschen dir viel Erfolg!
Katharina und Birgit
www.a-head.at

INHALT

EINLEITUNG 8

Duchschaue dein Studium 10
Studieren nach der Bologna-Reform 11
Durchblicke dein Curriculum! 12
Entlarve gefährliche Hürden! 13

SELBSTORGANISATION 16

Zeitmanagement 19
Semesterplan 19
Zeit finden 22
Zeit planen 26

Motivation 32
Das Ziel vor Augen 32
Am Ball bleiben 34
Erfolge belohnen 36

Arbeitsumgebung 38
Arbeitsräume schaffen 38
Welche Arbeitsräume wofür? 39
Arbeitsräume gestalten 39

Teamwork 42
Bilde Lern- und Schreibteams 43
Produktive Gruppenarbeit 45

Konzentration 48
Aktivierung 49
Orientierung 53
Fokus 55

Zusammenfassung: Organisiere dein Studium! 57

INHALT

HANDWERKSZEUG — 58

Lernen mit allen Sinnen — 61
Lerntypen — 61

Betrachten — 61
Trainiere deine Vorstellungskraft — 65

Zuhören — 67
Höre aufmerksam zu — 68
Achte auf unterschwellige Informationen — 69

Lesen — 70
Querlesen — 70
Aufmerksames Lesen — 75
Lesen von fremdsprachigen Texten — 76

Schreiben — 78
Hören und Schreiben — 79
Lesen und Schreiben — 84
Schreiben als kreativer Akt — 86
Schreiben als Denkmethode — 87

Visualisieren — 91
Mindmapping — 91
Clustering — 92
Kategorisieren — 93

Zusammenfassung: Erlerne Basismethoden für dein Studium! — 95

INHALT

LERNPROZESS 96

Überblicken 99
Vorwissen aktivieren 100
Mit allen Sinnen 103
Einen Lernplan erstellen 105

Verstehen 112
Was bedeutet verstehen? 114
Erkunde die Details 118
Erkenne Bedeutungen und Zusammenhänge 125
Vernetze das große Ganze 133

Merken 139
Fachausdrücke, Vokabeln und Namen 140
Zahlen, Paragraphen und Formeln 144
Auflistungen und große Datenmengen 148
Wiederholungsstrategien 158

Erinnern 164
Vergessen und Erinnern 165
Prüfungen bestehen 172
Problemlösung 181
Du als ExpertIn! 186

Zusammenfassung: Lerne zu lernen 187

INHALT

WISSENSCHAFTLICH ARBEITEN — 190

Recherchieren — 193
Spuren sichern — 193
Recherchieren im Internet — 198
Literaturberge bewältigen — 202

Wissen schaffen — 205
Ideenfindung — 205
Ein Thema wissenschaftlich bearbeiten — 209
Strukturiert kommunizieren — 218
Erkenntnisse publizieren — 222

Wissenschaftliche Schreibprojekte — 225
Planen und Strukturieren — 225
Rohtext schreiben — 233
Überarbeiten — 235
Abschließen — 240

Präsentationen — 243
Vorbereitung — 243
Visuelle Unterstützung — 247
Poster — 250
Dein Auftritt — 255

Zusammenfassung: Entdecke den/die WissenschaftlerIn in dir — 260

EINLEITUNG

Duchschaue dein Studium   10

Studieren nach der Bologna-Reform   11
Durchblicke dein Curriculum!   12
Entlarve gefährliche Hürden!   13

Durchschaue dein Studium!

Mit der Neuordnung vieler Studien durch den Bologna-Prozess hat es in den letzten Jahren viele Veränderungen an den Universitäten gegeben. Ein Studium sieht jetzt ganz anders aus als das deiner Eltern oder auch deiner älteren Geschwister.

Manuela, Psychologie-Studentin:
Mein erstes Studium Biologie hab ich bereits 1999 abgeschlossen. Als ich mich entschloss, ein neues Studium – Kunstgeschichte – anzufangen, war ich total überrascht, wie sehr sich die Universitäten verändert haben. Allein die Organisation: Ganz viele Dinge sind nun leichter oder online verfügbar, für die früher viele Wege notwendig waren. Alles geht übers Internet, von der Anmeldung bis zur Sprechstunde, was die Organisation sehr erleichtert. Dafür kann man kaum etwas nach Interesse frei wählen.

Im Gegensatz zu früher ist kaum noch Platz und Zeit, sich mit den Themen persönlich auseinanderzusetzen – weil alles so straff durchorganisiert ist, fehlt der „Raum zu denken". Und obwohl sich heute viel mehr Leute in die Hörsäle drängen müssen, hat kaum noch wer Zeit, sich miteinander auszutauschen und zu diskutieren.

Einerseits bedeutet ein Studium nicht mehr mindestens 6 lange Jahre Ausbildung: Schon nach 3 Jahren kannst du einen Bachelor erwerben und dich mit einer abgeschlossenen akademischen Ausbildung ins Berufsleben werfen. Auch Fachhochschulen bieten eine kurze und praxisorientierte Ausbildung an, die sich in der Organisation weniger vom gewohnten Schulalltag unterscheidet als eine Universität.

Andererseits bedeutet die neue Studienarchitektur für dich viel weniger Zeit, um in dein Fach richtig einzusteigen und die Wissensgebiete herauszufiltern, die dich wirklich interessieren. Dadurch, dass Bachelor-Studien im Zeitraffer einen fundierten Einblick in eine Disziplin geben wollen, musst du oft sehr viel Fachwissen innerhalb kurzer Zeit lernen. Zusätzlich sollst du die nötigen Kompetenzen erwerben, um wissenschaftlich zu denken und arbeiten zu können: Bereits nach 3 Jahren musst du schließlich in der Lage sein, eine kleine wissenschaftliche Arbeit nach allen Regeln der Kunst deines Studienfaches zu verfassen.

Studieren nach der Bologna-Reform

Wer ab 2010 zu studieren beginnt, findet die meisten Universitäten im deutschsprachigen Raum in einer Umbruchphase vor. Die Qualität vieler Studien wurden nach der ersten Umstellung auf Bologna noch nicht umfassend auf ihre Studierbarkeit hin überprüft und angepasst. Zusätzlich strömen immer mehr Studierende an die Universitäten und brauchen Platz und Betreuung. Das macht es für dich nicht leichter.

Gleichzeitig verändern sich auch wissenschaftliche Methoden und Erkenntnisse rasant und müssen ständig adaptiert werden. Da hinken universitäre Strukturen oft hinterher, und manchen Lehrenden fällt es schwer, sich an die neuen Gegebenheiten und Anforderungen anzupassen.

Diese Situation vereinfacht deinen Einstieg ins Studium nicht gerade. Viele spannende Aspekte, die früher ein Studium ausgezeichnet haben, kommen dabei leicht zu kurz:

- *Vertraut werden mit den Spielregeln und Besonderheiten deines Studienfaches.*
- *Durchblicken, wie die unzähligen Einzelfakten zusammenhängen.*
- *Hineinwachsen in den vielschichtigen Prozess wissenschaftlichen Arbeitens.*
- *Ausbilden und Schärfen deines Forschergeistes.*
- *Persönliches diskutieren mit den Koryphäen deines Forschungsgebietes.*
- *Tiefer einsteigen in ein spezielles Thema deines Studienfachs.*

Um trotzdem Zeit für all diese Dinge zu finden, die studieren erst richtig spannend machen, musst du dir schon am Anfang den Durchblick über deine Studienorganisation verschaffen.

Durchblicke dein Curriculum!

Die Neuorganisation der Studien durch den Bologna-Prozess hat auch einige Vorteile für dich: Dein Studium ist bis ins Detail schriftlich festgehalten, im so genannten Curriculum. Meistens findest du es online auf den Seiten deiner Universität.

In deinem Curriculum steht genau drinnen

- *welche Module du absolvieren musst oder kannst.*
- *wie viele ECTS du pro Modul oder Abschnitt brauchst.*
- *ob es irgendeine vorgeschriebene Reihenfolge gibt.*
- *was du wann machen musst oder darfst.*
- *welche Studienziele mit den einzelnen Modulen erreicht werden sollen.*
- *wie viele Lehrveranstaltungen davon prüfungsimmanent sein müssen. (Details zu all diesen Punkten findest du im Kapitel „Semesterplanung" auf Seite 19.)*

Anhand des Curriculums kannst du den optimalen Ablaufplan des Studiums sehen und je nach eigenen Zielen und Zeitressourcen deinen Studienplan designen.

Auch die ECTS-Punkte (siehe Kapitel „Semesterplanung" auf Seite 19) machen dein Studium besser planbar: Dahinter verbirgt sich das durchschnittliche Arbeitspensum für jede Lehrveranstaltung. War früher nicht klar, wie lang du für eine zweistündige Vorlesungsprüfung lernen musst, kannst du das heute dank ECTS besser abschätzen. Es macht Sinn, schon am Anfang deines Studiums zu überlegen, in welchem Semester du wie viele ECTS- Punkte schaffen möchtest. Versuche je nach persönlicher Situation und Ausmaß deiner Berufstätigkeit realistisch zu planen.

Sophie, Publizistik-Studentin:
Bei einem Erweiterungscurriculum, das ich gewählt habe, dachte ich, dass bringe ich locker unter: Es sind ja nur 10 Stunden Anwesenheit pro Woche, das geht sich neben meinem 20 Stunden Job aus. Der Ankündigung, es würden dafür 15 ECTS-Punkte angerechnet, habe ich wenig Bedeutung beigemessen. Dann hat sich herausgestellt, dass tatsächlich ein Aufwand von 25 Stunden pro Woche nötig war, um alles zu schaffen – da hatte ich mich ziemlich verplant! Einige Dinge konnte ich daher erst im nächsten Jahr abschließen, wodurch sich mein Studium ganz schön verzögert hat.

ECTS-Punkte sind besonders wichtig, wenn du dir Lehrveranstaltungen anrechnen lassen willst: Wenn du Lehrveranstaltungen zum Beispiel an einer anderen Uni oder im Ausland absolviert hast, müssen die angegebenen ECTS-Punkte und Studienziele in das Curriculum passen. Durch das europaweit vereinheitlichte ECTS-System ist es nun viel leichter geworden, Auslandsaufenthalte in dein Studium einzubinden!

Entlarve gefährliche Hürden!

Viele Studienpläne haben versteckte Hürden: Voraussetzungsketten von Lehrveranstaltungen engen die freie Gestaltung ein. Erst wenn du eine oder mehrere Prüfungen bestanden oder Module abgeschlossen hast, darfst du bestimmte weitere Lehrveranstaltungen besuchen. Gerade wenn du berufstätig bist und nicht Vollzeit studierst, solltest du diese Knackpunkte deines Curriculums rechtzeitig herausfinden und einkalkulieren. Nichts ist ärgerlicher als ein Semester zu verlieren, weil man ein Element dieser Voraussetzungsketten vergessen hat.

Oft stellen Studierenden-Vertretungen TutorInnen, höhersemestrige Studierende, die dir mit Informationen und Ratschlägen zur Seite stehen. Nutze die Erfahrung von älteren KollegInnen und tausche dich mit deinen KommilitonInnen aus. Auch die Studienprogramme selbst veranstalten Einführungsveranstaltungen, die du nicht auslassen solltest.

Viele Studien werden mit eLearning-Systemen unterstützt. Um diese zu nutzen, brauchst du meistens Zugangsdaten. Erkundige dich rechtzeitig, wie und wie schnell du diese bekommst, und mache dich schon vor der ersten Lehrveranstaltung mit den Systemen vertraut. Meist gibt es technische Schulungen für Studierende auch für diverse Tools, wie Textverarbeitungsprogramme, die du für dein Studium brauchen wirst. Nütze diese Möglichkeiten, bevor du später bei der Abgabe deiner Arbeiten an technischen Hürden scheiterst.

Versuche gleich am Anfang deines Studiums die wichtigsten Eckpunkte herauszufinden:

- *Welche Websites mit relevanten Informationen gibt es zu deinem Studium?*
- *Sammle genaue Informationen über dein Curriculum!*
- *Welche Vorleistungen kannst du dir anrechnen lassen?*
- *Gibt es Voraussetzungsketten?*
- *Was musst du zuerst absolvieren?*
- *Was ist verpflichtend und wo hast du Wahlmöglichkeiten?*
- *Wann sind die Anmeldefristen für die einzelnen Lehrveranstaltungen?*
- *An welchen Wochentagen findet was statt?*
- *Wie kommst du zu deinen Zugangsdaten für diverse Systeme wie Bibliothek, eLearning-Plattformen und Ähnliches?*
- *Gibt es Informationsangebote und Schulungen für StudienanfängerInnen?*

Wenn du dich zu Beginn umfassend informierst, wird es dir leicht fallen, die einzelnen Semester zu planen, und du hast gute Chancen, ohne unnötige Verzögerungen und Ärgernisse zu studieren.

SELBST-
ORGANISATION

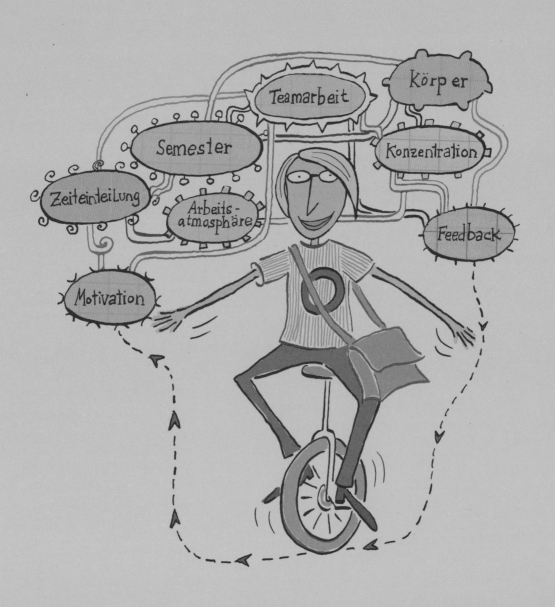

Zeitmanagement   19
Semesterplan   19
Zeit finden   22
Zeit planen   26

Motivation   32
Das Ziel vor Augen   32
Am Ball bleiben   34
Erfolge belohnen   36

Arbeitsumgebung   38
Arbeitsräume schaffen   38
Welche Arbeitsräume wofür?   39
Arbeitsräume gestalten   39

Teamwork   42
Bilde Lern- und Schreibteams   43
Produktive Gruppenarbeit   45

Konzentration   48
Aktivierung   49
Orientierung   53
Fokus   55

Zusammenfassung: Organisiere dein Studium!   57

Im Gymnasium hattest du 30 Schulstunden plus Hausübungen. Zusätzlich hast du dich noch regelmäßig auf Schularbeiten, Tests oder Prüfungen vorbereitet. Du hattest einen verpflichtenden Stundenplan: Du wurdest also „von der Schule organisiert".

An der Uni ist nur ein Bruchteil der Zeit wirklich Anwesenheitspflicht, Hausübungen sind selten. Deadlines betreffen nur dich, und mit Ausnahme von dir selbst interessiert es niemanden, wenn du deine Seminararbeit nicht abgibst. Anstelle der zahlreichen kleinen Überprüfungen gibt es jetzt wenige, dafür riesige Prüfungen. Während dem Semester bekommst du also oft wenig Feedback und dann eine einmalige Chance, deinen Lernerfolg unter Beweis zu stellen.

Wie gehst du mit all der Zeit um, die du dir frei einteilen darfst?

Andere Voraussetzungen erfordern neue Strategien und vor allem: gute Selbstorganisation. Mit der Freiheit an der Uni muss man umgehen können. Darum beginnt dieses Buch damit, optimale Arbeitsvoraussetzungen für dein Studium zu schaffen.

In diesem Kapitel erfährst du, wie du deine Zeit zielgerichtet einteilst und deine Planung einhältst. Setze dich damit auseinander, wo du gerne lernst, schreibst oder nachdenkst und wie du deinen Arbeitsplatz praktischer gestalten kannst. Finde heraus, wie du dich selber motivierst und deine Konzentrationsfähigkeit steigerst.

ZEITMANAGEMENT

Semesterplan

Schon vor Beginn eines Semesters solltest du dir einen Überblick machen, welche Lehrveranstaltungen für dich interessant oder vorgeschrieben sind. Sonst besteht die Gefahr, dass du Anmeldefristen, Vorbesprechungstermine und Ähnliches verpasst und die wichtigsten Kurse nicht besuchen kannst. So verliert man leicht ein Semester – insbesondere, wenn Kurse inhaltlich aufeinander aufbauen oder sogar Voraussetzung für den Besuch anderer Kurse sind.

Welche Lehrveranstaltungen werden angeboten?

Der erste Blick sollte in deinen Studienplan gerichtet sein: Welche Lehrveranstaltungen sind für welches Semester vorgesehen? Welche davon sind verpflichtend? Wo gibt es beschränkte Teilnehmerzahlen? Gibt es Auswahlmöglichkeiten?

Informationen dazu gibt es meistens auf der Homepage deiner Universität, dort findest du das Curriculum deines Studiums. Details zu den einzelnen Lehrveranstaltungen findest du meist in einem Vorlesungsverzeichnis und auf den Homepages der einzelnen Institute und Lehrenden.

Aufschlussreich sind kommentierte Vorlesungsverzeichnisse, Skripten oder gesammelte Prüfungsfragen, die oft von Studierendenvertretungen und Hochschülerschaften angeboten werden. Skripten und Lehrbücher zu den einzelnen Themen findest du in Universitätsbuchhandlungen, wo du sie durchblättern kannst. Ausborgen oder kopieren kannst du alles, was in einer Handbibliothek aufliegt: Oft stellen Lehrende einen Handapparat oder eine Kopiensammlung zu einem Thema zusammen. Auch Werke und Bücher, die in der Bibliothek gerade verliehen oder nicht entlehnbar sind, liegen hier auf.

Studienziele

Achte bei deinem Überblick über die relevanten Lehrveranstaltungen besonders auf die festgehaltenen Studienziele, Inhalte und Methoden: Lehrveranstaltungen mit ähnlichem Titel unterscheiden sich oftmals stark in ihren Zielsetzungen. Die Studienziele findest du meist in der Beschreibung der Lehrveranstaltung oder in der Beschreibung des Curriculums, dem die Lehrveranstaltung zugerechnet werden soll.

Lehrveranstaltungstypen

Abgesehen von den Studienzielen, denen du entnehmen kannst, was du am Ende der Lehrveranstaltung wissen und können sollst, gibt dir der Typ des Kurses Auskunft darüber, was von dir erwartet wird beziehungsweise was die hier geboten wird:

- **Vorlesungen** *sind meist nicht prüfungsimmanent, das heißt, du musst nicht persönlich anwesend sein und kannst dir das notwendige Wissen auch selbst aus anderen Quellen erarbeiten. Es geht hier in erster Line um das Vermitteln von Fachwissen. Um eine Note zu bekommen, musst du eine abschließende Gesamtprüfung bestehen. Finde heraus, ob es gute Unterlagen dazu gibt oder ob angeraten wird, persönlich zu erscheinen.*

- **Seminare, Proseminare, Kolloquien** *sind meist prüfungsimmanent, du musst also zu bestimmten Terminen anwesend sein, und deine „Mitarbeit" kann in die Note einfließen. Mehrere Aufgabenstellungen können für die Notengebung herangezogen werden. Meistens wird in solchen Lehrveranstaltungen selbständiges Arbeiten verlangt. Die Ergebnisse deiner Arbeit musst du in Präsentationen und einer schriftlichen Arbeit darstellen.*

- **Übungen, Praktika, Exkursionen** *sind immer prüfungsimmanent. Hier wird deine praktische Leistung benotet: So werden eher praktische Kompetenzen als reines Fachwissen beurteilt, oder die Umsetzung und Anwendung von Fachwissen stehen im Mittelpunkt. Sowohl fortlaufende Anwesenheit und Mitarbeit als auch diverse Endprodukte deiner Arbeit fließen in die Benotung ein.*

Zeitaufwand

Um ein Semester zu planen, ist es wichtig, den Aufwand pro Lehrveranstaltung abschätzen zu können: Auskunft darüber geben dir die ECTS-Punkte (European-Credit-Transfer-System) und die angegebenen Semesterwochenstunden SWS:

- **1 ECTS-Punkt** *entspricht im Durchschnitt 25 vollen Stunden Arbeitsaufwand für dich pro Semester. Wenn du also in einem Semester Lehrveranstaltungen mit insgesamt 30 ECTS-Punkten belegst, entspricht das dem Zeitaufwand eines 40-Stunden-Jobs.*

- **1 Semesterwochenstunde (SWS)** *entspricht der tatsächlich verlangten durchschnittlichen Anwesenheit pro Woche, wobei 1 Stunde hier meist die Lehreinheit von 45 Minuten meint. Diese Zeit kann geblockt werden.*

Wenn also eine Lehrveranstaltung 1 SWS und 3 ECTS hat, musst du zusätzlich zur reinen Anwesenheit von 1 Stunde pro Woche noch 60 volle Stunden Arbeitszeit pro Semester rechnen, also nochmals mindestens 4 Stunden pro Woche.

Verschaffe dir einen Überblick

Um einen Überblick über die Lehrveranstaltungen zu bekommen, kannst du folgende Checkliste verwenden:

- ☐ Wie umfangreich ist die Lehrveranstaltung? (ECTS)
- ☐ Ist die Veranstaltung verpflichtend laut Studienplan?
- ☐ Wofür kannst du dir die Lehrveranstaltung anrechnen lassen?
- ☐ Ist die Lehrveranstaltung prüfungsimmanent, das heißt, besteht Anwesenheitspflicht?
- ☐ In welcher Sprache wird sie abgehalten?
- ☐ Gibt es Teilnahmevoraussetzungen (Anmeldung, Vorwissen, Vorbesprechung)?

Sobald du dich entschieden hast, welche Lehrveranstaltungen du dieses Semester besuchen möchtest, erarbeite einen Semesterplan, um sicherzugehen, dass alle zeitlich kompatibel sind, sich etwa also nicht überschneiden.

Zeit finden

Zeit freischaufeln

> *Much may be done in those little shreds and patches of time which every day produces, and which most men throw away.*
> *Charles Caleb Colton*

Widme dich deinem Tagesablauf und beobachte dich eine typische Woche lang akribisch genau, rund um die Uhr. Schreibe in 30-Minuten-Einheiten auf, was du getan hast: Zähne putzen, surfen, mailen, arbeiten, telefonieren, duschen, schlafen – einfach alles.

Diese Auflistung ist die Basis für den von Baty (Baty, 2004) entwickelten „Time Finder", eine Methode, die hilft, in einem angefüllten Zeitplan ungenützte Zeiträume auszumachen. Ein Tag im Time Finder könnte zum Beispiel so aussehen:

08:30–09:00	Frühstück gemacht und gegessen
09:00–09:30	duschen und anziehen
09:30–10:00	in die Arbeit fahren
10:00–10:30	Freunden gemailt, Facebook-Einträge, StudiVZ
10:30–14:00	gearbeitet
14:00–14:30	Mittagessen unterwegs, auf die Uni gefahren
14:30–15:00	im Internet surfen, Mails schicken
15:00–17:00	Vorlesung
17:00–17:30	mit KollegInnen gequatscht
17:30–18:30	am Heimweg noch was eingekauft
18:30–21:00	vorm Fernseher, Musikvideos reingezogen
21:00–22.00	Internet, Mails, Telefonat mit Mutter
22:00–22:30	erinnert, dass ich bis morgen noch was lesen muss: ausgedruckt und überflogen
22:30–23:00	gegessen und Geschirr abgewaschen, ein wenig zusammengeräumt
23:00–23:30	Rechnungen überwiesen, Unterlagen für morgige Lehrveranstaltungen zusammengesucht
23:30–00:30	im Internet gesurft
00:30–01:00	Zeitschriften durchgeblättert, Musik gehört
01:00–09:00	geschlafen

Nach einer Woche gehst du deinen Time Finder durch: Markiere in deinem Zeitplan bunt

- **Farbe 1:** Alles was für dich lebensnotwendig oder sehr wichtig ist.
- **Farbe 2:** Alles was dir zwar wichtig ist, ohne das du aber auskommen kannst, bis zur Prüfung bzw. bis deine Arbeit oder dein Projekt fertig gestellt ist.
- **Farbe 3:** Alles was eigentlich nicht so wichtig ist und du einige Zeit auslassen kannst, ohne dass es eine Katastrophe für dich bedeutet.

Nun kannst du dir Zeit freischaufeln: Rechne aus, wie viel Zeit du im Durchschnitt für die mit Farbe 3 markierten Tätigkeiten brauchst. Wenn du auf 1 bis 2 Stunden kommst, ist das perfekt – verabschiede dich für intensive Perioden von diesen Tätigkeiten und reserviere die gewonnene Zeit stattdessen als Arbeitszeit. An dem Tag im angegebenen Beispiel könntest du so bereits 4 Stunden freischaufeln.

Kommst du so nicht auf genug Zeit, musst du notfalls für kurze Zeit auf ein paar der Tätigkeiten der Farbe 2 verzichten. Streiche sie aber nicht ganz, sondern reduziere vorerst die Frequenz. Du wirst feststellen, dass du alle Tätigkeiten, die du dir trotzdem weiterhin erlaubst, viel bewusster genießen und schätzen wirst.

Prioritäten setzen

Wenn du weder weißt, wo du beginnen sollst, noch wann du all die Aufgaben erledigen kannst, probiere die Eisenhower-Matrix aus. Damit ist Folgendes gemeint: Ordne alle Tätigkeiten in der folgenden Matrix nach Wichtigkeit und Dringlichkeit.

	dringend	nicht dringend
wichtig	1	3
weniger wichtig	2	4

- **Priorität 1:** *Wichtig und dringend. Fange gleich mit diesen Dingen an. Diese Kategorie hat immer Vorrang.*
- **Priorität 2:** *Weniger wichtig und dringend. Delegiere diese Dinge an jemand anderen. Wenn das nicht möglich ist, erledige sie direkt nach den „wichtigen und dringenden" Sachen und mit so wenig Aufwand wie möglich.*
- **Priorität 3:** *Wichtig und nicht dringend. Nimm dir einen fixen Zeitpunkt vor: Wann genau wirst du diese Aufgabe erledigen?*
- **Priorität 4:** *Weniger wichtig und nicht dringend. Alle diese Punkte streiche sofort von deiner To-do-Liste. Schiebe sie auf die „parking lane" – dort warten sie, bist du irgendwann wieder freie Zeit hast, um sie zu erledigen.*

Zeit produktiv nutzen

„Ausreichend freie Zeit" klingt auf den ersten Blick wunderbar. Zeitaufwendige Projekte verschieben wir darum gerne in die Ferien. Wichtige Vorhaben, die sich nicht mehr ausgegangen sind, werden zusammen mit jenen Freizeitaktivitäten, für die man sonst keine Zeit findet, in den „Urlaub" verschoben. Im Nachhinein stellt man oft frustriert fest, dass man 3-mal so viel „freie Zeit" gebraucht hätte, um all die geplanten Aktivitäten unterzubringen.

Woran liegt das? Wenn scheinbar genug Zeit vorhanden ist, spart man sich oft eine genaue Planung. Dadurch können kleine Dinge leicht mehr Zeit in Anspruch nehmen als bei einem straff strukturierten Zeitplan, und die eigentlichen Vorhaben rücken leicht weiter nach hinten.

Roland, Geschichte-Student:
Ich hatte die ganzen Semesterferien Zeit, um eine Seminararbeit zu schreiben. Mehr als genug, dachte ich, weil ich den Zeitaufwand nur auf 3 Tage geschätzt hatte. Aber die Zeit ist irgendwie wie im Flug vergangen, und der Tag war vorbei, ohne dass ich genau gewusst habe, was ich konkret gemacht habe.

Je mehr freie Zeit zur Verfügung ist, desto wichtiger wird es, die wichtigen Vorhaben genau zu planen und zu terminisieren.

Menschen sind sehr unterschiedlich und haben zu unterschiedlichen Tageszeiten ihre individuellen Leistungshochs und Konzentrationstiefs. Um herauszufinden, wann deine besten Arbeitszeiten sind, versuche zu unterschiedlichen Uhrzeiten zu arbeiten. Notiere dir, wann welche Aktivitäten erfolgreich sind und zu welchen Uhrzeiten du gar nicht produktiv bist. Je genauer du deinen Tagesablauf analysierst, desto besser weißt du über deinen Leistungsrhythmus Bescheid.

Versuche, deine Studierzeiten möglichst in deine produktiven Tagesphasen zu legen, und Organisatorisches, Routinearbeit und andere Tätigkeiten dann zu erledigen, wenn du ohnehin kognitiv nicht so viel weiterbringen würdest.

Zeit planen

Setze dir Meilensteine

Setze dir konkrete Ziele für jede kleine Arbeitseinheit und vermerke Sie in deinem Zeitplan. Wichtig dabei: Das Ziel soll so konkret wie möglich formuliert und überprüfbar sein.

Jonathan, Physik-Student:
Ich habe mir oft vorgenommen, den ganzen Nachmittag das Kapitel über Quantenmechanik zu lernen. Obwohl ich den ganzen Nachmittag über dem Buch verbracht hab, hab ich am Abend das Gefühl gehabt, noch immer nichts zu verstehen und zu können ... der ganze Nachmittag umsonst.

Unklar formulierte Zielsetzungen führen oft dazu, dass du vom eigenen Arbeiten und Lernen sehr frustriert bist. Formuliere deine Ziele so, dass du weißt, wann du sie erreicht hast. Stell dir für jedes Ziel die Frage, ob du es SMART formuliert hast.

- **S – spezifisch:** *Ist dir eindeutig klar, was dein Ziel ist? Lässt es sich von anderen Zielen abgrenzen?*
- **M – messbar:** *Wie lässt sich herausfinden, ob du dein Ziel erreicht hast? Woran kannst du deinen Erfolg ablesen?*
- **A – angemessen:** *Ist dein Ziel erreichbar? Setz dir die Latte nicht zu hoch, damit dir die Lust am Sprung nicht vergeht.*
- **R – relevant:** *Hat das Ziel einen Sinn? Ist es für die Erreichung deines langfristigen Ziels hilfreich?*
- **T – terminiert:** *Wann hast du vor, dein Ziel zu erreichen? Nenne einen konkreten Zeitpunkt.*

Diese Methode wird im Projektmanagement seit Jahren erfolgreich angewandt, um Ziele und Pläne zu optimieren. Nütze sie, um dein Projekt „Studium" erfolgreich abzuschließen.

Wenn klar ist, dass du dein Ziel erreicht hast, kannst du mit dir zufrieden sein und dich mit einer wohlverdienten Pause belohnen.

Die folgenden Ziele sind nach dem SMART-Prinzip formuliert:

- Bis morgen habe ich Kapitel 5 einmal durchgelesen.
- Ich kenne bis zur nächsten Gruppenübung die 10 wichtigsten Begriffe der Quantenmechanik und weiß, wie sie zueinander in Bezug stehen.
- Bis zur Prüfung weiß ich, welche Bedeutung die Erkenntnisse der Quantenmechanik auf andere Theorien der Physik haben.
- Bis Ende der Woche habe ich die Eckpunkte der Theorie für die Arbeitsgruppe schriftlich zusammengefasst.
- Ich habe mir die wichtigsten Stellen im Text schon angestrichen.
- Morgen kann ich die Formeln auswendig und habe sie erfolgreich wiederholt.
- Vor Beginn des nächsten Semesters kann ich die Formeln zum Lösen komplexer Beispiele anwenden.
- Nach den Osterferien habe ich alle Beispiele einmal durchgerechnet.
- Ich bin von meiner Freundin geprüft worden und konnte 2/3 aller Fragen beantworten.
- Am Donnerstag kenne ich alle geforderten Daten des Zweiten Weltkrieges.
- Am Sonntag kenne ich alle Daten des Zweiten Weltkrieges und ihre unmittelbare Bedeutung für die weitere geschichtliche Entwicklung.

Ist die Planung realistisch?

Wirf am Ende noch einmal einen kritischen Blick auf deine Zeitplanung. Macht der Plan Sinn? Ist es realistisch, dass du zu den vorgenommenen Zeiten arbeitest?

- Ganze Lern- oder Schreibtage sind unrealistisch.
- Vergiss nicht, dir zwischendurch etwas Gutes zu gönnen. Sind in deinem Zeitplan ausreichend Freizeitaktivitäten vorhanden?
- Abends studieren? Kein Problem. Aber nimm dir dann nicht vor, bereits zeitig in der Früh wieder weiterzuarbeiten. Stoppe zu der Zeit, zu der du normalerweise schlafen gehst. Du benötigst deinen Schlaf, um das Gelernte zu verarbeiten.

- *Kannst du das Pensum in der vorhandenen Zeit schaffen? Wenn viele Termine anstehen, ist es eine gute Idee, im Vornhinein zu überlegen, worauf du vielleicht verzichten kannst.*

- *Man weiß nie, was kommt ... es ist nicht schlecht, wenn einige Stellen der Tabelle leer bleiben. So hast du einen Puffer.*

Passe den Plan gegebenenfalls an, sodass er dir machbar erscheint.

Facts: Lernen im Schlaf.

Wenn du nach einem intensiven Lernabend die Augen zumachst, wird die Wachfrequenz deiner Gehirnzellen von 14 bis 60 Hertz um ein Vielfaches reduziert, bis du schließlich tief und fest schläfst. Auf diese Tiefschlafphase folgt der REM-Schlaf (Rapid Eye Movement). Dieser Zyklus wiederholt sich etwa 6-mal pro Nacht.

Den einzelnen Schlafphasen werden unterschiedliche Eigenschaften zugeordnet. Während REM-Schlaf sind deine Muskeln vollkommen entspannt, dafür spielt es sich in deinem Kopf ab: Der REM-Schlaf ist die Phase der Träume.

Wissensinhalte werden vor allem während Tiefschlafphasen gefestigt (Stickgold, 2005). In der ersten Nachthälfte verarbeitest du die Daten und Fakten, die du dir untertags eingeprägt hast. Der REM-Schlaf ist hingegen wichtig für das Erlernen von Bewegungsabläufen. Lernst du eine neue Sportart oder übst du eine bestimmte Fingerfertigkeit, profitierst du vor allem von dieser Zeit.

Gerade vor großen Prüfungen zahlt es sich also aus, am Vorabend das Buch und die Augen zu schließen. Mehr Schlaf mit dem Buch unter dem Kopfpolster lohnt sich: Du festigst die Lerninhalte im Schlaf.

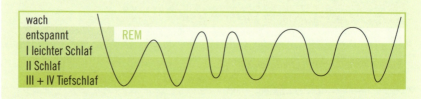

Hat die Planung funktioniert?

Wahrscheinlich bist du froh über die zeitlichen und organisatorischen Freiheiten an der Uni. Lass sie dir nicht zum Verhängnis werden und überwache deinen Erfolg selbst. Wähle konkrete Zeitpunkte, zu denen du über dein Arbeitsverhalten reflektierst. Welche Strategien haben funktioniert und welche nicht? Geht dein Zeitplan auf? Sei dabei ehrlich zu dir.

Birgit, Biologie-Studentin:
Im Pläne machen bin ich toll. Je detaillierter, desto lieber, schön bunt gestaltet und übersichtlich, damit ich genau weiß, bis wann ich was zu tun hab. Das Problem kommt danach: dass ich meinen Plan einfach nicht einhalte, sondern alles ewig lang vor mir hergeschoben habe. Dann setz ich mich hin und mach einen neuen hübschen Plan, den ich genauso wenig einhalte. Bis ich dann am Ende planlos in allerletzter Minute alles irgendwie mache, nur um es noch rechtzeitig hinzubekommen.

Das Problem an selbst erstellten Plänen ist die Verbindlichkeit: Was passiert, wenn du dich nicht daran hältst? Das Reizvolle am selbst organisierten StudentInnenleben ist zugleich eine Herausforderung für deinen Lernprozess: Niemand außer dir selbst kontrolliert, ob du deine ambitionierten Pläne einhältst. Du bist nur dir selbst verantwortlich, und leider ist man mit sich selbst oft ziemlich nachsichtig.

Ausreden und Gründe sind oft schnell zur Hand: „Na ja, es war ja viel zu schönes Wetter, um zu lernen", oder: „Die Party ist ja was ganz Besonderes" oder die Tatsache, dass Geld zu verdienen eben seine Zeit braucht und du dir ja mal was anderes als Second-Hand-Klamotten gönnen willst … Viele Dinge können in dem Augenblick, in dem du zu lernen oder schreiben beginnst, wichtiger sein oder plötzlich wichtig werden.

Elisabeth, Pädagogik-Studentin:
Immer wenn ich lernen sollte, finde ich es auf einmal unglaublich wichtig, dass die Küche aufgeräumt ist und der Boden gesaugt. Irgendwie ist meine Motivation aufzuräumen dann größer, als mich hinzusetzen und anzufangen. Wenn ich aber einmal begonnen habe, bereue ich, dass ich so viel Zeit mit anderen Dingen verbracht habe.

Besiege deinen inneren Schweinehund!

Ihn an die Leine nehmen und erziehen ist nicht immer so leicht, und es bedarf einigen Trainings, damit er richtig gut erzogen ist. Dafür gibt es einige Grundsätze, die du beachten solltest:

Kleine Fortschritte vornehmen

Es wird dir nicht möglich sein, deine Arbeitsweise von heute auf morgen komplett umzukrempeln. Stecke dir kleine Ziele.

Wenn du merkst, dass du deine Vorsätze wieder nicht eingehalten hast, nimm dir nicht mehr, sondern weniger vor.

Wenn du in Eile bist, gehe langsam.
Chinesisches Sprichwort

Große Belohnungen

Selbst kleine Schritte sind wichtig und eine Belohnung wert. Überlege dir schon vorher, was du dir gönnen wirst, wenn du dein kleines Ziel geschafft hast: je konkreter, desto besser. Aber nimm nichts als Belohnung, dass du ohnehin tun würdest, egal ob du dein jeweiliges Ziel erreicht hast oder nicht.

Deadlines

Ohne Deadlines würden ganz viele Dinge niemals fertig werden. Die Last-Minute-Energie kann gewaltige Dinge vollbringen. Deadlines sind super, sie sind der Kraftstoff, der unseren Last-Minute-Motor erst so richtig in

Schwung bringt. Nütze diese Energie für jeden kleinen Fortschritt und jeden Meilenstein, den du dir setzt, indem du ihn mit einer Deadline verknüpfst.

Verbindlichkeit

Vertraue dir nicht. Erhöhe die Verbindlichkeit deiner Deadlines, indem du sie mit Konsequenzen verknüpfst, die von außen kommen:

- *Vereinbare einen Arbeitstermin mit einer fleißigen Person den verschiebst du nicht so leicht wie einen Termin mit dir selber.*
- *Bitte jemanden um ein Feedback auf deine Präsentation oder Seminararbeit zu einem bestimmten Termin. Wähle eine Person, die nachfragt und bei der es dir peinlich wäre, nichts abzuliefern.*
- *Such dir im Vorhinein eine Person, die du nicht enttäuschen willst und bitte sie, dich an einem bestimmten Tag über eine bestimmte Stoffeinheit abzuprüfen, die du bis dahin gelernt haben möchtest.*
- *Schließe Wetten ab mit einem Einsatz, den du spürst. Wette beispielsweise mit KollegInnen, wer zuerst fertig wird oder wer die bessere Note bekommt.*

Natascha, **ehemalige Anthropologie-Studentin:**

Meine Freundin und ich haben unsere Diplomarbeit ewig vor uns hergeschoben. Wir haben uns immer damit getröstet, dass wir beide noch nicht fertig waren. Dann haben wir gewettet: Wer zuletzt fertig ist, muss die gemeinsame Sponsionsparty zahlen. Zuerst haben wir weiter gebrodelt, aber als meine Freundin dann so richtig durchgestartet hat, hab ich angezogen – wir wollten ja immerhin gemeinsam feiern. Wir sind tatsächlich ziemlich knapp hintereinander fertig geworden und haben die Kosten der Riesenparty geteilt.

MOTIVATION

Das Ziel vor Augen

Langfristige Ziele setzen

Die größte Motivationshürde ist, nicht zu wissen, was man selber eigentlich will.

Studierende ziehen oft zügig und erfolgreich durchs Studium, um dann unverhältnismäßig lange bei der letzten Prüfung oder der Diplomarbeit hängenzubleiben. Häufig liegt das daran, dass sie keine konkreten Pläne für die Zeit danach haben.

Finde heraus, was du möchtest und warum du studierst. Es gibt keine richtigen oder falschen Ziele.

Oft ist es gar nicht so leicht zu wissen, was man will. Entweder es gibt so viele reizvolle Möglichkeiten, und du kannst dich kaum entscheiden. Oder es sind wenig verlockende Aussichten im Blickfeld. In beiden Fällen hilft oft eine kleine Fantasiereise in eine mögliche Zukunft:

- *Wenn du in der Früh aufwachst, lasse die Augen zu und stell dir vor, du bist bereits 10 Jahre älter. Versuche daran zu denken, was du heute machen wirst, wo du frühstücken wirst und mit wem, wie dein Arbeitsplatz aussieht. Stell dir vor, du arbeitest heute an etwas besonders Spannendem, und male dir aus, wie es sein wird. Am Abend bist du zu einer Feier eingeladen, wo du mit KollegInnen und FreundInnen einen beruflichen Erfolg feiern wirst – male dir auch das genau aus. Wiederhole diese „morgendliche Zeitreise" öfter und überlege, zu welchem realen Szenario deine Zukunftsvision am besten passen könnte.*
- *Schicke dir selbst einen Brief durch die Zeit, indem du dir als 80-jährigeR GreisIn Ratschläge für dein Leben gibst.*
- *Verfasse eine offizielle Festschrift oder bastle eine Kollage als Geschenk zu deinem 40. Geburtstag.*
- *Male ein paar Bilder, die in 20 Jahren in deinem Fotoalbum kleben könnten.*
- *Ein großes Ziel vor Augen gibt dir die Richtung vor und kanalisiert deine Energie. Um es zu erreichen, sind allerdings viele kleine Schritte nötig.*

Kurzfristige Ziele erreichen

Nichts Großes ist je ohne Begeisterung geschaffen geworden.
Ralph Waldo Emerson

Zerlege dein langfristiges Ziel in Teilschritte. Ein Fach kannst du möglicherweise in mehrere Teilprüfungen zerlegen sowie in verschiedene Stoffbereiche. Schreibprojekte lassen sich ebenso schrittweise planen (siehe Kapitel „Wissenschaftliche Schreibprojekte auf Seite 225). Große Ziele sind oft zu weit weg, um uns bereits heute zum Arbeiten zu motivieren.

Riesige Berge erscheinen viel kleiner, wenn du dich immer nur auf ein Teilstück konzentrierst. Wozu brauchst du ein Ziel? Um zu wissen, wo du hin möchtest, aber auch, um zu merken, wenn du angekommen bist. Formuliere daher deine Ziele immer nach dem SMART-Prinzip (siehe Seite 26).

Ein Hochspringer, der sich die Latte nicht selber immer höher legt, hat keine Chance, seinen eigenen Rekord zu brechen. Deine Möglichkeit, dich zu verbessern, hängt davon ab, welche Ziele du dir setzt. Stellst du immer sehr hohe Ansprüche an dich, besteht die Gefahr, dass du ihnen oft nicht gerecht wirst. Das frustriert dich auf Dauer und senkt deine Motivation und dein Selbstvertrauen. Überprüfe, ob du dir nicht zu viel zumutest. Gehe von deinen persönlichen Rahmenbedingungen und Energiereserven aus und lass dich in deinen Zielsetzungen nicht zu sehr von „unerreichbaren Vorbildern" leiten.

Wenn du deine Ziele immer leicht erreichst und dich genug im Erfolg gesonnt hast, kannst du beginnen, dir anspruchsvollere Leistungen vorzunehmen. Gute Zielsetzungen finden, die sowohl realistisch als auch herausfordernd sind, ist eine Kunst und benötigt viel Erfahrung.

Am Ball bleiben

Gedanken steuern

Wir haben Studierende befragt, welche Gedanken ihnen immer wieder durch den Kopf gehen. Manche Sätze motivieren, andere schüren Ängste und schlechte Laune.

Verabschiede dich von Sätzen, die Lernblockaden verursachen können, wie:

- *Hätte ich bloß früher begonnen!*
- *Ich habe keine Lust.*
- *Hoffentlich habe ich während der Prüfung nicht wieder ein Blackout.*
- *Wenn ich die Prüfung nicht schaffe, verliere ich mein Stipendium.*

Formuliere positive Gedanken, die dich motivieren:

- *Dieses Kapitel noch, dann mache ich eine Pause.*
- *Diese Zusammenfassung ist gut gelungen.*
- *Wenn ich so weitermache, schaffe ich die Prüfung locker.*
- *Die anderen Prüfungen habe ich auch gut gemeistert, so wird es diesmal wieder sein.*

Mentaltraining verhilft Spitzensportlern zu Höchstleistungen. Unsere Gedanken haben viel Macht über unsere Leistung. Lass nicht zu, dass negative Gedanken deinen Erfolg schmälern. Wenn du derartige Sätze bemerkst, streiche sie in Gedanken durch. Sammle positive Sätze, die du dir stattdessen in Erinnerung rufen kannst.

Motivationskonflikte vermeiden

Du hast einen Zeitplan und die Vorbereitung auf die nächste Prüfung verlaufen geregelt – bis zu dem Moment, an dem dein bester Freund anruft, um dich zum Ausflug ins Grüne einzuladen. Vermeide solche verführerischen Vorschläge, indem du Freunde über große Prüfungen informierst und ersuchst, dass sie dich erst gar nicht „in Versuchung führen".

- Studiere nicht das Fernsehprogramm von Abenden, an denen du lernen oder schreiben wolltest, und starte kein Computerspiel (auch nicht, um nur kurz zu sehen, in welchem Level du dich befindest).
- Kurzfristige Motivationskonflikte kannst du vermeiden, indem du dich an einen ruhigen Ort zurückziehst.

Optimistisch bleiben

In einem Motivationstief fällt es oft schwer, an sich zu glauben: Da hilft es, sichtbar zu machen, was du schon alles geschafft hast. Hier ein paar Möglichkeiten, die du ausprobieren kannst, um dich wieder optimistischer zu fühlen:

- Liste alle Prüfungen auf, die du bisher schon geschafft hast.
- Ruf Leute an, die dich bewundern und stolz auf dich sind. Lass dir von ihnen Mut zusprechen und dich anspornen.
- Erstelle eine ganz detaillierte To-do-Liste und markiere alles, was du bereits erledigt hast.
- Erinnere dich an das letzte erfolgreiche Projekt, bei dem du ein Motivationstief hattest. Wie bist du damals wieder herausgekommen?
- Mache eine Liste mit mindestens 10 Punkten, die super sind, wenn du dein Ziel erreicht hast.
- Schreibe darüber, wie es sich anfühlt, total unmotiviert zu sein, oder schreibe einen Brief an deine Motivation, in der du sie bittest zurückzukommen und ihr erklärst, warum du sie brauchst.
- Gönn dir einen Tag Pause, ohne schlechtes Gewissen.
- Stelle dir vor, womit du dich belohnen wirst, wenn du da endlich durch bist.

In jedem Arbeitsprozess gibt es Hochs und Tiefs. Lass dich davon nicht demotivieren, wenn du mal einen schlechten Tag hast oder nicht so weit gekommen bist, wie du vorhattest. Bestrafe dich nicht noch zusätzlich mit Selbstkritik. Denk an das Sprichwort: „Fallen ist keine Sünde, aber Liegenbleiben", und sammle deine restlichen Energien, um wieder aufzustehen und weiterzumachen.

Erfolge belohnen

Der höchste Lohn für unsere Bemühungen ist nicht das, was wir dafür bekommen, sondern das, was wir dadurch werden.
John Ruskin

Nichts steigert deine Motivation so sehr wie der Ausblick auf das „Danach". Überlege dir also am besten schon im Vorhinein genau, womit du dich belohnen willst – dann kannst du dich schon so richtig darauf freuen.

Damit Belohnungen deine Motivation steigern, müssen sie

1. unmittelbar nach dem Erfolg kommen (also nicht erst Tage oder Wochen später).
2. der Leistung angemessen sein. Übertriebene Belohnungen stumpfen dich ab, und zu geringe Belohnungen lösen keine wirkliche Freude aus.

Überlege dir also gut, was geeignete Belohnungen für deine jeweiligen Errungenschaften sein könnten. Von der Zigarette oder dem guten Abendessen bis zum großen Urlaub am Ende eines Studienabschnittes ist alles möglich.

> **Facts: Das Belohnungssystem.**
> Im Laufe der Evolution war es für uns Menschen wichtig, Handlungsweisen, die „gut" für uns sind, zu erkennen und entsprechend zu wiederholen. Ein bestimmter Gehirnkern, der Nucleus Accumbens, macht uns auf positive Situationen aufmerksam, indem er den Botenstoff Dopamin aussendet. Dieses Belohnungssystem wird dann aktiv, wenn eine Handlung positive Konsequenzen hat. So wird der Kern aktiv, wenn eine Naschkatze Schokolade isst oder wenn ein Kind von seiner Mutter in den Arm genommen bzw. ein Kollege gelobt wird. Der Nucleus Accumbens spielt leider auch eine wichtige Rolle im Suchtverhalten. Viele Drogen wirken genau an dieser Stelle im Gehirn und bewirken so, dass wir das Verhalten immer und immer wieder wiederholen. Denn genau das ist der Effekt des Belohnungssystems: Hat eine Aktion

> positive Konsequenzen, werden wir in Zukunft versuchen, diese Situation zu wiederholen.
>
> Belohnungen müssen nicht unbedingt von außen kommen. Unser Gehirn kann sich selber belohnen. Sind wir selber zufrieden mit unserer Leistung, positiv überrascht, wie gut wir eine Herausforderung bewältigt haben, wird der Nucleus Accumbens genauso aktiv. So sorgt das Belohnungssystem dafür, dass uns Lernerfolge zu weiteren Lernprojekten motivieren und Schreiberfolge Lust aufs Schreiben machen.

Man unterscheidet zwischen extrinsischer und intrinsischer Motivation: Die intrinsische Motivation kommt aus uns selbst heraus – sie ist an unsere Neugierde und unser Interesse geknüpft. Auch sie kannst du stärken: am besten, indem du dir bewusst machst, was du an deiner Aufgabe spannend und interessant findest. Versuche Fragen zu finden, deren Antworten du gerne wissen würdest. Formuliere Punkte, über die du gerne mehr wissen willst, und beschreibe, was dich an dem Thema reizen könnte, also wofür du etwa dein Wissen verwenden möchtest.

Bei der extrinsischen Motivation kommen die Belohnungen von außen. Alles was du dir Gutes tust, fällt hier genauso hinein, wie Anerkennung und Lob von anderen. Darum ist es wichtig, dass du deine Erfolge nicht unter den Tisch kehrst oder schmälerst, sondern sie ausgiebig feierst. Hast du dich schon mal darüber gewundert, warum jemand so viel Tamtam um eine Leistung macht, die du als selbstverständlich erachtet hast? Und dafür auch noch Applaus bekommt? Wer seine eigenen Erfolge und Leistungen wertschätzt und sichtbar macht, bekommt auch von anderen mehr Anerkennung – und ist beim nächsten Mal noch motivierter. Eines brauchst du auf jeden Fall, nachdem du etwas geschafft hast: eine Pause. Sonst hast du einfach nicht genug Energie, um für die nächste Herausforderung motiviert zu sein.

ARBEITSUMGEBUNG

Die Wirtschaft hat längst erkannt, dass es für gute Leistung wichtig ist, in welcher Umgebung die Angestellten arbeiten. Die ergonomische und optimale Gestaltung von Arbeitsbereichen ist ein eigenes gut dotiertes Forschungsgebiet geworden. Nutze diese Erkenntnisse, um deine Arbeitsplätze zu verbessern.

Was gehört alles zu deiner Arbeitsumgebung? Alles rund um dich ist wesentlich: Materialien, mit denen du arbeitest, die Möbel und Sitzgelegenheiten, die Lichtverhältnisse, die Hintergrundgeräusche, Sachen auf deinem Schreibtisch, der Raum, die Farben und Gerüche, die du beim Arbeiten wahrnimmst.

Alle Elemente deiner Arbeitsumgebung kannst du nach 2 Aspekten beurteilen: einerseits danach, wie stimulierend oder hemmend sie sind, andererseits nach dem Kontext, den du damit verknüpfst. Dieser Kontext sollte möglichst positiv auf deine Motivation wirken.

Arbeitsräume schaffen

Jeder empfindet anders und verknüpft andere Assoziationen mit denselben Räumen: Finde heraus, welche Umgebung du für die jeweiligen Tätigkeiten brauchst. Probiere viele verschiedene Orte und Situationen aus, um draufzukommen, welche dich am meisten stimulieren. Experimentiere, indem du im Freien, in der Bibliothek, im Park, in verschiedenen Kaffeehäusern und an unterschiedlichen Plätzen bei dir zu Hause arbeitest.

Die Stimmung draußen kann sehr inspirierend sein. Die Geschäftigkeit und Bewegung an einem öffentlichen Ort kann sich auf dich übertragen und dein Arbeiten anspornen. Die eigenen 4 Wände schaffen hingegen eine vertraute Atmosphäre. Aber in dem Moment, in dem du beginnst, deine Umgebung aktiv zu beobachten, den Gesprächen am Nachbartisch zu lauschen oder deine Gedanken zu dem noch nicht abgewaschenen Geschirr in der Küche gleiten, ist es mit deiner Konzentration vorbei.

Manuela, Philosophie-Studentin:
Ich bin ewig vor dem Bildschirm zu Hause auf meinem kleinen Schreibtisch gesessen und hab es nicht geschafft, die Seminararbeit richtig anzugehen. Dann hat mir mein Bruder seinen Laptop für ein Projekt geborgt und ich bin damit ins Kaffeehaus gegangen. Dort hat es plötzlich irgendwie „klick" gemacht, und ich bin ins Arbeiten gekommen, sodass ich 4 Stunden dort gesessen bin. Am nächsten Tag zu Hause ist wieder nichts weitergegangen. Seither gehe ich immer ins Kaffeehaus, um zu arbeiten, am besten in eines mit WLAN.

Lernen heißt nicht leiden. Statt sehnsüchtig nach draußen zu blicken, schnapp dir ein paar Unterlagen und geh hinaus, um weiterzuarbeiten. Je bequemer du es dir einrichtest, desto länger reicht deine Energie und desto produktiver kannst du die Zeit nutzen.

Welche Arbeitsräume wofür?

Leg dich auf die Couch, um zu lesen, laufe beim Wiederholen, setz dich an einen Baum gelehnt in die Sonne zum Schreiben. Unterschiedliche Orte sind für unterschiedliche Tätigkeiten geeignet.

Ein kleiner ruhiger Raum unterstützt dich vielleicht nicht, deine Gedanken schweifen zu lassen, um neue Ideen zu finden, hilft dir aber dafür, dich auf deinen Lernstoff zu konzentrieren. Oder du fühlst dich in diesem Raum eingeschränkt und brauchst dafür eine offene weite Umgebung und eine gute Aussicht mit Blick ins Grüne.

Arbeitsräume gestalten

Deine Arbeitsmaterialien

Es macht einfach mehr Spaß, auf einem neuen Laptop zu schreiben als auf einem alten langsamen PC, bei dem schon seit Jahren die Leertaste klemmt. Gerade beim Lernen und Schreiben sind die Materialien wichtiger, als du denkst: der Stift oder das Skalpell, die gut in der Hand liegen; das Notizbuch, das cool aussieht; die bunten Trennblätter für deinen Ordner; das Heft, das den besonderen Einband hat – gönne dir schöne Arbeitsmaterialien, die du gerne magst, dann bist du beim Arbeiten damit viel motivierter.

Zusätzlich zeigst du dir damit selbst Wertschätzung: Indem du in deine Materialien investierst, signalisierst du dir, dass dein Arbeiten und Lernen etwas Wichtiges und Tolles sind, etwas, dem du Bedeutung und einen Wert beimisst.

Lichtverhältnisse

Besonders zum Lesen und Schreiben brauchst du gute Lichtverhältnisse. Wenn es nicht ausreichend hell ist, ermüdest du sehr viel schneller. Selbst wenn du eher ein Nachtmensch bist: Bei Tageslicht siehst du am besten, weil die Augen des Menschen optimal daran angepasst sind.

Wenn nicht genug Tageslicht vorhanden ist, organisiere dir am besten eine kleine Schreibtischlampe, die du punktuell auf deine Unterlagen richten kannst.

Auch der Helligkeitskontrast spielt eine Rolle: Schwarze Buchstaben auf hellem Hintergrund sind am besten zu erkennen. Andererseits strengt zu viel Kontrast rund um das Zentrum deines Blickes das Auge an: Beigegraue Tischflächen reflektieren weniger Licht als weiße und sind kein zu starker Kontrast zu Papier. Ebenso ermüdet ein hell erleuchteter Bildschirm im dunklen Zimmer deinen Blick schnell.

Deine Arbeitsposition

Das große Angebot an ergonomischen Sitzgelegenheiten hat einen Sinn. Ganz wichtig beim Arbeiten ist eine bequeme Position: Sitzen, besonders langes und gebeugtes Sitzen, ist keine Haltung, die unser Körper auf Dauer mag. Kein Wunder also, dass dich schon nach kurzer Zeit auf deinem harten Sessel die Lust verlässt

Wenn du lernst oder an einem Schreibprojekt arbeitest, dann mach es dir so anregend und bequem wie möglich. Wichtig dabei ist, dass du deine

Position oft wechseln kannst: ein Arbeitssessel, in dem du dich weit zurücklehnen kannst, ein Schaukelstuhl oder Sitzball, auf dem du wippen kannst, eine kuschelige Couch, wo du mit deinem Laptop am Schoß arbeiten kannst. Wechsle deine Position häufig. Stehe auf, um etwas zu wiederholen, gehe auf und ab, um etwas zu durchdenken, hör dir Tonaufnahmen zum Thema beim Joggen an.

> **Facts: Deine Bewegung beeinflusst dein Denken.**
> Glenberg und Kaschak (2002) ließen ProbandInnen Sätze beurteilen, die indirekt eine Bewegungsrichtung implizieren: Beispielsweise „Öffne die Schublade" für Bewegung zum Körper und „Schließe die Schublade" für Bewegung weg vom Körper. Um die Knöpfe für die Beurteilung zu erreichen, mussten die Probanden entweder ihre Finger näher zu ihrem Körper oder weg von ihrem Körper bewegen. Dabei wurden die Reaktionszeiten gemessen: Wenn die im Satz implizierte Bewegungsrichtung mit derjenigen der geforderten Fingerbewegung übereinstimmte, waren die Reaktionszeiten deutlich kürzer.
>
> Deine körperliche Bewegung und deine innere Vorstellungswelt – insbesondere sprachliche Vorstellungen – sind miteinander gekoppelt und beeinflussen einander. Welche Art von Bewegung du körperlich machst, beeinflusst also deine Gedanken.

Wenn du geistig nicht in Bewegung kommst, versuche es mit körperlicher Bewegung: Die bringt dich geistig in Schwung. Und genau wie bei körperlicher Bewegung ist auch Lernen Trainings- und Übungssache: Am Anfang ist es noch mühsam, du bewegst dich unrund, hast noch nicht raus, wie es optimal geht. Indem du ausprobierst und übst, wirst du besser und entdeckst, was dich am meisten weiterbringt. Wenn du dann gut im Training bist, geht alles recht locker. Wie Radfahren verlernt man auch Lernen nicht, aber es ist immer eine Überwindung, nach längerer Pause wieder anzufangen und hineinzukommen.

TEAMWORK

Gemeinsam ist besser als einsam. Die Grundform allen Lernens beruht auf Feedback: Ohne Rückmeldung aus der Umwelt kann kein Lebewesen lernen. Der Mensch ist ein soziales Wesen: Kommunikation und Austausch ist die Basis der menschlichen Entwicklung – fehlt diese Anregung in der frühen Kindheit, entwickeln wir nicht die typisch menschlichen kognitiven Fähigkeiten. Kommunikation ist die Basis des menschlichen Wissenserwerbes. Mach dir dieses Grundprinzip des Lernens zu Nutze.

Kleine Kinder beginnen ihre Lernprozesse mit Imitation: Sie imitieren, versuchen Laute und Bewegungen nachzumachen. Wir unterstützen unbewusst diesen Lernprozess, indem wir etwas vorzeigen oder gleichzeitig gemeinsam machen. Hier kommt ein weiteres Grundprinzip menschlichen Verhaltens zum Tragen: das Spiegeln von Verhaltensweisen und die spontane Bereitschaft, etwas gemeinsam zu machen, zu kooperieren.

Facts: Kooperation und Hilfsbereitschaft.
Warneken und Tomasello (2006) zeigten einen besonderen Unterschied zwischen menschlichem Verhalten und dem von Schimpansen: Bereits im Alter von nur 18 Monaten erkennen Kinder die Absichten fremder Personen und helfen spontan, ohne dass eine Belohnung oder ein direkter Vorteil dabei für sie entsteht. Das Kind beobachtet, wie ein Mann einen Stapel Bücher vom Tisch zum Kasten trägt. Danach schließt sich die Kastentür und der Mann steht mit dem zweiten Stapel Bücher und enttäuschtem Gesicht davor. Sofort „hilft" das Kind, indem es die Kastentür öffnet.

Obwohl Schimpansen in ähnlichen Situationen die Absicht wohl erkennen, zeigen sie bei weitem kein derart ausgeprägtes altruistisches Verhalten.

Was bedeutet das für dich? Versuch nicht nur als EinzelkämpferIn dein Ziel zu erreichen. Arbeite, wann immer möglich, mit anderen gemeinsam.

Hol dir positive Unterstützung, Tipps und Input:

- *Inhaltlich: Frage nach, bitte KollegInnen und Lehrende um detaillierte Erklärungen.*
- *Organisatorisch: Erkundige dich bei älteren Studierenden oder TutorInnen über Abläufe und Prozedere von Lehrveranstaltungen und Prüfungen; frage, wie sie ihr Arbeiten organisieren.*
- *Hol dir Feedback auf deine Leistungen, sowohl von Lehrenden als auch von KollegInnen. Frage sie, was sie für Verbesserungsvorschläge haben.*
- *Vergleiche deine Leistungen und Arbeiten mit denen anderer. So erfährst du, wie andere das Problem gelöst haben – ihr profitiert voneinander.*
- *Lerne selbst durch Kommunikation: Indem du jemanden etwas erklärst, merkst du dir Dinge oft am besten.*

Bilde Lern- und Schreibteams

Gerade in der Anonymität der Universität ist es wichtig, Leute zu finden, mit denen du zumindest kurzfristig gemeinsam auf ein Ziel hinarbeiten kannst. Studieren im Team hat eine Menge an Vorteilen für alle Beteiligten:

- **Großer Wissenspool:** Gemeinsam habt ihr einen größeren Wissens- und Erfahrungspool, um Fragen zu lösen. Jeder hat andere Strategien, und so lernt ihr nicht nur miteinander, sondern auch voneinander.
- **Der „Selbsthilfegruppen-Effekt":** Du merkst, dass du nicht die einzige Person bist, die sich mit einem bestimmten Problem herumschlägt: Alle sitzen im selben Boot, und gemeinsames Jammern tut oft gut. Danach lässt's sich befreiter arbeiten.
- **Feedback:** In einer Gruppe bekommst du Feedback auf deine Ideen und Strategien und ihr inspiriert euch gegenseitig. Zusätzlich seid ihr euch ein guter Spiegel, um zu sehen, ob ihr etwas wirklich verstanden habt. Dieser Perspektivwechsel erweitert deinen Horizont und ermöglicht dir, dich mit fremden Augen zu sehen. So deckst du blinde Flecken auf, erkennst Wissenslücken und Irrtümer leichter. Durch Feedback kannst du besser erkennen, was du schon alles kannst und wo du wirklich gut bist.

- **Synergien nutzen:** Teilt euch Gebiete auf – jeweils eine Person erklärt den anderen ein Thema, ihr führt Notizen zusammen und kombiniert eure Stärken und Ressourcen; der eine kann gut tippen, die andere besser formulieren; die eine ist gut im Suchen von Literatur, der andere bastelt tolle Präsentationen, eine Dritte kann Sachverhalte superschnell erfassen und erklären. Arbeitsteilung macht viele Projekte effizienter.
- **Konkurrenz spornt an:** Wenn die anderen sich für ein Treffen gut vorbereitet haben, willst du auch was beitragen können und nicht blöd dastehen. Du freust dich über den gemeinsamen Erfolg.
- **Gemeinsam ist man stärker:** Die Gruppenenergie treibt zusätzlich an. Etwas für jemanden anderen tun ist oft eine größere Motivation, als nur für sich selber zu arbeiten. Die Gruppe schafft eine gewisse Verbindlichkeit, die dich mitreißt.
- **Spaß:** Zu mehrt sind manche Dinge einfach leichter zu bewältigen – und es macht viel mehr Spaß. Etwas Plauderei und Scherzen rund ums Lernen oder Schreiben lässt alles nicht so bitterernst erscheinen. Und: Erfolge kann man gemeinsam viel besser feiern.

Jasmin, Wirtschaftsstudentin:

Ich konnte mich wirklich nicht motivieren, für eine schrecklich langweilige Prüfung zu lernen. Eine Kollegin, die ebenfalls für diese Prüfung gelernt hat, überredete mich, 2-mal die Woche gemeinsam zu lernen. Plötzlich ging richtig viel weiter. Obwohl der Stoff schrecklich fad war, hat das Drumherum das Lernen erleichtert. Weil wir uns dann ausgemacht haben, uns gegenseitig einzelne Kapitel zu erklären, hab ich mich dazwischen hingesetzt und gelernt. Für mich selber hätte ich mich sicher nicht so intensiv damit befasst, aber für jemanden anderen schon. Bei der Prüfung haben wir beide ziemlich gut abgeschnitten, und seither lernen wir oft zusammen.

Was machst du besser alleine?

Nicht alle Tätigkeiten sind für Arbeiten im Team gleich gut geeignet. Folgende Schritte gehe besser zuerst alleine an, bevor du die Resultate in die Gruppe einbringst:

- *Sammeln von Wissensquellen, Literatur, Ressourcen, Techniken.*
- *Einlesen in ein Thema, Durchlesen von Lernstoff.*
- *Erstmaliges Ausprobieren von neuen Methoden und Techniken.*
- *Merken und Wiederholen von Details.*
- *Schreiben von ersten Text-Entwürfen und Rohtexten.*

Die beste Strategie ist, dir Inhalte alleine zu erarbeiten und deinen Zwischenstand, deine Ergebnisse oder Erkenntnisse dann in die Gruppe einzubringen. Dort wird alles zusammengefügt, reflektiert und weiterentwickelt, damit du genauer weißt, wie du alleine am sinnvollsten weiter vorgehen kannst.

Produktive Gruppenarbeit

Damit das Arbeiten in Teams gut funktioniert, gibt es ein paar Regeln, die ihr einhalten solltet.

- **Termine:** *Macht euch Termine zu Zeiten und an Orten aus, die für alle passen. Nütze dazu zum Beispiel Online-Tools wie doodle (www.doodle.ch). Nehmt diese Termine ernst und kommt pünktlich. Am besten plant ihr gleich etwas Nettes für danach.*
- **Ehrlichkeit:** *Lernteams funktionieren nur gut, wenn jeder etwas dazu beiträgt. Stellt gleich von Anfang an klar, mit welchem Ziel ihr euch trefft und was sich jedeR einzelne TeilnehmerIn erwartet und beitragen möchte. So ist am Ende niemand enttäuscht oder unzufrieden.*
- **Arbeitsteilung:** *Legt genau fest, wer was bis wann tun soll. Versucht euch daran zu halten oder zumindest die anderen rechtzeitig vor dem Termin zu informieren, wenn ihr die übernommenen Dinge nicht schaffen werdet.*

Zuhören können

Eine gute Zusammenarbeit braucht eine gute Gesprächsbasis. Profitiere vom Wissen deiner KollegInnen, indem du zuhörst, was sie zum Thema zu sagen haben.

- *Achte darauf, andere nicht zu unterbrechen. Warte, bis sie ihre Argumentationskette abgeschlossen haben.*
- *Erlaube zwischendurch kurze Schweigepausen, damit alle die Möglichkeit haben, über das Gesagte nachzudenken und möglicherweise in das Gespräch einzusteigen.*
- *Zeige deinen GesprächspartnerInnen mit deiner Körpersprache und Mimik, dass du ihnen zuhörst.*
- *Stell Fragen. Finde heraus, ob du richtig verstanden hast, was die anderen meinen.*
- *Zeige dein Interesse, indem du nach Details fragst.*

Konstruktives Feedback

Einander Feedback geben ist ein ganz heikler Punkt in der Kommunikation einer Gruppe.

Gutes Feedback ist immer konstruktive Anregung zum Weiterarbeiten. Es ist weniger wichtig, Fehler zu finden, als die Teile zu identifizieren, die gut sind. Mit ihnen kannst du weiterarbeiten.

Gutes Feedback ist immer ...

- **sachlich:** *Bleib bei den Inhalten, es geht um die Sache, nicht um die Person selbst. Verwende eine freundliche Sprache. Wenn man etwas von sich preisgibt, ist man immer sehr sensibel und leicht zu verletzen.*
- **positiv:** *Sprich die positiven Aspekte an – mit ihnen kann man weiterarbeiten. Formuliere Kritik nur als konkrete Anregung zur Verbesserung.*
- **respektvoll:** *Bleibt immer wertschätzend gegenüber der Person, Themenwahl, Argumentation, und gib keine Anweisungen.*
- **ehrlich:** *Du sollst nicht lügen oder schmeicheln, sondern genau sagen, was dir gefällt oder was dir unklar ist oder komisch vorkommt. Erzähle deine Assoziationen dazu, auch wenn sie scheinbar nichts damit zu tun haben.*

- **konkret:** Vermeide Verallgemeinerungen. Bezeichne genau, welches Detail du meinst und was daran du gut oder weniger gut findest.
- **interessiert:** Sei interessiert und stelle Fragen, besonders wenn dir etwas fehlt oder unklar erscheint.

Wenn du Feedback bekommst, nimm es an wie ein Geschenk: Jemand hat sich die Mühe gemacht, sich mit deiner Sache auseinanderzusetzen und dir etwas dazu mitzubringen. Ähnlich wie bei Geschenken bleibt es dir überlassen, was du damit tust. Du musst nicht alles annehmen, was du als Feedback bekommst.

Versuche genau hinzuhören und nicht alles als Kritik aufzufassen, gegen die du dich rechtfertigen musst. Das ist deine Chance zu erkennen, wo du noch etwas verbessern kannst.

Frage nach, wenn dir eine Kritik ungerechtfertigt erscheint, bevor du gleich zum Verteidigungsschlag ausholst. Auf der anderen Seite haben wir oft sehr hohe Ansprüche uns selbst gegenüber und fühlen uns durch jede Anregung in unserer selbstkritischen Haltung bestärkt: Nur durch die Möglichkeit, Fehler zu machen und diese zu erkennen, kannst du dich weiterentwickeln.

Damit ein Feedback dich wirklich weiterbringt, stelle selbst Fragen an deine Feedback-GeberInnen. Formuliere genau, was du von ihnen wissen willst und was nicht. Gut gemeintes Feedback zum falschen Zeitpunkt ist oft frustrierend. Kommuniziere, in welchem Status du dich befindest und was du als Nächstes brauchst, dann kann Feedback eine gute Anleitung für dich sein.

KONZENTRATION

Mario, Philosophie-Student:
Für mein Studium muss ich viel lesen. Manchmal passiert es mir, dass ich an etwas anderes denke, während ich lese. Sobald ich umblättere, fällt mir auf, dass ich mit meinen Gedanken nicht beim Buch war. Ich könnte stundenlang „lesen", ohne irgendetwas von dem Text zu verstehen. Wenn mir das passiert, mache ich eine Pause oder ich nehme mir vor, mit einem Bleistift die wichtigsten Aussagen zu markieren. Das hilft mir dann, meine Konzentration bei dem Buch zu halten.

Du wirst tagtäglich mit einer Unmenge an Informationen bombardiert. Deine Sinnesorgane nehmen zahlreiche verschiedene Eindrücke wahr. Glücklicherweise merkst du dir nicht alles. Informationen, auf die du deine Aufmerksamkeit richtest, behältst du eher als andere.

Ohne Aufmerksamkeit wird kein neues Wissen gelernt. Wenn du ein Buch liest und mit deinen Gedanken woanders bist, hast du keine Chance, dir den geschriebenen Text zu merken: Du kannst nicht an 2 verschiedene Inhalte gleichzeitig denken.

Konzentration ist das bewusste Richten deiner Aufmerksamkeit: Je besser du in der Lage bist, deine Aufmerksamkeit zu steuern, desto besser kannst du dich konzentrieren.

Aufmerksamkeit setzt sich aus 3 Komponenten zusammen: Aktivierung, Orientierung und Fokus (Carter, 1998).

- **Aktivierung:** *Du bist aufnahmefähig.*
- **Orientierung:** *Du richtest deine Aufmerksamkeit auf einen bestimmten Punkt.*
- **Fokus:** *Du hältst deine Aufmerksamkeit bei einem Thema, du konzentrierst dich.*

Aktivierung

Der Hirnstamm ist der entwicklungsgeschichtlich älteste Teil unseres Gehirns. Er regelt alle vegetativen Funktionen und sorgt dafür, dass der Körper im Gleichgewicht ist. Durch den Hirnstamm zieht ein Nervenbündel (Formatio Reticularis), das für die Aktivierung des gesamten Gehirns zuständig ist und als „Hirnschrittmacher" bezeichnet wird. Auf diese Art und Weise wird der Tag-Nacht-Rhythmus gesteuert und entschieden, ob du dich entkräftet oder aufgeweckt fühlst.

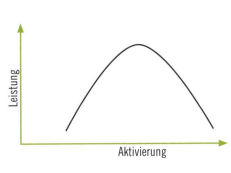

Das Yerkes-Dodson-Gesetz beschreibt das Verhältnis von Aktivierungslevel zu Leistungsfähigkeit. Je aktiver du bist, desto mehr kannst du leisten. Ab einem gewissen Punkt lässt sich unsere Kapazität allerdings nicht weiter steigern. Weitere Aktivierung führt nun zu einem Leistungsabfall: Du fühlst dich „gestresst".

Wahrscheinlich hast du beide Situationen schon einmal erlebt und warst entweder zu müde oder zu aufgeregt, um zielgerichtet arbeiten zu können.

Um optimal studieren zu können, benötigst du also ein bestimmtes Level an Aktivierung. Je nachdem, ob du zu viel oder zu wenig aktiviert bist, erreichst du das entweder durch Entspannungs- oder durch Aktivierungsübungen.

Entspannungsübungen

Daniela, Studentin der Sonder- und Heilpädagogik:
Meine liebste Entspannungsübung nenne ich „Baum": Ich stehe mit beiden Beinen locker auf dem Boden und stelle mir vor, wie Wurzeln aus meinen Beinen in den Boden wachsen, immer tiefer. Dann atme ich durch meine Wurzeln bis ganz hinauf in meine Blattspitzen. Danach drehe ich das Ganze um und atme durch die Blätter in mich hinein und durch die Wurzeln wieder aus. Nach ein paar Wiederholungen fühl ich mich ganz ruhig und gelassen.

Aktivierungsübungen

Stefan, Mediendesigner in Ausbildung:
Wenn mir der Kopf brummt vom Lernen, hab ich früher oft einfach ein Computerspiel aufgemacht und ein wenig gespielt. Das war zwar total entspannend, aber oft hab ich mich 3 Stunden später erst wieder aufgerafft, und eigentlich war ich dann nicht erholter. Seit ich eine Dart-Scheibe im Zimmer habe, ist das anders: Ich spiele eine Partie Dart. Indem ich mich ausschließlich auf das Zielen und die Dart-Scheibe konzentriere, werde ich total ruhig. Danach kann ich mich besser auf den Lernstoff konzentrieren, und wenn ich gute Würfe hatte, beflügelt mich das Erfolgserlebnis zusätzlich.

Ingrid, Anglistik-Studentin:
Beim gemeinsamen Lernen für die Matura haben eine Freundin und ich ein Energie-Ritual erfunden. Das praktiziere ich immer noch, wenn ich das Gefühl habe, nix geht weiter: Ich springe 50-mal auf der Couch oder im Bett auf, zähle dabei so laut, wie ich kann, bis 50 und ribbeln die ganze Zeit über mit beiden Händen die Ohren. Das wirkt wirklich! Das Ribbeln der Ohren wende ich auch in langweiligen Vorlesungen an, um länger aufmerksam zu bleiben.

Achte auf deinen Körper

Aktivierung ist der erste Schritt zur Aufmerksamkeit. Du siehst, dein Körper und der Zustand, in dem du dich befindest, sind entscheidend für deine Konzentrationsfähigkeit.

Einige Faktoren kannst du steuern und eine gute Basis für deine Aufmerksamkeit setzen. Ausreichend Schlaf hilft dir, Müdigkeit untertags zu vermeiden. Deine Gehirnzellen benötigen Sauerstoff, genügend Wasser und einen konstanten Blutzuckerspiegel, um optimal arbeiten zu können. Während Kaffee in üblichen Dosen keine negativen Auswirkungen auf dein Gehirn hat, schränken andere Genussmittel wie Nikotin und Alkohol deine Konzentration auf lange Sicht ein. Haschisch wirkt sich erwiesenermaßen negativ auf dein Gedächtnis und deine Konzentrationsfähigkeit aus, und Amphetamine können deinen natürlichen Schlaf-Wach-Rhythmus ordentlich aus der Bahn werfen.

Wie bei anstrengenden Tätigkeiten, etwa bei ambitioniertem Sport, ist es auch für Gehirnakrobaten wichtig, sich in guter Verfassung ans Werk zu machen:

- *Sorge für genug Schlaf.*
- *Tanke zwischendurch Sauerstoff.*
- *Stelle immer etwas zu trinken zu deinem Arbeitsplatz.*
- *Sorge dafür, dass dein Blutzuckerspiegel nicht abfällt.*
- *Gönne dir Studentenfutter, Obst oder andere „Hirnnahrung".*
- *Nikotin, Alkohol, Marihuana, Amphetamine und andere scheinbar aufputschende Mittel wirken nur kurzfristig bzw. sind langfristig negativ.*
- *Gehe frisch geduscht und in deiner „offiziellen Lern- bzw. Schreibmontur" an die Arbeit.*
- *Gönne dir vor allem bei Aufgaben, die eine sehr hohe Konzentration erfordern, regelmäßige Pausen: 10 Minuten konzentriert arbeiten und 5 Minuten Pause sind effektiver, als 15 Minuten Gedanken schweifen zu lassen.*
- *Gehe nicht über deine Grenzen, ignoriere nicht deine körperlichen Bedürfnisse.*

Facts: Cannabis und Gedächtnis.

Ein gerauchter Joint führt zu Euphorie, verlangsamtem Zeiterleben und Entspannung. Doch auch Aufmerksamkeitsstörungen, Verminderung der Reaktionsgeschwindigkeit und eine allgemeine Beeinträchtigung der persönlichen Leistungsfähigkeit sind Folgen des Cannabiskonsums (APA, 1994). Der Hauptwirkstoff der populärsten illegalen Droge, Tetrahydrocannabinol (THC), regt das Belohnungssystem zur Ausschüttung von Dopamin an, was zu seinem starken psychischen Suchtpotenzial führt.

Langfristig wirkt sich der Genuss negativ auf das Gedächtnis aus. Das Neurotoxin THC führt zum Absterben von Gehirnzellen (Chan et. al., 1994) und entfaltet seine Wirkung direkt in der Gedächtniszentrale unseres Gehirns: an CB1-Rezeptoren im Hippocampus (Ameri, 1999). In mehreren Studien wurde gezeigt, dass langfristiger Cannabiskonsum das Kurzzeitgedächtnis beeinträchtigt (Schwartz, 1991 sowie Millsaps et al., 1994). 2001 wurden Jugendliche online über ihren Drogenkonsum befragt und ihre subjektive Gedächtnisleistung erhoben (Rogers et al., 2001). Während Ecstasy-Konsum mit Langzeitgedächtnisstörungen einherging, berichteten Cannabis-User von alltäglichen Problemen, die auf ein beeinträchtigtes Kurzzeitgedächtnis hinweisen.

Der Genuss eines Joints führt also momentan zu Aufmerksamkeitsstörungen und setzt somit die unmittelbare Lernleistung herab. Langfristig zerstört er das Kurzzeitgedächtnis. Der Cannabis-User bemerkt nach einmaligem Konsum keine akuten Gedächtnisausfälle. Schäden treten erst nach langfristigem Gebrauch schleichend und unauffällig ein, können aber schwerwiegend für die Gedächtnisleistung in Studium und Alltag sein.

Orientierung

Nach der Aktivierung folgt die Orientierung am Weg zur Konzentration. Wichtige Reize in der Umgebung werden identifiziert und unsere Aufmerksamkeit auf sie gelenkt.

Unser Zwischenhirn, ein älterer Teil unseres Gehirns, der größtenteils unbewusst arbeitet, entscheidet, welche Reize unsere Aufmerksamkeit bekommen und welche nicht. Im Laufe der Evolution haben sich automatische Orientierungsmechanismen entwickelt. Bestimmte Reize ziehen unsere Aufmerksamkeit automatisch auf sich:

- **neue Reize:** Gibt es Vortragende, bei denen du besonders große Schwierigkeiten hast, bei der Sache zu bleiben? Ist das zufällig jemand, der dazu neigt, ständig im selben Tonfall ohne große Gestik oder Mimik zu reden? Monotonie ist für unser Gehirn wie eine Schlaftablette, erst neue Reize geben uns das Signal: „Hoppla, da passiert was!" Bewegung, ein Wechsel der Lautstärke oder ein neues Geräusch bekommen unsere volle Aufmerksamkeit.

- **unerwartete Reize:** Widersprüchliche Informationen verdienen besondere Achtsamkeit. Ist eine Reaktion anders, als du sie erwartet hättest, versuchst du die Situation zu analysieren. Selber Fragen zu formulieren kann diesen Effekt verstärken: Überraschende Lösungen aktivieren deine Gehirnzellen.

- **Signalreize:** Reize, die für dich besondere Wichtigkeit haben, werden deutlicher wahrgenommen. Der so genannte „Cocktailparty-Effekt" beschreibt, wie du in einem Raum voll Stimmengewirr deinen eigenen Namen heraushören kannst, ohne den andere Gesprächen zu folgen. Auch das Piepsen deines Handys, sobald du eine SMS bekommst, ist möglicherweise so ein Signalreiz.

Ablenkungen vermeiden

Deine Aufmerksamkeit ist immer auf irgendetwas gerichtet. Die Frage ist nur: worauf? Sobald das Aktivierungslevel stimmt, gibt es „unaufmerksam" nicht.

Wenn du am Schreibtisch sitzt und neben dir eine neue Bewegung wahrnimmst, wirst du deine Aufmerksamkeit kurz auf diesen Reiz lenken. Neben Bewegungen können auch Geräusche diese unbewusste Orientierungsreaktion auslösen.

Wähle darum möglichst ruhige Lern- oder Schreiborte, wenn du dich uneingeschränkt konzentrieren möchtest. Besonders störend sind unregelmäßige Ablenkungen.

Bewegung: das Vorbeisausen verschiedener Landschaften vor dem Zugabteil ist weniger ablenkend als die Abteiltür, die ab und zu aufgeht, wenn ein anderer Fahrgast ein- oder aussteigt.

Geräusche: Musik, die du im Hintergrund hörst, stört dich weniger bei der Arbeit als eine Person, die hin und wieder neben dir ein Telefongespräch führt.

Wenn du dich schlecht konzentrieren kannst, finde heraus, was dich bei der Arbeit ablenkt. Entwickle für jede Art der Ablenkung eine Gegenstrategie.

Ann-Christin, Maturantin:
Auf meinem Schreibtisch steht mein Computer, der eigentlich immer eingeschalten ist. Mein E-Mail-Programm und MSN machen ein akustisches Signal, wenn ich neue Nachrichten bekomme. Dann schau ich nach, wer sich bei mir gemeldet hat. Oft schreibe ich dann sofort zurück und bleibe eine Zeit lang im Internet hängen. Bis ich wieder weiterarbeite, ist einiges an Zeit vergangen. So kann ich ganze Nachmittage „nicht-lernend" verbringen. Kurz vor der Matura war mir klar: Ich muss mich aus dem Internet ausloggen, wenn ich mich konzentriert vorbereiten möchte. Wenn ich ein Kapitel abgeschlossen habe, belohne ich mich damit, wieder online zu gehen und meine Nachrichten zu lesen.

Ablenk-Sieger unter allen Reizauslösern ist übrigens der Fernseher. Er kombiniert nämlich viele Eigenschaften, die sich hervorragend eignen, eine Orientierungsreaktion auszulösen: Das Flimmern des Fernsehbildes ist selbst aus dem Augenwinkel noch wahrnehmbar; bunte Bilder wechseln einander schnell ab, gepaart mit einer vielfältigen Geräuschkulisse; Werbesequenzen werden mit einer (relativ lauten) Melodie eingeleitet und Perspektiven wechseln ständig. Fazit: Ein laufender Fernseher stellt für dein Arbeitsbuch eine unbesiegbare Konkurrenz dar.

Fokus

Nach Aktivierung und Orientierung bleibt noch die Fokussierung, der letzte Schritt zur Konzentration. Denn sobald du deine Aufmerksamkeit auf ein Thema gerichtet hast, geht es darum, diese da auch dort zu halten.

Aktivierung und Orientierung werden von evolutionär älteren Teilen unseres Gehirns gesteuert und unterliegen nicht deiner bewussten Kontrolle. Erst auf der Stufe des Fokussierens tritt dein Frontalhirn in Aktion. Es ist der Teil des Großhirns, der dafür zuständig ist, deine Pläne, Ziele und Bedürfnisse unter einen Hut zu bringen, der Sitz deines „Selbst" und vieler Eigenschaften, die dich als Person ausmachen. Dank ihm kannst du dich auf eine Sache konzentrieren, selbst wenn viele Ablenkungen präsent sind.

Konzentriere dich!

Lies den folgenden kurzen Test über Konzentrationsübungen, er ist hervorgehoben. Zur Ablenkung sind Begriffe dazwischengerutscht – ignoriere alle normal gedruckten Begriffe.

> **Zahlreiche Konzentrationsübungen** Haus Buch Auto **versuchen, die Fähigkeit** Schule **zur Fokussierung** Spiel Blume **zu trainieren. Du wirst merken,** Kino Haus **dass du dich bei gewissen Tätigkeiten** Buch **leichter konzentrieren kannst** Auto **als bei anderen: so bist du,** Schule **während du einen spannenden Krimi** Spiel **liest, wahrscheinlich voll und ganz** Blume **bei** Kino **der Sache.**

Konntest du den Text lesen? Kannst du dich an irgendwelche der dazwischengerutschten Wörter erinnern? Ist dir aufgefallen, dass dieselben 7 Wörter 2-mal wiederholt wurden?

Wahrscheinlich nicht. Du konntest dich gut auf den Text konzentrieren und hast die Ablenkungen einfach ausgeblendet.

Finde heraus, wann du dich besonders gut konzentrieren kannst. Trainiere deine Konzentration, indem du diese Tätigkeiten bewusst ausübst. Achte darauf, wie lange du bei der Sache bleibst.

Logische Rätsel, Sudokus, Kreuzworträtsel, Denksport – es gibt eine breite Palette an kniffligen Herausforderungen, durch die du deine Fähigkeit zu fokussieren erproben und trainieren kannst.

Sichere deine Konzentration

Selbst wenn man alle Vorsichtsmaßnahmen berücksichtigt, kann es passieren, dass deine Gedanken zwischendurch abschweifen.

Hilf dir selber dabei, fokussiert zu bleiben, durch

- *Unterstreichen.*
- *Mitschreiben.*
- *Formulieren eigner Fragen.*

Du siehst, Konzentration ist ein vielschichtiger Prozess. Wenn du merkst, dass deine Aufmerksamkeit nachlässt, überprüfe alle 3 Ebenen: Aktivierung, Orientierung und Fokus, und finde heraus, woran deine Konzentration scheitert.

ORGANISIERE DEIN STUDIUM!

Investiere in dein Zeitmanagement!

- *Erstelle einen detaillierten Semesterplan*
- *Nutze deine produktiven Freizeiten*
- *Setze dir Meilensteine*
- *Prüfe deine Fortschritte*
- *Besiege deinen inneren Schweinehund*

Sporne dich an!

- *Ziele motivieren dich*
- *Denke optimistisch*
- *Belohne dich für jeden Erfolg*

Optimiere deine Arbeitsumgebung!

- *Gönne dir gute Materialien*
- *Gestalte deinen Arbeitsraum stimulierend*
- *Finde die besten Orte für jede Tätigkeit*

Profitiere vom Teamwork

- *Bilde Arbeitsgruppen*
- *Hol dir Feedback*
- *Diskutiere deine Themen*

Steigere deine Konzentration

- *Achte auf deinen Körper*
- *Vermeide Ablenkungen*
- *Fokussiere deine Aufmerksamkeit*

HANDWERKSZEUG

Lernen mit allen Sinnen 61
Lerntypen 61

Betrachten 63
Trainiere deine Vorstellungskraft 65

Zuhören 67
Höre aufmerksam zu 68
Achte auf unterschwellige Informationen 69

Lesen 70
Querlesen 70
Aufmerksames Lesen 75
Lesen von fremdsprachlichen Texten 76

Schreiben 78
Hören und Schreiben 79
Lesen und Schreiben 84
Schreiben als kreativer Akt 86
Schreiben als Denkmethode 87

Visualisieren 91
Mindmapping 91
Clustering 92
Kategorisieren 93

Zusammenfassung:
Erlerne Basismethoden für dein Studium! 95

Lernen kannst du lernen. Wie bei allen komplexen Fertigkeiten gibt es grundlegende Techniken – das Handwerkzeug –, die man beherrschen sollte, so wie man beim Basketball mit Schritttechnik und beim Klavierspielen mit Tonleitern beginnt.

Wichtig ist, dass du alle deine Sinne für deinen Arbeitsprozess verwendest, vom genauen Betrachten über das Hören und Lesen bis hin zum aktiven Schreiben und Visualisieren. In diesem Kapitel vermitteln wir dir für jede dieser Tätigkeiten ein paar grundsätzliche Methoden. Unter anderem erfährst du, wie du viel aus Vorträgen mitnimmst, Literatur schnell nach Informationen durchkämmst und Gedanken in Worte fasst. Weiters lernst du effizient Notizen zu machen und Gedankengänge visuell darzustellen. So füllt sich dein Handwerkskoffer und du kannst aus dem Vollen schöpfen, wenn du ein neues Projekt startest.

Dieses Grundrepertoire kannst du dann für verschiedene Zwecke in den unterschiedlichen Stadien des Lern- oder auch des Schreibprozesses einsetzen und verfeinern.

LERNEN MIT ALLEN SINNEN

Im Laufe eines Lernprozesses fließen Informationen von verschiedensten Wahrnehmungsebenen zusammen und vermischen sich mit dem, was in unserem Kopf bereits vorhanden ist.

Maurice, Chemie-Student:
Um für mein Studium richtig lernen zu lernen, habe ich im Internet recherchiert und mich über Lerntechniken informiert. Da konnte ich meinen Lerntypen testen. Ich war eindeutig ein so genannter visueller Lerntyp. Natürlich habe ich aus den Erkenntnissen Konsequenzen gezogen. Um meine Zeit effektiv zu nützen, habe ich beschlossen, keine Vorlesungen mehr zu besuchen – immerhin bin ich ja kein auditiver Lerntyp.

Bis ich mich mit einer befreundeten Psychologie-Studentin über das Thema unterhalten habe. Sie hat nach meiner Erzählung kurz gelacht und mir erklärt, dass die Lerntypentheorie unter Psychologen ein umstrittenes Thema sei. Aufgrund eines Online-Selbst-Tests ganz auf Vorlesungen zu verzichten, finde sie keine besonders gute Idee. Ich habe festgestellt, dass mir manche Prüfungen, obwohl ich viel gelernt hab, doch nicht so leicht gefallen sind. Mittlerweile besuche ich wieder Vorlesungen, allerdings wähle ich sehr gut aus, welche ProfessorInnen ich gerne höre und welche Stunden mir nichts bringen.

Lerntypen

Das weit verbreitete „Lerntypen-Konzept" ist eine grobe Vereinfachung, die oft dazu geführt hat, dass man die Wahrnehmungskanäle, die nicht dem eigenen Lerntyp entsprachen, vernachlässigt hat. Aber alle Menschen sind gemischte Lerntypen, setzen also alle Wahrnehmungsorgane ein, um zu lernen.

> **Facts: Lerntypen.**
> Das Lerntypenkonzept unterscheidet zwischen visuellen, auditiven und kinästhetischen Lerntypen. Es ist weit verbreitet, unter Lernpsychologen allerdings umstritten (Coffield et al., 2004). Das Lerntypenmodell impliziert fixe vorgesetzte Präferenzen und nimmt dabei wenig Rücksicht auf situationsbedingte Unterschiede und Veränderungen (z. B. Lernstoff, Tageszeit etc.) bzw. Entwicklungen persönlicher Lernstrategien. So ist es nicht nur wichtig, persönliche Vorlieben zu erkennen und zu fördern, sondern sicherlich ebenso wirksam, neue Möglichkeiten und Wege zu entdecken.

Du arbeitest und lernst am besten, wenn möglichst viele Wahrnehmungskanäle im Einsatz sind. Dein Gehirn verbindet alle Informationen zu einem ganzheitlichen Bild, das umso plastischer und mehrdimensionaler wird, je mehr Inputebenen dazu beitragen.

Wenn du auf eine Art vermeintlich schlechter lernen kannst, muss das nicht unbedingt an deinem Lerntyp liegen: Viele Lernmethoden sind einfach Übungssache, und von klein auf eingelernte Strategien sind nicht so leicht zu ändern. Um deine Lernstrategien zu erweitern, kannst du ungewohnte Wahrnehmungskanäle schulen.

BETRACHTEN

Der Mensch ist ein Augentier – unser hauptsächlicher und am meisten ausgeprägter Wahrnehmungskanal ist der visuelle. Das heißt, dass du visuelle Informationen am tiefsten und umfassendsten verarbeiten kannst.

> **Facts: Die Macht der Bilder.**
> Gehirnforscher postulieren die so genannte Dual-Code-Theorie (Paivio, 1986). Laut dieser stehen uns für die Verarbeitung von Informationen 2 Wege zur Verfügung: ein verbaler sowie ein visueller. In Gedächtnistests schneiden Versuchspersonen deutlich besser ab, sobald Begriffe nicht nur verbal, sondern auch als Bilder angeboten werden. Nach dem Motto „two codes are better than one" erklärt die Dual-Code-Theorie diesen Effekt dadurch, dass 2 Codes zur Erinnerung zur Verfügung stehen. Demnach erinnern wir uns an Informationen dann am besten, wenn sie sowohl bildlich als auch wörtlich angeboten werden.

Versuche zur Verdeutlichung Folgendes: Präge dir die folgenden 20 Begriffe ein, lies dir die Liste dafür nur ein einziges Mal durch:

Kokosnuss	Leuchtturm	Motorrad	Segelschiff	CD-Spieler
Bügeleisen	Känguru	Toastbrot	Ampel	Tiger
Flohmarkt	Mikroskop	Hochhaus	Regen	Streichkäse
Waage	Mond	Fußball	Vorhang	Bus

Versuch dich nun an so viele Begriffe wie möglich zu erinnern und werte anschließend dein Ergebnis aus. Die Reihenfolge der Begriffe spielt dabei keine Rolle. Wie viele Worte hast du dir gemerkt?

Hast du dir mehr von den Begriffen gemerkt, bei denen auch eine Abbildung zur Verfügung gestellt wurde, dann geht es dir wie den meisten Versuchspersonen.

Lies folgenden Text einmal aufmerksam durch:
Trommelbremsen sind Radialbremsen, bei der Bremsbeläge auf einer zylindrischen Fläche (die Trommel) wirken. Der Druck auf das Bremspedal führt dazu, dass Bremsflüssigkeit über den Schlauch in den Radzylinder gepresst wird. Im Radzylinder setzt der steigende Druck Kolben in Bewegung, die die Bremsbacken gegen die Bremstrommel drücken. Der Druck der Bremsbacken gegen die Bremstrommel stoppt bzw. verlangsamt die Drehbewegung von Trommel und Reifen.

Versuche jetzt die Funktionsweise einer Bremse zu erklären.

Viel einfacher fällt eine Erklärung, wenn du dabei eine visuelle Darstellung betrachten kannst:

Hilft dir diese Abbildung weiter?

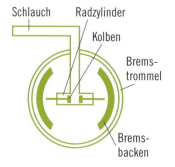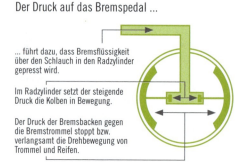

> **Facts: Ein Bild sagt mehr als tausend Worte.**
> Diese Abbildung eines Bremssystems haben Mayer und Gallini (1990) eingesetzt, um den didaktischen Wert von Abbildungen zu evaluieren. Illustrationen führten zu einem besseren Verständnis und einer umfangreicheren Speicherung der erklärten Inhalte. Besonders wirksam sind Abbildungen, wenn erklärende Informationen direkt in die Zeichnung integriert werden.

Du erinnerst dich leichter an Informationen, die du dir bildlich vorstellen kannst.

Suche aktiv Bilder und visuell Darstellungen von Sachverhalten. Lerne nicht nur von reinen Texten, sondern betrachte Grafiken, Bilder, Fotos und Schemen aufmerksam.

Nicht immer werden Bilder von außen zur Verfügung gestellt, dann kannst du deine eigenen Bilder kreieren.

Trainiere deine Vorstellungskraft

Stell dir ein Schiff vor.

Befolge die folgenden Schritte, um es noch lebendiger werden zu lassen:

- **Grundform:** *Was unterscheidet dein Schiff von anderen Schiffen? Ist es ein Segelschiff, eine Motorjacht oder ein Ruderboot? Entscheide dich, welche Form dein Schiff annimmt.*
- **Farben:** *Bringe Farben ins Spiel und stell dir dein Schiff in leuchtenden Farben vor.*
- **Bewegung:** *Die meisten mentalen Bilder können dynamisch sein. Erwecke dein Bild zum Leben.*
- **Geräusche:** *Wie „hört" sich deine Vorstellung an?*
- **Tastsinn:** *Kannst du den Wind im Gesicht spüren? Stell dir vor, wie sich die Oberfläche deines Schiffes anfühlt.*
- **Gerüche:** *Kannst du dir einen passenden Geruch vorstellen?*

- **Details:** Möchtest du deinem Bild noch weitere Details hinzufügen?
- **Übertreiben:** Wenn ein Bild für dich besonders wichtig ist, kannst du es in deiner Vorstellung hervorheben: Lass es vor deinem inneren Auge riesengroß werden. Du kannst ebenso in der Anzahl übertreiben: Statt einem Schiff erscheint gleich eine ganze Flotte …

Wie sieht das Schiff aus, das du jetzt vor Augen hast? Inwieweit unterscheidet es sich von deinem ersten Bild?

Nütze deine Vorstellungskraft, während du lernst, indem du dir die beschriebene Szenen detailliert vorstellst. So überprüfst du, ob du eine Erklärung wirklich verstanden hast.

ZUHÖREN

Wer Ohren hat zu hören, der höre.
Matth. 11,15

Ist dir das schon mal passiert: Du hast einen kurzen Text geschrieben und liest ihn jemandem vor. Plötzlich fällt dir selber auf, dass ein paar Sätze komisch klingen und sogar dir als AutorIn unverständlich erscheinen. Wieso ist dir das beim Schreiben und Durchlesen nicht aufgefallen?

Der Grund dafür ist die zusätzliche Qualität und Information, die Hören vermittelt: Intonation, Melodie, Akzente, Tonhöhe, Geschwindigkeit und Lautstärke. Du wechselst von der Position des Senders von Information in die Position des Empfängers. In dieser Rolle bist du viel sensibler dafür, welche Mitteilung tatsächlich bei dir ankommt.

Auf je mehr Kanälen dieselbe Information übermittelt wird, desto mehr Aspekte davon kommen an. Hören ist im Gegensatz zu lesen eine angeborene Fähigkeit. Sprache akustisch wahrzunehmen und zu verstehen ist tief verwurzelt in deiner Kognition.

Für deinen Lernprozess heißt das:

- *Lies dir Texte laut vor, oder lasse sie dir laut vorlesen. Das gilt besonders für eigene Texte.*
- *Hör dir Vorlesungen an, selbst wenn es ohnehin ein Skript dazu gibt.*
- *Suche Radiobeiträge und Podcasts zu deinem Thema im Internet und hör sie dir an. Zum Beispiel auf deinem mp3-Player in der Sonne liegend oder vorm Einschlafen.*
- *Erzähle anderen über deinen Lernstoff und lass dir von anderen über deinen Lernstoff erzählen.*
- *Sprich wichtige Merksätze laut aus oder sprich Erklärungen auf Tonband und hör sie dir später an.*
- *Dir selbst zuhören, indem du Selbstgespräche führst, ist beim Lernen ausdrücklich erwünscht.*

Höre aufmerksam zu

Gerade beim Zuhören ist es besonders relevant, wohin unsere Aufmerksamkeit gerichtet ist. Insbesondere wenn du aus einer vielschichtigen Geräuschkulisse Informationen selektieren musst, ist hohe Konzentration nötig.

Zuhören vorbereiten

Bereite dich auf das Zuhören vor und überlege dir, was dich besonders interessiert, definiere wichtige Schlagworte: Indem du deinem selektiven Gehör vorgibst, worauf es achten soll, überhörst du nicht so leicht wichtige Punkte. Lege fest, welche Informationen du suchst und erwartest.

Rufe dir bei mehrteiligen Fortbildungsveranstaltungen die vorhergehende Einheit in Erinnerung und wirf einen Blick auf deine alten Notizen.

Aktiv zuhören

Verhindere, dass deine Gedanken „wandern", und mache unbedingt Notizen, während du zuhörst. Nähere Informationen zum Notieren und Mitschreiben findest du später in diesem Kapitel. Überlege dir zwischendurch, ob du alles verstanden hast, und melde dich zu Wort, um Anmerkungen zu machen oder Fragen zu stellen.

Zuhören nachbereiten

Gib dir selber die Zeit, das Gehörte zu verarbeiten. Überarbeite deine Notizen und unterhalte dich mit deinen KollegInnen über offene Punkte.

Achte auf unterschwellige Informationen

Beim Zuhören bekommst du eine Menge an Zusatzinformationen über die rein sprachliche Mitteilung hinaus: Aus Betonung, Pausen, Tonlage und Tonfall, Veränderung von Lautstärke, Frequenz und Tonhöhe oder Sprechgeschwindigkeit gewinnst du einen viel umfassenderen Eindruck über Bedeutung und Kontext des Gesagten.

Heiner, Philosophie-Student:
Ich habe vor einer Prüfung ein Interview meines Professors im Radio gehört, in dem er über 2 unterschiedliche Theorien gesprochen hat, die Prüfungsstoff waren. Obwohl er beide Positionen sehr objektiv darlegte, hatte ich irgendwie den Eindruck, er wäre der Meinung, die eine Theorie sei überzeugender. Bei der mündlichen Prüfung musste ich genau diese beiden Theorien gegenüberstellen. Ich habe mich an seine Beurteilung aus dem Radio angelehnt, und der Professor war begeistert.

Diese Zusatzinformation kann bewusst oder unbewusst gesendet werden – wir sind auf jeden Fall MeisterInnen im Herausfiltern von Nuancen. Aufmerksame ZuhörerInnen erwerben einen umfassenderen Eindruck des vermittelten Gegenstandes.

LESEN

Lesen ist ein faszinierend komplexer Prozess: Aus schwarzen Farbstrichen auf hellem Hintergrund entstehen in deinem Kopf Bilder, Personen, Gefühle, Welten, Ideen oder Erkenntnisse. Man liest sich in eine andere Welt ein!

Lesen ist nicht Übersetzen von Zeichen in Sprache in einem Schritt: Du hast vielleicht schon mal etwas durchgelesen, aber schon eine Minute später keine Ahnung mehr davon. Beim lauten Vorlesen ist dir das vielleicht schon passiert, wenn du dich auf schönes und richtiges Vorlesen konzentriert hast. Der erste Schritt des Lesens – reine Übersetzung in gesprochene Sprache – läuft bei LeserInnen ab dem Grundschulniveau automatisiert ab, das heißt, unabhängig vom Erkennen oder gar Verstehen der im Text enthaltenen Inhalte.

Um richtig gut lesen zu können, musst du unterschiedliche Lesearten beherrschen und zum passenden Zeitpunkt einsetzen können. Zu unterschiedlichen Punkten im Arbeitsprozess brauchst du also verschiedene Lesetechniken.

Querlesen

Beim Querlesen geht es nicht darum, einen einzelnen Text in allen Details durchzulesen und zu verstehen. Vielmehr soll in kurzer Zeit erfasst werden, worum es in dem Text geht und worum nicht. Du willst möglichst viel Literatur möglichst schnell einschätzen, um zu wissen, welche Informationen darin stecken und wofür du den jeweiligen Text verwenden kannst.

Die SQR-Methode

Von Werder und Schulte-Steinecker (2001) empfehlen die SQR-Methode, um Texte schnell zu analysieren. Sie besteht aus 3 Schritten: Survey – Question – Read.

Survey
Verschaffe dir einen ersten Eindruck, in nur 1 bis 2 Minuten. Lies dafür nur Autor, Titel, Untertitel und Schlagwörter. Überfliege Umschlagtexte und Klappentexte oder Abstracts.

Question

Überleg dir kurz, was an dieser Literatur für dich von Interesse sein könnte. Formuliere Themenbereiche oder Fragen, auf die du dir aus diesem Text eine Antwort erhoffst. Notiere ebenso die folgenden Punkte: Übersichtlichkeit, Sprache sowie Illustrationen und Beispiele.

Read – Querlesen

Achte beim Lesen nur auf jene Stellen, die geballte Informationen enthalten: Dort findest du die wichtigsten Punkte.

Notiere dir stichwortartig alles Interessante. Nimm dir für alle 3 SQR-Schritte insgesamt 10 bis 20 Minuten Zeit.

Welche Text-Elemente schaust du dir dabei am besten an?

- *Inhaltsverzeichnis:* Schau dir die einzelnen Unterpunkte genau an und notiere die für dich interessanten Kapitel und Seiten.
- *Literaturverzeichnis und Register, Indexwörter:* Kommen hier wichtige Namen, Arbeiten und Schlagworte vor? Notiere deren Standort im Text.
- *Zusammenfassung, Schluss, Diskussion und Konklusion:* Hier wird meist alles noch mal auf den Punkt gebracht.
- *Tabellen:* Tabellen werden gerne „überlesen", eignen sich aber hervorragend, um einzelne Punkte miteinander zu vergleichen und Unterschiede auf einen Blick zu erkennen.
- *Grafiken:* alles auf einen Blick. Nimm dir die Zeit, erklärende Grafiken zu betrachten, um Zusammenhänge zu erkennen.
- *Beschriftungen:* Auch Beschriftungen lohnen sich, gelesen zu werden. In den kurzen Sätzen verstecken sich oft wichtige Definitionen und prägnante Erklärungen.

Achte auch darauf, wie gut handhabbar der Text ist. Wenn du mehrere Fachtexte oder Bücher zur Auswahl hast, nimm jenes, das dich am meisten anspricht. Verlass dich auf deinen ersten Eindruck:

- *Optischer Eindruck:* Ist das Buch angenehm durchzublättern? Gut strukturiert? Findest du dich leicht zurecht? Gibt es Illustrationen und grafische Darstellungen oder aussagekräftige Tabellen?
- *Sprache und Stil:* Lies an beliebigen Stellen hinein: Liest sich der Text fließend? Spricht dich der Stil an? Kommen viele unbekannte Worte oder verschachtelte Formulierungen vor?

Danach triff eine erste Einschätzung: Ist diese Literaturquelle für deinen Zweck brauchbar?

Welche Abschnitte klingen besonders gut? Wo sind die interessanten Informationen versteckt?

Märtin (2003) schlägt vor, das ganze Material in 3 Kategorien zu teilen (am einfachsten direkt im Clustering oder mit Post-Its):

1. Von höchster Bedeutung für mein Thema.

2. Erweiternde Informationen, wahrscheinlich wichtig.

3. Randthemen wie Einzelaspekte, zusätzliche Argumente und Informationen.

Diese Aufteilung hilft dir später zu entscheiden, welche Quellen relevant sind und welche nicht.

Schnelllesetechniken

Variiere deine Lesegeschwindigkeit. Schnelllesetechniken sind vor allem dazu gut, eine große Menge an Text schnell überblicken zu können und die wesentlichen Informationen herauszufiltern. Für nachhaltiges Merken sind all diese Techniken nicht geeignet, wohl aber, um einen guten Eindruck vom Inhalt eines Textes oder Buches zu bekommen.

Wie funktionieren Schnelllesetechniken?

Versuche folgende Sätze zu lesen, nimm dir ruhig etwas Zeit dafür:

- DX KQNNST QYCH XHNY VQKXLX LYSXN

- Ihc hbae im Rtesauarnt zu Aebnd gessgeen.

Und, konntest du sie lesen?

Der erste Satz lautet: Du kannst auch ohne Vokale lesen. Geübte LeserInnen nehmen nicht mehr einzelne Buchstaben wahr, sondern gesamte Wörter.

> **Facts: Lesen ohne Vokale.**
> Das phönizische Alphabet, ein Schriftsystem aus etwa 1000 vor Christus, von dem sich unsere heutige Schrift wahrscheinlich ableitet, beinhaltete nur Konsonanten. Auch Hebräisch und Arabisch kommen in ihrer Schriftsprache ganz ohne Selbstlaute aus.

Auch den zweiten Satz konntest du sicher problemlos lesen. Unser Leserahmen umfasst mindestens ein Wort. Wenn einige Buchstaben falsch oder durcheinander sind, kannst du trotzdem problemlos die richtige Bedeutung zuordnen.

Vergrößere dein Wahrnehmungsfeld

Schnelllesetechniken arbeiten vor allem mit der Vergrößerung des Wahrnehmungsrahmens. Das kannst du üben: Steigere dein Wahrnehmungsfenster allmählich vom einzelnen Wort zur ganzen Seite. Hier ein paar Tipps dazu:

- *Versuche den Text mit den Augen zu fotografieren: Wirf deine Blick in die Mitte eines Satzes, eines Absatzes oder später einer ganzen Seite.*
- *Versuche bewusst nicht zu lesen, sondern nur zu schauen. Betrachte die einzelnen Textbestandteile wie Bilder.*
- *Lass deinen Blick über die Seite schweifen, ohne zu lange an einem Wort oder gar Buchstaben zu verweilen.*
- *Führe deinen Blick kreisend oder wellenförmig über den Text.*
- *Gib dir pro Seite nur 1 Minute Zeit und reduziere diese Zeitspanne auf bis zu 3 Sekunden.*
- *Verwende ein Metronom zum Umblättern im Takt.*
- *Überprüfe danach, woran du dich erinnerst, an welche Worte oder gar Sätze. Schreib einen kurzen Absatz mit dem Beginn: „In diesem Text geht es um …" Du wirst erstaunt sein, wie viel du dir gemerkt hast.*

Facts: Lesegeschwindigkeiten.
Die Lesegeschwindigkeit variiert nicht nur von Person zu Person, sondern auch abhängig von der Art des Lesens und der Textsorte. Während wir bei Unterhaltungslektüre 250 Wörter pro Minute erfassen, sinkt die Lesegeschwindigkeit bei sorgfältigem Lesen von wissenschaftlichen Texten auf 135 Wörter pro Minute. Handelt es sich um technische Texte mit vielen Fachbegriffen oder gar fremdsprachliche Texte, lesen wir nur noch 75 Wörter pro Minute (Werder, 2001). Beim schnellen Querlesen erreichen trainierte LeserInnen hingegen sogar bis zu 1000 Wörter pro Minute. Wichtig ist auch die Leseroutine: Grundschüler lesen ungefähr 110 bis 150 Wörter pro Minute, die durchschnittliche Lesegeschwindigkeit nach Ende der Schulausbildung beträgt 250 Wörter pro Minute und steigert sich bei guten Lesern mit Hochschulniveau auf 400 Wörter pro Minute (Böglin, 2007).

Schnelllesen ohne Umwege

Mit diesen Techniken beschleunigst du automatisch deine Lesegeschwindigkeit, aber es gibt noch andere Mechanismen, die dein Lesen effizienter und damit schneller machen können:

- *Trainiere das schnelle Erkennen von Bedeutungen: Achte nicht auf Füllwörter, sondern nur auf aussagekräftige Termini und Verben. Reduziere deine Aufmerksamkeit auf Telegrammstil.*

- *Dein Auge folgt Bewegung: Führe deinen Blick mit einem Stift oder dem Finger. Beginne zeilenweise, dann schräg von links oben nach rechts unten, und schließlich fahre die Seite in der Mitte senkrecht hinunter.*

- *Nicht mitsprechen: Du kannst viel schneller lesen als sprechen. Wenn du die Worte in Gedanken mitsprichst, verlangsamst du dein Lesen, also dreh deine innere Lesestimme ab.*

Aufmerksames Lesen

*Lass dich durch deine Lektüre nicht beherrschen,
sondern herrsche über sie.*
Georg Christoph Lichtenberg

Lesen hat viel gemeinsam mit Zuhören. Genauso wie beim Zuhören ist deine Aufmerksamkeit wesentlich. Du kennst sicher die Situation, dass dir jemand etwas erzählt, und du erinnerst dich an nichts. Obwohl du alles hörst, dringt nur das in dein Bewusstsein vor, was in Bezug steht zu Dingen, die du zuvor als wichtig markiert hast. Genauso wie du plötzlich überall Schwangere siehst, wenn du ein Kind bekommst, und dir besondere Autos auffallen, wenn du dir gerade selbst eines zulegen willst.

Nutze diese selektive Wahrnehmung, um dein Leseergebnis zu verbessern.

Interview mit einem Buch

Wenn du dir vornimmst, einen Text zu lesen, stelle dir vor, du würdest ihn interviewen. Wie würdest du dich auf ein Interview vorbereiten?

Überlege dir im Vorhinein interessante Fragen:

- *Was willst du von dem Text eigentlich erfahren?*
- *Was möchtest du auf jeden Fall herausfinden?*
- *Was würde dich noch interessieren?*
- *Warum will ich überhaupt gerade dieses Buch / diesen Text interviewen?*

Betrachte das Lesen als Kommunikationsprozess: Bei einem Interview würdest du dich wohl auch vorher ein wenig mit der Person auseinandersetzen; für einen Text kannst du die gleichen Überlegungen anstellen:

- *Welchen Hintergrund haben die AutorInnen?*
- *An welches Publikum ist der Text gerichtet?*
- *Aus welcher theoretischen Richtung kommt der Text oder die AutorInnen?*

Wie bei einem Interview ist es am besten, du notierst dir die Fragen vorher und notierst dir während deines „Gespräches mit dem Text" die Antworten dazu.

Eine gute Methode dazu ist ein Lesemindmap (Boeglin, 2007) oder Lese-Clustering (Wolfsberger, 2007). Mehr dazu im Abschnitt „Wissenschaftlich Arbeiten" ab Seite 190.

Wenn du an einem Thema arbeitest, kannst du mit deinem Fragen-Mindmap verschiedene Texte interviewen, um so nach und nach Antworten auf all deine Fragen zu bekommen.

Kennzeichne immer, wer was gesagt hat, damit du später noch die Herkunft der Aussagen nachvollziehen kannst.

Lesen von fremdsprachigen Texten

Viele wissenschaftliche Texte sind in englischer Sprache verfasst. Englisch hat sich als Wissenschaftssprache durchgesetzt, und in den meisten Disziplinen kommst du nicht umhin, englische Texte zu lesen. Es kann sein, dass bestimmte Literatur nur in einer bestimmten Sprache verfügbar ist oder du aus anderen Gründen Texte lesen und lernen musst, die nicht in deiner Muttersprache geschrieben sind.

Das ist eine Herausforderung, besonders wenn du im Lesen dieser Sprache noch nicht so geübt bist.

Keine Panik!

Insbesondere für das Lesen fremdsprachiger Texte gilt: Lass dich nicht in deinem Lesefluss stören, wenn du einzelne Vokabeln nicht weißt.

- Überfliege zuerst den ganzen Text ohne Unterbrechung – oft erschließt sich die Bedeutung einzelner Termini aus dem Zusammenhang.
- Markiere Wörter, die du nicht verstehst, aber unterbrich deinen Lesefluss nicht.
- Wenn die Bedeutung einzelner Worte durch den Sinnzusammenhang nicht klar wurde, schlage sie nach dem Durchlesen alle im Wörterbuch nach und notiere sie gleich im Text dazu.
- Wenn du schließlich weißt, was die einzelnen Begriffe bedeuten, lies dir den Text noch mal durch. Du wirst ihn jetzt sicher gut verstehen!

Sehr zu empfehlen ist die Verwendung von frei verfügbaren Online-Wörterbüchern und Übersetzungs-Tools wie:

- *www.odge.de:* Englisch, Deutsch.
- *http://dict.tu-chemnitz.de:* Englisch, Deutsch, Spanisch, Portugiesisch – auch zum Anhören.
- *www.leo.org:* Englisch, Deutsch, Französisch, Spanisch, Italienisch, Chinesisch – auch zum Anhören.
- *http://iate.europa.eu:* Fachbegriffe in allen Sprachen der Europäischen Union.
- *hwww.logosdictionary.org:* ein multilinguales interaktives Übersetzungswörterbuch, das jeder mitgestalten kann.

SCHREIBEN

Jegliche Kommunikation in den Wissenschaften passiert schriftlich. Selbst bei Konferenzen gibt es Konferenz-Proceedings, und um teilzunehmen, muss man schriftliche Abstracts oder Zusammenfassungen einreichen.

Darum ist wissenschaftliches Schreiben eine grundlegende Kompetenz, die du in einem Studium erwerben sollst und musst. Spätestens beim Verfassen deiner Abschlussarbeit wirst du sie unter Beweis stellen.

This is the practice school of writing.
Like running, the more you do it, the better you get at it.
Goldberg

Schreiben ist Übungssache, keine angeborene Gabe. Du kannst Schreiben lernen und trainieren, und wie bei allen Tätigkeiten gilt: Je mehr du übst, desto besser wirst du.

Um ins Schreiben hineinzukommen, empfiehlt Julia Cameroon (2000), am besten täglich privat zu schreiben: Mindestens 3 Seiten jeden Tag in der Früh, so genannte Morgenseiten. Zusätzlich zur Schreibübung gibt es noch einen weiteren Grund, warum Morgenseiten eine gute Vorbereitung auf dein wissenschaftliches Schreiben sind: Du leerst all die privaten Gedanken aufs Papier, die dich sonst in deiner Konzentration stören würden, eine Art geistiges Zähneputzen. Danach kannst du dich mit erfrischtem Geist an deine Schreibarbeit machen und bist bereits warmgeschrieben.

Wenn du dir Schreiben und schreibend Denken zu Gewohnheit machst, steigert das deine Fähigkeit, dich mit Themen intensiv auseinanderzusetzen. Auch neue Einfälle entstehen so leichter und gehen nicht verloren.

Hören und Schreiben

Julia, Pädagogik-Studentin:
Ich schreibe immer viel mit in den Vorlesungen, das habe ich schon in der Schule so gemacht. Meine Mitschriften borgen sich oft andere zum Kopieren aus, wenn sie gefehlt haben, weil ich wirklich immer alles mitgeschrieben habe. Beim Lernen kommt mir allerdings oft vor, als hätte ich das, was da steht, zu ersten Mal gehört. Außerdem sind meine Mitschriften immer sehr dick, und meistens komme ich nicht dazu, alles durchzulesen. Eine Freundin von mir schreibt immer nur halb so viel mit, lernt dann aber immer nur halb so lang. Trotzdem hat sie mindestens genauso gute Noten wie ich. Das finde ich unfair!

Manche Studierende machen überhaupt keine Notizen, weil sie sich ganz aufs Zuhören konzentrieren. Andere schreiben Unmengen mit, um nichts Wesentliches zu verpassen. Der goldene Mittelweg lautet: Richtiges Notizenmachen bedeutet die relevanten Informationen herauszufiltern und durch Notieren festzuhalten. So werden die wesentlichen Elemente sowohl in den Unterlagen als auch in deinem Gedächtnis verankert.

Warum Notizen machen?

Viele Studierende sind sich nicht bewusst, dass von ihnen erwartet wird, dass sie sich wichtige Informationen notieren.

Notizen machen unterstützt deinen Lernprozess in vielerlei Hinsicht:

- **Notizen als Lernressource:** *Deine Notizen sind ein wichtiges Lernmaterial, auf das du später zurückgreifen kannst. Gute Notizen speichern nachhaltig die Essenz einer Lehrveranstaltung.*
- **Notizen strukturieren:** *Egal ob beim Lesen oder Zuhören, Notizen machen strukturiert deinen Aufnahmeprozess, du unterteilst den Informationsfluss dadurch in kleine Einheiten, die dir später beim Erinnern behilflich sind.*
- **Notizen selektieren:** *Um zu entscheiden, was du notierst, musst du dich aktiv mit dem Gehörten, Betrachteten oder Gelesenen auseinandersetzen. Das steigert deinen Lernerfolg und das Verständnis.*

- **Notizen sind Output:** Du hast mittels deiner Notizen wahrgenommenen Input bereits in deine eigenen Worte übersetzt. Zusätzlich aktivierst du Bewegungserinnerung, beides zusammen lässt dich das Notierte später leichter abrufen.

> **Facts: Erfolgreiche StudentInnen machen Notizen.**
> Einstein und seine KollegInnen (Einstein et al., 1985) zeigten 1985, dass Notizenmachen zu den Arbeitstechniken erfolgreicher Studierender gehört. Sie fanden heraus, dass durch Notizenmachen der Inhalt einer Lehrveranstaltung strukturierter abgespeichert wird.
>
> Auch Stella Cottrell (2001) beschreibt, dass sich Studierende leichter an Inhalte erinnern, die sie notiert haben, insbesondere an handschriftlich notierte Inhalte. Voraussetzung dafür sei allerdings selektives Herausfiltern von wichtigen Inhalten.

Für gute Notizen ist es also relevant, was du notierst. Aber woher weißt du, welche Informationen du festhalten sollst und welche nicht?

Was notieren und was nicht?

Alles mitzuschreiben macht aus 2 Gründen keinen Sinn:

Erstens liegt dein Fokus dann zu sehr auf Vollständigkeit und nicht darauf, die wichtigen Inhalte zu erkennen und die aufgezeigten Zusammenhänge zu verstehen.

Zweitens produzierst du so oft sehr große Mengen an Notizen, die zu umfangreich sind, um sie zielführend als Lernmaterial oder als Basis für ein Schreibprojekt zu verwenden.

Beherzige den Spruch: „Make sense, not notes", und richte deinen Fokus auf das, was gesagt wird, und nicht darauf, alles zu notieren

Gute Notizen zu machen und die relevanten Dinge zum Niederschreiben herauszupicken ist Übungssache. Es gibt allerdings einige Hinweise, wie du in Lehrveranstaltungen erkennen kannst, was wichtig ist und was nicht.

Auf verbale Hinweise achten

Achte besonders während Vorlesungen auf verbale Hinweise, auf „Keywords" und wichtige Punkte. Folgende Formulierungen helfen dir, Schlüsselthemen herauszufiltern:

„besonders wichtig ist ..."

„erstens, zweitens ..."

„einerseits, andererseits"

„daraus folgt ... "

„bedeutet ..."

„definiert: ..."

„zusammenfassend ..."

Vortragende haben noch weitere Möglichkeiten, bestimmte Informationen hervorzuheben:

- ***Intonation:*** *Sie nennen bestimmte Begriffe besonders laut und deutlich.*
- ***Wiederholung:*** *Informationen, die immer wieder erwähnt werden, sind meist besonders wichtig und prädestiniert für Prüfungsfragen.*
- ***Reihenfolge:*** *Vortragende kennen den Effekt, dass wir uns Elemente am Anfang und am Ende einer Kette besonders gut merken, und erwähnen darum wichtige Begriffe gerne an diesen Stellen.*
- ***Begleitende Unterlagen:*** *Auf Präsentationsfolien und Handouts sind oft bereits die wichtigsten Punkte in den Überschriften oder stichwortartig angeführt. Auch eine Agenda bietet meist schon ein Gerüst mit den wichtigsten Themen, zu denen sich Notizen lohnen.*

Wie notierst du effizient?

Wenn es Ankündigungen zum Inhalt oder Präsentationsfolien vorab zu den Lehrveranstaltungen oder Vorträgen gibt, drucke sie eventuell aus, um sie als Basisstruktur für deine Notizen zu verwenden. Gut ist es, wenn du diese Materialien mit eigenen Notizen kombinierst.

Wenn du bereits mehr Routine im Notizenmachen hast, ist es besser, auf eigene, nicht vorstrukturierte Art zu notieren. Du entdeckst so leichter neue Aspekte und hast genug Raum, um auch Assoziationen und Gedanken zu vermerken. Entwickle dazu deine individuelle „Notizen-Methode". Hier ein paar Anregungen dazu:

Abkürzungen
Kürze lange Wörter ab, indem du

- *die Vokale streichst.*
- *nur die erste Silbe („Phil" statt „Philosophie") ausschreibst.*
- *Teile weglässt oder durch Apostroph oder Bindestrich ersetzt („P'dorf" statt Perchtoldsdorf).*
- *in E-Mail, sms und Texten gebräuchliche Kürzel (wie „vlt" statt „vielleicht", „Bsp" statt „Beispiel") oder umgangssprachliche Kurzformen („vulgo" statt „auch bezeichnet als") verwendest.*

Reduzieren
Verzichte auf Artikel, Verben und ausformulierte Sätze, reduziere Bindewörter, Ausschmückungen und Adjektive, außer sie sind von besonderer Bedeutung. Notizen sind keine Texte, sondern haben eher Telegrammstil.

Stenografische Symbole
Verwende Symbole, um sowohl Zusammenhänge als auch besondere Elemente zu kennzeichnen: neben mathematischen und physikalischen Symbolen (+, =) oder logischen Operatoren ($\forall$ für „alle", $\exists$) eignen sich griechische Buchstaben, Zeichen und Ideogramme ($\Omega, \notin, \nearrow, \maltese, \dagger, \female$) gut. Weitere praktische Symbole sind:

→ Für Zusammenhänge oder Beziehungen

// für Parallelen und Analogien

>< für Gegensätze oder Widersprüche

? Für offene Fragen oder Unklarheiten

! Um wichtige Punkte zu kennzeichnen

Farben

Versuche zusätzlich zu deinem Schreibstift noch 2 andere Farben parat zu haben: Verwende eine zum Kennzeichnen besonders wichtiger Inhalte, die andere, um unklare Stellen oder Fragen, die für dich offen sind, zu markieren. Mit einer dritten Farbe könntest du eigene Ideen notieren oder Elemente, die du interessant findest, die aber nicht zum eigentlichen Thema gehören.

Bei all diesen Vereinfachungen achte darauf, dass du später noch weißt, was mit welcher Kennzeichnung oder welchem Kürzel gemeint war. Dafür macht es Sinn, wenn du dir gewisse Kürzel angewöhnst und konsequent immer wieder die gleichen Symbole zum selben Zweck verwendest.

Notizen nachbearbeiten

Professionelle Techniken, um Notizen zu machen, beruhen immer darauf, die Notizen unmittelbar nach der Veranstaltung nachzubearbeiten – am besten noch am selben oder folgenden Tag, da später bereits die Hälfte des Gehörten verloren ist. Dabei ergänzt man fehlende Informationen, solange sie noch unmittelbar im Gedächtnis sind, und fügt detailliertere Kennzeichen hinzu.

Um ausreichend Platz für die Nachbearbeitung zu haben, wird beispielsweise am linken Rand der Notizen eine Spalte freigelassen, um hier zu den Notizen passende Schlüsselwörter, Unterpunkte oder Verweise einzufügen. Diese strukturieren und erleichtern später das Lernen oder wissenschaftliche Arbeiten. Hefte oder Kollegeblöcke mit Korrekturrand eignen sich daher gut für Notizen.

Insbesondere für Vortragsnotizen empfiehlt es sich, wenn du versuchst, noch eine kurze Zusammenfassung von etwas 3 Sätzen in deinen eigenen Worten zu notieren. Vermerke Besonderheiten des Vortrages. So erinnerst du dich viel später noch gut an den Vortrag und seine Inhalte.

Derartig aufbereitete Notizen sind eine ausgezeichnete Grundlage für späteres Wiederholen oder tieferes Verstehen. Auch für wissenschaftliche Schreibprojekte sind gute Notizen notwendig und liefern bereits Schlagwörter für einen zukünftigen Text.

Lesen und Schreiben

Schreibend lesen macht nach den Erkenntnissen der Leseforschung (Werder et al., 2001) ausgesprochen viel Sinn:

Der Prozess des Lesens ist am engsten mit dem Schreibprozess verwandt, beide durchlaufen dieselben Schritte, nur in umgekehrter Richtung.

LESEN	
Wahrnehmen von Zeichen/Wörtern	Niederschreiben von Zeichen/Wörtern
Verknüpfen mit Wort-Bedeutungen	Anordnen der Bedeutungseinheiten
Zusammensetzen dieser Bedeutungen	Aufbrechen in Bedeutungseinheiten
Erkennen der einzelnen Mitteilungen	Formulieren einzelner Mitteilungen
Einzelne Mitteilungen miteinander verknüpfen	Aufteilen in einzelne Mitteilungen
Gesamtstruktur der Textaussage erkennen	Aussage strukturieren
Text verstehen, Aussage verstehen	Aussage eines Textes explizieren
	SCHREIBEN

Ein Unterschied zwischen Lesen und Schreiben ist für das Verstehen wichtig: Lesen ist Input, das heißt, Informationen, Ideen, Bilder kommen in dir an. Um etwas wirklich verstanden zu haben, musst du es aber auch erklären können, das Gelesene also in Form deiner eigenen Synthese wieder hinauslassen. Schreiben ist Output. Durch gleichzeitiges Lesen und Schreiben trainierst du genau diesen Übergang vom Input zum Output: vom oberflächlichen Lesen zum verstehenden Lesen und Wiedergeben.

Schreibend lesen

Schreibend lesen beginnt damit, dass du Texte, während du sie liest, aktiv veränderst. So machst du aus ihnen persönliche Dokumente, die für deine eigene Arbeit brauchbar sind.

Sorge dafür, dass du Bücher und Publikationen nicht jedesmal neu lesen musst. Indem du sie bearbeitest, kannst du später auf einen Blick erkennen, welche Punkte und Argumente für dich wichtig waren.

Seiten markieren
Verwende kleine Haftzettel, um Seiten zu markieren. Gestalte Bücher, zu denen du häufig greifst, so, dass du zielstrebig gesuchte Seiten aufschlagen kannst.

Unterstreichen
Du unterstreichst, während du liest, damit du beim Wiederholen oder Nachschlagen nicht den gesamten Text Wort für Wort neu lesen musst. Unterstreiche entsprechend wichtige Schlagworte und entscheidende Aussagen. Achte darauf, dass du nicht zu viel hervorhebst. Unterstreiche nach Möglichkeit keine ganzen Sätze, sondern nur die entscheidenden Begriffe. Verwende verschiedene Farben, um die Übersichtlichkeit zu erhöhen. Entwickle einen persönlichen Farbcode und ordne den einzelnen Farben Bedeutung zu. So kannst du später gezielt nach Markierungen suchen.

Notieren
Lies niemals, ohne einen Stift bei der Hand zu haben! Markiere wichtige Stellen mit Rufzeichen und kennzeichne Unklarheiten mit Fragezeichen. Verwende ähnliche Symbole wie in deinen Mitschriften von Vorlesungen.

Verweise
Selten finden sich alle Informationen im selben Dokument. Wenn du beim Lesen eines Textes Zusammenhänge mit einem anderen Buch erkennst, notiere Titel und Seitenzahl am Seitenrand. Auf derselben Seite kannst du Verweise mit Pfeilen verdeutlichen.

Eigene Gedanken
Wenn dir während der Lektüre Ideen einfallen oder spontane Gedanken aufkommen, notiere sie. Verwende dazu den Seitenrand oder einen eigenen Notizzettel.

Exzerpieren und Zusammenfassen

Was nicht auf einer einzigen Manuskriptseite zusammengefasst werden kann, ist weder durchdacht noch entscheidungsreif.
Dwight D. Eisenhower

In der Schule hast du möglicherweise viel gelernt, indem du Zusammenfassungen geschrieben hast. Für einen Test hast du den zu lernenden Stoff auf wenige A4-Seiten zusammengeschrieben und anschließend von den Zetteln gelernt. Viele SchülerInnen gehen so vor.

An der Universität ist diese Methode häufig nicht mehr möglich: Stoffgebiete sind zu umfangreich und die Literaturberge zu hoch. Verwende darum die Methoden des aktiven Lesens, die du soeben kennengelernt hast.

Wenn du trotzdem einmal einen wichtigen Text zusammenfassen möchtest, beachte folgende Grundregel: exzerpiere nur die wichtigsten Informationen. Zusammenfassen bedeutet nicht abschreiben, sondern beschränkt sich auf die wichtigsten Informationen.

Vom Plakat zum Schummelzettel
Übe dich im Reduzieren. Verfasse eine ausführliche Zusammenfassung dieses Kapitels. Achte darauf, dass keine Informationen verlorengehen.

Wie umfangreich ist dein Resultat?

Schreibe nun eine Zusammenfassung der Zusammenfassung. Das Endergebnis soll auf die Hälfte der ursprünglichen Länge reduziert sein.

Wiederhole diesen Schritt, bis dein Exzerpt auf eine Karteikarte passt.

Schreiben als kreativer Akt

Denken und sprachliches Formulieren ist primär keine analytische Tätigkeit, sondern ein schöpferischer Akt: Du erschaffst Gedanken in Form von Sprache. Etwas neu zu erschaffen ist enorm anstrengend und braucht darum eine Menge Energie. Wichtige Denker und Schriftsteller wie Descartes widmeten daher einen großen Teil ihrer Zeit der Ruhe und

Entspannung, um fit zu sein für die wenigen Stunden, in denen sie sich dem Verstehen und Explizieren von Gedanken widmeten (Skinner, 1991). Schreibe nur eine bestimmte Zeit pro Tag und nimm dir danach bewusst frei. Nutze die Produktivität der Freizeit.

Schreiben als Denkmethode

I never know what I think about something
until I read what I've written on it.
William Faulkner

Im alltäglichen Gebrauch wird menschliches Denken oft zu Unrecht mit sprachlichem Denken gleichgesetzt. Das betrifft insbesondere unser Schreibverhalten: Viele glauben, ein Gedanke muss im Geist bereits fertig ausformuliert sein, bevor er aufgeschrieben werden kann. Dabei ist Schreiben eine Methode, Gedanken und Ideen, die vielleicht noch gar nicht ausformuliert sind, erstmals in sprachliche Form zu bringen: sie zu explizieren.

Brainstorming

Von Brainstorming hast du sicher schon gehört oder es sogar angewendet. Man durchforstet sein Gehirn aktiv nach Ideen und Einfällen zu einem bestimmten Thema und hält sie schriftlich fest. Wichtig dabei ist, dass man die einzelnen Einfälle und Gedanken nicht sofort bewertet, zuordnet oder sortiert. Das heißt: Jeder Einfall wird notiert.

Obwohl das einfach klingt, wirst du feststellen, wie schnell sich deine ordnende und gewichtende Instanz einschaltet und sofort ihren Senf dazugeben will: „Das ist aber eigentlich nicht so wichtig" oder „Das gehört ganz woanders hin" – so kommentiert deine innere Stimme und hält dich so schnell davon ab, den errungenen Einfall auf dem Papier stehenzulassen. Notierst du dagegen sofort, durchkämmst du so deine Gehirnwindungen nach weiteren Einfällen, anstatt im Bewerten und Kategorisieren eines einzigen Einfalles hängenzubleiben.

Probiere es am besten selber aus:

- *Nimm ein Blatt Papier und schreibe als Titel ein Thema, zum Beispiel „schreiben".*
- *Nimm dir eventuell eine kurze Zeitspanne vor (15 Minuten), in der du dich dem Brainstorming widmen wirst.*
- *Notiere alle Begriffe, die dir dazu einfallen, untereinander.*
- *Versuche gedanklich nicht bei einem Begriff zu verweilen.*
- *Ordne die Begriffe nicht, sondern schreibe sie einfach untereinander.*
- *Schreibe alles auf, was dir zum Thema einfällt, und versuche deine Gedanken nicht abschweifen zu lassen. Konzentriere dich und versenke dich in dein Thema.*
- *Unterbrich das Brainstorming nicht, um etwas anderes zu tun oder nachzuschlagen.*
- *Um dich auf den Kernbegriff zu fokussieren, ist es oft nützlich, wenn du den Begriff laut vor dich hinsagst.*
- *Wenn du das Gefühl hast, deine Gedanken kommen ins Stocken, gehe auf und ab und bewege dich: Körperliche Bewegung versetzt deinen Geist in Schwung.*
- *Höre nicht auf, wenn du das Gefühl hast, dir fällt nichts mehr ein, sondern mach weiter, bis das Blatt voll oder die Zeit um ist.*

Brainstorming in der Gruppe

In der Gruppe ist Brainstorming noch effizienter. Die Einfälle der anderen sind Anstoß für deine eigenen Gedanken und umgekehrt.

Bei Brainstorming in der Gruppe ist es am besten, eine Person übernimmt die Rolle des Festhaltens: Festhalten am Thema sowie Festhalten aller Einfälle. Diese Person notiert einerseits alle Ideen, ohne sie zu gewichten oder zu sortieren. Andererseits lenkt sie die Gruppe immer wieder zurück zum eigentlichen Thema des Brainstormings, wenn alle bei einem Gedanken hängenbleiben. Bedeutsam beim Gruppen-Brainstorming ist insbesondere, dass alle zu Wort kommen und dass jeder Beitrag einfach notiert und nicht wertend kommentiert wird.

Ob allein oder in der Gruppe, Brainstorming ist eine gute Methode, möglichst viel Vorwissen und Einfälle zu einem Thema zu sammeln. Mit diesen umfangreichen Brainstorming-Resultaten kannst du sehr gut weiterarbeiten, oft bildet sich daraus bereits ein tragfester Grundstock für deine weitere Arbeit mit dem Thema.

Freewriting

> *Wir sind so ungeübte Schreiber, weil wir so viel Zeit damit verschwenden, mitten im Satz anzuhalten und uns über das Geschriebene Gedanken zu machen.*
> *Peter Elbow*

Diese Art zu schreiben eignet sich für den Einstieg ins Schreiben, für Denken am Papier und als Methode, um Rohtexte aufs Papier zu bekommen.

Probiere Freewriting (Ellbow, 1998) am besten gleich selbst aus: Nimm ein Blatt Papier und schreibe (beispielsweise) zum Thema „Handwerkzeug für mein Studium" nach folgenden Regeln:

Die Freewriting-Grundregeln
- *Stell einen Timer auf 10, 15 oder maximal 20 Minuten.*
- *Beginne einfach zu schreiben, was dir gerade durch den Kopf geht, oder nimm dir ein Thema als Ausgangspunkt.*
- *Halte die schreibende Hand immer in Bewegung, und schreibe oder tippe, so schnell du kannst.*
- *Unterbrich nicht, um zu lesen, was du geschrieben hast – hör nicht auf zu schreiben, bis die Zeit um ist.*
- *Lösche und korrigiere nichts: Rechtschreib- oder Tippfehler, Satzzeichen und Grammatik sind hier nebensächlich. Halbe Sätze und Gedankenfragmente sind erlaubt.*
- *Folgen deinen Gedanken und kontrolliere sie nicht – du darfst alles schreiben.*
- *Wenn dein Kopf völlig leer ist, schreib: „Mein Kopf ist leer", bis ein neuer Gedanke kommt.*
- *Wenn die Zeit vorbei ist, beende den angefangenen Gedanken und mach eine Pause.*

Wie ist es dir mit deinem ersten Freewriting gegangen? Vielleicht warst du erstaunt, wie viel dir zu dem Thema schon eingefallen ist. Auf jeden Fall hast du in nur 10 Minuten sicher mindestens eine Seite aufs Papier gebracht.

Freewriting ist Schreiben in deiner persönlichen Sprache, so schnell es geht und ohne Kontrolle. Damit deine Gedanken möglichst direkt aufs Papier fließen können, versuche deine Schreibgeschwindigkeit zu erhöhen. So hat deine kritische innere Instanz, die immer alles sofort korrigieren will, keine Gelegenheit, deinen Gedankenfluss zu unterbrechen.

Versetze deine Gedanken in Bewegung

Freies Schreiben, aber auch Brainstorming soll deine Gedanken aus dir herauslocken. Dazu müssen diese sich einerseits sicher fühlen und andererseits in Bewegung kommen. Dadurch, dass du alle Gedanken unbewertet gelten lässt, trauen sie sich überhaupt erst heraus. Endlich hat jeder Gedanke einen Platz auf dem Papier, egal ob er sich später als genial oder unwichtig herausstellt.

Um deine Gedanken in Bewegung zu versetzen, ist körperliche Bewegung gut: auf und ab gehen, aber auch laufen oder Rad fahren.

Brainstorming funktioniert auch mündlich, indem du deine Gedanken auf ein Aufnahmegerät sprichst (in vielen Handys ist ein Mikrophon integriert).

Der Blick auf etwas Bewegtes, einen Fluss oder Wasserfall oder im Wind rauschende Blätter, versetzt unseren Geist in Bewegung. Genauso anregend wirkt beschwingte Musik, einer Melodie zu lauschen oder seinem eigenen Redefluss, der um das Kernthema kreist: „Also was fällt mir zu Überblicken ein, was könnte noch damit zu tun haben … Überblicken, da steckt ÜBER drinnen, also von oben auf etwas schauen …"

Immer wenn ein Gedanke auftaucht, wird er notiert, und du kehrst zurück zum Thema.

VISUALISIEREN

Mindmapping

Mindmapping (entwickelt von Tony Buzan, vgl. North & Buzan, 2001) ist eine Visualisierungsmethode, die Grafik und Text auf kreative und zugleich übersichtliche Art und Weise miteinander verknüpft.

Während du beim Brainstorming deine Gedanken wahllos auf das Papier schreibst, gehst du beim Mindmappen etwas strukturierter vor: Ausgehend von einem zentralen Symbol bzw. Titel werden Äste für die Hauptthemen gezeichnet. An diese werden die dazupassenden Gedanken und Themen angehängt. Mithilfe von Farben, Symbolen und Pfeilen kannst du deine Mindmap noch übersichtlicher gestalten.

Als Beispiel hier eine Mindmap, die zusammenfasst, wie du die „Landkarte deiner Gedanken" optimal gestaltest:

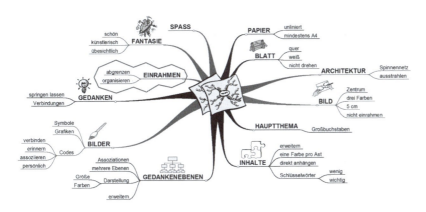

Probiere Mindmappen unbedingt aus. Wenn dir die Arbeit damit Spaß macht, kannst du diese Methoden in vielen Bereichen anwenden. Nütze Mindmapping für die Vorbereitung von Seminararbeiten und Präsentationen. Auch für „To do"-Listen, Einkaufslisten, Lern-Übersichten und Notizen eignen sie sich hervorragend.

> **Tipp:**
> Es gibt einige Computerprogramme, die die Erstellung von Mindmaps ermöglichen. Kostenlose Varianten wie „Freemind" und „Personal brain" stehen auf http://freemind.softonic.de/ sowie http://personalbrain.softonic.de/ zum Download bereit.

Clustering

Clustering ist eine Möglichkeit, Assoziationsnetze abzubilden. Im Gegensatz zu Mindmapping ist Clustering nicht dafür gedacht, Gedanken in eine hierarchische Ordnung zu bringen. Im Gegenteil: Mittels Clustering kannst du Dinge in einen Zusammenhang bringen, die bisher noch nicht explizit zusammengehört haben.

Die Methode des Clusterings nach Rico ist vielseitig einsetzbar – probier sie am besten einfach aus:

- *Schreibe einen Kernbegriff in die Mitte eines leeren Blattes und ziehe einen Kreis darum.*
- *Konzentriere dich nicht, sondern lass deine Gedanken in einer meditativen Gelassenheit schweifen.*
- *Wenn du eine Assoziation hast, lass sie vom Mittelpunkt ausstrahlen, bis die Assoziationskette sich erschöpft.*
- *Kehre wieder zum Kernbegriff zurück und beginne dort mit der nächsten Assoziationskette.*
- *Verbinde spontan Begriffe, die zusammengehören, ohne darüber nachzudenken.*

Betrachte dein Clustering und baue es weiter aus.

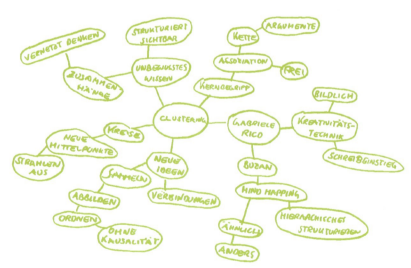

Gabriele Rico (1984) hat Clustering ursprünglich als Kreativitätstechnik erfunden, um unser bildhaftes Denken mit dem sprachlichen Denken zu verknüpfen. Ziel dabei ist, intuitive Ideenketten zu bilden, ohne das Muster zu kontrollieren, das sich dabei bildet. Betrachtet man das so entstandene Assoziationsbild, wird offenbar, wo der Schwerpunkt im Thema liegt, an welcher Stelle du gut in das Thema einsteigen kannst. Du erkennst anhand des fixierten Musters interessante Zusammenhänge, Lücken oder Ansatzpunkte.

Kategorisieren

Mindmappen ist nicht jedermanns Sache. Wenn dir diese Methode nicht liegt, kannst du linear vorgehen: Fasse Inhalte in Listen zusammen. Informationen dazu findest du im Kapitel „Merken" (ab Seite 139).

Unendliche Auflistungen sind schwer zu überblicken. Darum ist es wichtig, Seminararbeiten, Präsentationen oder deine Diplomarbeit zu strukturieren und zusammengehörende Punkte zu sammeln.

Finde geeignete Kategorien, die dir helfen, die Inhalte sinnvoll zu unterteilen.

Optimal sind etwa 5 bis maximal 7 Elemente pro Gruppe bzw. Kapitel. Wähle Unterscheidungsmerkmale, nach denen du die Unterpunkte kategorisierst.

Verwende Kategorisierungen auch dazu, um Ordnung in die Dateien auf deinem Computer zu bringen. Wähle Ordner-Namen, die die Gruppen möglichst genau unterscheiden. Sollten trotzdem Überlappungen vorkommen, kannst du überlegen, mit Verknüpfungen zu arbeiten.

Norbert, Lehramt-Student:

Ich habe meine Dateien in Themen-Ordner kategorisiert. Die Stundenvorbereitungen lege ich nicht unter „Didaktik", sondern bei den jeweiligen Themenbereichen ab. Damit ich auf einen Blick alle Stundenvorbereitungen überblicken kann, habe ich im Ordner „Didaktik" einen Unterordner angelegt, in den ich die jeweiligen Verknüpfungen verschiebe, damit ich die Dateien nicht doppelt abspeichern muss.

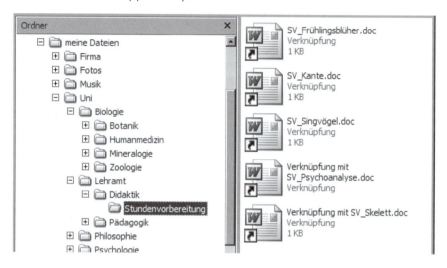

Tipp:

Für die übersichtliche Gestaltung von Gruppierungen gibt es praktische Tools in Programmen wie Word oder Powerpoint. So kannst du zum Beispiel Grafiken gestalten, die deine Kategorien visuell darstellen.

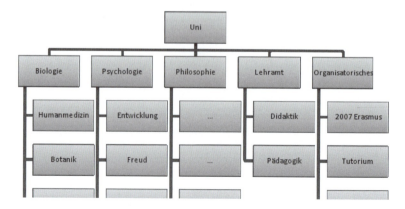

ERLERNE BASISMETHODEN FÜR DEIN STUDIUM!

Nütze all deine Sinne für dein Studium!
Denke in Bildern!
Höre aktiv zu!

- *Bereite dich vor*
- *Achte auf non-verbale Signale*
- *Reflektiere Gehörtes*

Lerne wissenschaftliches Lesen!

- *Übe Querlesetechniken*
- *Erhöhe deine Lesegeschwindigkeit*
- *Stelle Fragen an deinen Text*
- *Wage dich an fremdsprachige Texte heran*

Lerne professionelles Schreiben!

- *Mache effiziente Notizen*
- *Sammle Ideen mit einem Brainstorming*
- *Schreib dich frei*
- *Setze deine Gedanken in Bewegung*

Nütze Visualisierungstechniken!

- *Stelle Zusammenhänge in einer Mindmap dar*
- *Bilde Assoziationen in einem Custering ab*
- *Gewinne einen Überblick dank Kategorien*

LERNPROZESS

Überblicken — 99

Vorwissen Aktivieren — 100
Mit allen Sinnen — 103
Einen Lernplan erstellen — 105

Verstehen — 112

Was bedeutet verstehen? — 114
Erkunde die Details — 118
Erkenne Bedeutungen und Zusammenhänge — 125
Vernetze das große Ganze — 133

Merken — 139

Fachausdrücke, Vokabeln und Namen — 140
Zahlen, Paragraphen und Formeln — 144
Auflistungen und große Datenmengen — 148
Wiederholungsstrategien — 158

Erinnern — 164

Vergessen und Erinnern — 165
Prüfungen bestehen — 172
Problemlösung — 181
Du als ExpertIn! — 186

Zusammenfassung: Lerne zu lernen — 187

LERNPROZESS

Lernen ist ein Kreislauf, der sich wie eine Spirale fortsetzt. Lernen hat viele verschiedene Facetten: begreifen, einprägen, umsetzen … alle sind Teil deines Studiums.

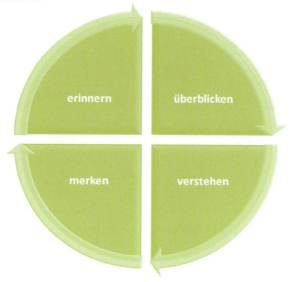

Wir haben den Lernprozess in folgende Teilschritte gegliedert:

- **überblicken:** Anfangs gilt es, grundlegende Fragen zu klären: Was weiß ich schon? Was möchte ich lernen? Welche Ressourcen gibt es? Welche Quellen nütze ich? Wie schaut mein Lernziel aus? Mit welchen Schritten will ich es erreichen? Finde heraus, welche Wissensinhalte du dir einprägen möchtest, und grenze das Stoffgebiet ein, indem du es gedanklich zusammenfasst.

- **verstehen:** Dann beginnt das Erarbeiten des Stoffgebiets: Fragen werden gestellt und beantwortet. Erfasse Zusammenhänge und Bedeutungen. Betrachte dein Thema in unterschiedlichem Kontext. Verknüpfe das Wissen mit bekannten Informationen und schaffe neue Verbindungen, um es in deinem Gedächtnis zu verankern.

- **merken:** Schließlich geht es darum, dir wichtige Details und exakte Informationen auch tatsächlich einzuprägen. Wie machst du dein Wissen dauerhaft verfügbar und abrufbar?

- **erinnern:** Wie bringst du dein gelerntes Wissen wieder an den Mann oder die Frau? Das letzte Kapitel ist der Prüfungsvorbereitung und dem Prozess des Erinnerns gewidmet.

Optimiere die einzelnen Stufen deines Lernprozesses. So erwirbst du Expertise in deinem Fachgebiet.

ÜBERBLICKEN

„Würdest du mir bitte sagen, wie ich von hier aus weitergehen soll?"
„Das hängt zum größten Teil davon ab, wohin du möchtest", sagte die Katze
„Ach, wohin ist mir eigentlich gleich ...", sagte Alice.
„Dann ist es auch egal, wie du weitergehst", sagte die Katze.
Lewis Carroll: „Alice im Wunderland"

Dieses Kapitel soll dir helfen, im Studium strukturiert und zielstrebig vorzugehen. Du erfährst, wo du Informationen findest und sammelst und wie du dieses angehäufte Wissen sortieren und einteilen kannst.

Orientiere dich in einem neuen Thema wie in einer unbekannten Stadt: Ermittle deinen momentanen Standpunkt als Startpunkt für die Erkundungstour und sammle anschließend Informationen, um einen Überblicksplan zu erstellen.

Wenn du weißt, wie dein Lern-Thema ungefähr beschaffen ist, kannst du dich sicher darin bewegen und zielstrebig beginnen, dir Einzelheiten zu merken und Inhalte und Zusammenhänge in der Tiefe zu verstehen. Ziel des Schrittes „Überblicken" ist, dich in deinem Thema oder Lerngebiet zu orientieren und einen Arbeitsplan aufzustellen, der dich durch den weiteren Lernprozess führt.

Von grundsätzlicher Bedeutung für die Phase des Überblickens ist, dass nur in die Breite und nicht in die Tiefe gearbeitet wird. Wenn du beginnst, neues Wissen zu sammeln, startest du die „Recherche-Spirale" (Boeglin, 2007):

- *Phase 1: Zuerst findest du alles über die Ressourcen zu deinem Thema heraus: Wo du überall etwas darüber erfahren könntest.*
- *In einer 2. Phase durchsuchst du diese Ressourcen, indem du alles sichtest, dokumentierst und sortierst, um ein Überblickswissen zu bekommen, was dieses Thema alles beinhalten könnte.*
- *Dann kommt die 3. Phase der Recherchearbeit: Hier bewertest und dimensionierst du die einzelnen Stücke deiner Sammlung.*
- *Am Ende der Recherche ist eine Entscheidung nötig: Auf welche der recherchierten Bereiche willst du fokussieren?*

Diese Entscheidung musst du getroffen haben, bevor du in die nächste Runde gehst: Du fokussierst deinen Rechercheblick jetzt auf der Ebene des ausgesuchten Detailbereichs und arbeitest hier in die Tiefe weiter.

Wenn du genug Material und Ressourcen zusammengetragen hast für alles, was du bearbeiten willst, bist du fast am Ziel: Nun erstellst du dir einen detaillierten Plan, wie du dir die so erfassten Bereiche deines Themas erarbeiten willst.

Vorwissen aktivieren

I have found that the greatest help in meeting any problem is to know where you yourself stand. That is, to have in words what you believe and are acting from.
William Faulkner

Was passiert, wenn du etwas Neues lernst? Wie neu ist neues Wissen tatsächlich? Du gehst auf neue Informationen mit einem ganzen Rucksack an Erwartungen und Vorwissen zu. Lernen baut immer auf altem Wissen auf. Wie du siehst, beginnt die Lernspirale mit vorherigen Lernerfahrungen. Großen Wissensthemen näherst du dich am besten, indem du dir bewusst machst, was du bereits weißt. Eine besondere Situation entsteht, wenn dein Vorwissen nicht mit der neuen Information übereinstimmt. Systematische Vorwissensaktivierung hilft dir, derartige Widersprüche zu erkennen und zu überdenken und sie sogar als Ansatz zu neuen Forschungsideen zu nützen.

Das Beginnen ist oft der schwierigste Schritt. Die nachfolgenden Techniken eignen sich gut für das Stadium des Überblickens und sind darüber hinaus besonders geeignet, die Einstiegshürde in ein Thema zu überwinden.

Kreative Schreibtechniken

Brainstorming und Freewriting sind gute Methoden, um den Startschuss für ein neues Projekt zu setzen. Lass deine besten Gedanken einfach aufs Papier fließen. Wie funktioniert das?

Beide Methoden findest du im Kapitel Handwerkzeug ab Seite 58. bereits detailliert beschreiben. Beginne dein Brainstorming oder Freewriting mit einem der folgenden Sätze:

„Zum Thema X fällt mir ein ..."

„An dem Thema X finde ich besonders interessant ..."

„Ich weiß schon über X, dass ..."

Du wirst überrascht sein, wie viel du bereits über das Thema X weißt. Wichtig beim freien Schreiben ist, dass du dich nicht zu weit von deinem Thema entfernst. Auch beim Brainstorming solltest du bewusst versuchen, immer zum Ausgangspunkt zurückzukehren – so wie bei einer Meditationsübung, wo du zwar nichts aktiv steuerst, aber doch einen Punkt mit den Augen fixiert hältst.

Perspektivendiagramm

Wenn du dich einem Thema annähern willst, musst du zuallererst feststellen, von wo du startest: Du aktivierst dein Vorwissen und findest heraus, was du schon weißt und was du noch wissen willst. Erkunde mithilfe eines Perspektivendiagramms (Reinmann & Eppler, 2008) systematisch, wo du stehst und wo du hinmöchtest. In dem Diagramm berücksichtigst du deine Emotionen und Gefühle, die du gegenüber dem Stoff hast: welche positiven und negativen Erwartungen beeinflussen dich?

Das Perspektivendiagramm besteht aus folgenden 4 Teilen:

- *oben: Ziel*
- *unten: Vorwissen*
- *links: negative Erwartungen*
- *rechts: positive Erwartungen*

So gehst du mit den einzelnen Feldern um:

Vorwissen

Hier notierst du alles, was du zu dem Thema bereits weißt. Wo wird auf früheren Unterricht, vielleicht noch auf die Schulzeit, aufgebaut? Berücksichtige bei deinen Überlegungen, wo dir das Thema im Alltag begegnet: Informationen aus Zeitung, Radio oder Fernsehen gehören da ebenso dazu wie Gespräche mit Freunden, Bekannten und Fachleuten.

Welche Elemente sind deine Stärken? Wo kennst du dich bereits sehr gut aus? Was hast du anderen Studierenden auf dem Gebiet möglicherweise voraus?

Betrachte, was du bereits weißt, kritisch. Wie verlässlich sind deine Quellen?

Ziel

Wo möchtest du eigentlich hin? Gerade die Vorbereitung von Präsentationen und Seminararbeiten artet oft aus. Welche Fragen interessieren dich? Welche Fragen solltest du beantworten, um ein vorgegebenes Lernziel zu erreichen? Überlege dir, welche Antworten du eigentlich erwartest, und auch, welche Subthemen für deine persönliche Zielsetzung nicht relevant sind.

Negative Erwartungen

Entlarve negative Gefühle gegenüber dem Lernstoff. Ist es dir schon einmal passiert, dass du bei der Vorbereitung zu einer Prüfung einfach nicht weiterkommst? Dem liegen oft emotionale Hemmungen zugrunde: keine Lust, kritische Zweifel oder Ängste können etwa den Lernprozess blockieren. Indem du deine negativen Erwartungen aufschreibst, nennst du sie beim Namen und ermöglichst dir, ehrlich darüber nachzudenken. Welche negativen Gefühle sind begründet, und lassen sie sich eventuell beseitigen?

Positive Erwartungen

Diesem Bereich kommt besondere Bedeutung zu, geht es hierbei doch um deine Motivation. Warum befasst du dich überhaupt mit dem Thema? Lehne dich entspannt zurück und lass positive Erwartungen zu: Welche Fragen machen dir Spaß? Welche Vorteile hast du von dem zukünftigen Wissen? Wirf einen erneuten Blick auf diese Spalte, falls du im späteren Arbeitsprozess einen Tiefpunkt erleben solltest.

Dein fertiges Perspektivendiagramm ist dein Ausblick, deine Perspektive auf das spezielle Thema. So wird sichtbar, worauf du aufbauen kannst und wohin du möchtest.

Mit allen Sinnen

Versuche dein Thema mit allen Sinnen zu erfassen, so bekommst du einen ganzheitlichen Eindruck davon. Gerade komplexere Themen lassen sich vielleicht sprachlich anfangs noch nicht so gut erfassen. Benutze alle Sinne, um dir ein umfassendes Bild zu machen.

Judith Wolfsberger zeigt, wie man ein Thema mit allen Sinnen betrachtet. (Wolfsberger, 2007) Wie sieht es aus? Wie hört es sich an? Wie schmeckt es? Wie riecht es? Wie fühlt es sich an?

Sabine, Volkswirtschaft-Studentin:
Ein Fallbeispiel nicht lösen zu können sieht aus wie ein hoher zerklüfteter Berg.

Es hört sich an wie Baustellenlärm.

Schmeckt wie eine harte Nuss und riecht wie ein unbekannter Geruch.

Es fühlt sich an, wie wenn man zu weit ins Meer hinausschwimmt.

Oliver, Sprachwissenschafter:
Die vielen Theorien zur Sprachentstehung sehen aus wie Ameisen auf einem Haufen.

Sie hören sich an wie Stimmengeflüster vor Vorstellungsbeginn.

Schmecken wie ein Curry mit tausend Gewürzen.

Riechen wie ein riesiger Blumenstrauß.

Sie fühlen sich an wie ein wabbliges Gelee in meinen Händen.

Wenn du dein Thema auf diese Art und Weise betrachtest, kannst du es ganzheitlicher beurteilen.

Einen Lernplan erstellen

What may be done at any time will be done at no time.
Schottisches Sprichwort

In der Schule funktioniert es oft, am Abend vor der Prüfung noch schnell die wichtigsten Informationen auswendig zu lernen und zumeist gar nicht so schlecht abzuschneiden. Darum entwickeln viele Menschen während der Schulzeit noch keine optimale Strategie, um ihr Lernverhalten zu organisieren. Bei größeren Prüfungen kommen sie dann ins Schwitzen. In diesem Abschnitt wird ein Weg vorgestellt, wie du ein umfangreiches Lernprojekt gezielt angehen kannst.

Kevin, Politikwissenschaft-Student:
Besonders schlimm ist es bei Prüfungen, auf die ich mich besonders gut vorbereiten möchte. Dann nehme ich mir vor, dass ganze Buch von Anfang bis Ende optimal zu lernen. Ich arbeite Kapitel für Kapitel und lese es mir so oft durch, bis ich es beherrsche. Sobald das so weit ist, beginne ich mit dem nächsten Stück. Irgendwie komme ich nie beim Ende an. Ich habe immer das Gefühl, dass ich Informationen vom Anfang wieder vergessen habe, und gleichzeitig wird die Zeit knapp und ich werde unruhig … Ich bräuchte da echt eine bessere Strategie.

Zücke deinen Kalender

Bis wann willst du fertig sein? Wähle ein fixes Datum. Das Ziel „ungefähr in 5 Monaten" ist nicht konkret genug. Die Versuchung ist zu groß, das Datum zu verschieben. Jetzt weißt du genau, wie viele Tage du Zeit hast.

Gestalte dazu eine einfache Tabelle. Notiere in den Zeilen alle Tage bis zur Prüfung und in den Spalten die Zeiträume, die du zum Lernen zur Verfügung hast. Nimm nun deinen Terminkalender zur Hand und trage die Termine ein, die in dieser Zeit anstehen. Hebe alle Freizeitaktivitäten und Erholungstage hervor.

Verteile in 3 Teilschritten deine Arbeitszeiten über die verfügbare Zeit:

(1) überblicken, planen
Dieser Punkt kostet nicht viel Zeit, bringt aber sehr viel. Wahrscheinlich bist du in wenigen Stunden damit fertig.

(2) verstehen und vernetzen
Halbiere die Anzahl der restlichen Tage. Nütze die erste Hälfte für Stufe (2), die zweite Hälfte für Stufe (3). Dazwischen kannst du dir gut eine Auszeit oder längere Pause gönnen.

In späteren Kapiteln lernst du Methoden, die dir helfen, zu verstehen und Inhalte miteinander in Verbindung zu bringen. In dieser Phase bist du dabei, dir dein Wissen zu erarbeiten. Dafür benötigst du längere Lernphasen. So hast du Zeit, dich mit komplizierteren Fragen in Ruhe auseinanderzusetzen. Plane also für die Phase 2 längere Zeiten ein.

(3) merken und wiederholen
Nun geht es darum, das alles sicher in deinem Gedächtnis zu verankern oder tatsächlich umzusetzen. Für den Lernerfolg ist es günstig, wenn du regelmäßig wiederholen kannst und dir schwierige Begriffe oft in Erinnerung rufst. Auch für das Durchführen ist Regelmäßigkeit sinnvoll. Darum werden jetzt kürzere, dafür tägliche Arbeitszeiten geplant.

> **Tipp: Nütze Leerzeiten zwischendurch.**
> Gewöhne dich an regelmäßige Lernzeiten. Wenn es dir schwerfällt, in deinem dichten Terminnetzwerk Lernzeiten freizuhalten, suche fixe Zeitpunkte in der Woche, an denen du für die Uni arbeitest.

Kevin, Biologie-Student:

Kevin hat am 22.1. Zoologie-Prüfung, die Vorlesung hat er im Wintersemester besucht. Er hat vor, sich ab Neujahr intensiv auf die Prüfung vorzubereiten. Neben der Uni arbeitet er etwa 12 Stunden pro Woche, und auch andere Termine hat er in seinen Lernplan eingetragen:

Zuerst plant Kevin Samstag Vormittag 2 Stunden dafür ein, den Lernplan zu vervollständigen und einen Überblick über die Kapitel zu erhalten.

Dann plant er einen intensiven ersten Lerntag und anschließend einige Halbtage. Abends kann er gut arbeiten, darum fixiert Kevin einige Lernabende.

Wiederholen kann er zwischendurch, entsprechend hat Kevin die Planung gestaltet.

Siehe Grafik auf der nächsten Seite: Die grünen Zeiten sind Lernzeiten.

	8	9	10	11	12	13	14	15	16	17	18	19	20	21	22	23	24
Fr 1.1.						Neujahrstag											
Sa 2.1.			1			2								2			
So 3.1.				Arbeiten													
Mo 4.1.			2											2			
Di 5.1.			2					2									
Mi 6.1.		Arbeiten											Fussball				
Do 7.1.			2						Uni								
Fr 8.1.			Uni											Party			
Sa 9.1.		Schlafen				2											
So 10.1.				Arbeiten									2				
Mo 11.1.						Skifahren											
Di 12.1.			Uni				3							3			
Mi 13.1.		Arbeiten		3									Fussball				
Do 14.1.			3					Uni		3							
Fr 15.1.				Uni		3		Arzt						3			
Sa 16.1.	3													3			
So 17.1.				Arbeiten						3							
Mo 18.1.														3			
Di 19.1.		3												3			
Mi 20.1.		Arbeiten		3					3				Fussball				
Do. 21.1.						3		Uni		3							
Prüfung																	

Begrenze deinen Lernstoff

Beurteile die dir zur Verfügung stehenden Materialien kritisch. Welche benötigst du für die Erreichung deines Studienziels wirklich?

Wenn du das Gefühl hast, in der Informationsflut zu ertrinken, reduziere deine Quellen.

Was gehört dazu?
Wenn du viel und gut recherchiert hast und dich für ein Thema interessierst, hast du oft sehr viele Details gesammelt. Versuche nun zu entscheiden, was zu deinem Lernthema gehört. Manchmal gibt es ein vorgegebenes Prüfungsfeld, mit definierten Lernthemen. Organisiere dir einen Fragenkatalog und erkundige dich genau über eventuelle vorgegebene Lernziele. Manchmal ist diese Entscheidung willkürlich, je nach deinem Erkenntnisinteresse.

Unterscheide dabei Details deines Lernthemas von wichtigen „Außenthemen", die damit in Bezug stehen. Definiere also einerseits die Innensicht und andererseits die Außenwelt, den Kontext.

Was gehört nicht dazu?
Versuche das Lernthema nicht zu umfangreich werden zu lassen, sondern beschränke dich auf eines, das möglichst präzise benennbar ist. Du musst nicht alle Facetten eines Themas auf einmal erkennen: Lege im Vorhinein fest, wie sehr du in die Tiefe und in die Breite lernen willst.

Ordne den Lernzeiten Lerninhalte zu.

Je konkreter du weißt, was du in jeder Lernphase machen willst, desto effizienter kannst du die Zeit nutzen. Verschaffe dir gleich in der Planungsphase deines Lernprozesses einen Überblick, welche Inhalte du lernen willst.

Susanne, Pädagogik-Studentin:
Oft setze ich mich voll motiviert hin, um zu lernen. Dann such ich mal alle Unterlagen zusammen und überlege, womit ich beginnen soll. Schließlich fange ich irgendwo an, wo ich mich nicht auskenne, und komme dann drauf, dass dafür doch noch eine andere Sache nachschlagen muss, aber das nötige Buch nicht habe. Damit ist dann oft schon die halbe Lernzeit vergangen, ohne dass ich irgendwas weitergebracht habe – und ich bin so frustriert, dass ich es für diesmal gleich ganz bleibenlasse.

Beurteile die einzelnen Bereiche nach 2 Kriterien:

Arbeitsaufwand: Umfang und Schwierigkeitsgrad
Nachdem du die Themen sortiert hast, mache dich daran, abzuschätzen, wie viel Zeit und Energie du für die einzelnen Punkte benötigst.

Teile ein, wann du welche Kapitel erledigen wirst. Für umfangreiche Kapitel nimmst du dir entsprechend mehr Zeit.

Die Komplexität eines Themas spielt eine Rolle für die Planung des notwendigen Zeitaufwandes: Bei schwierigen Themen brauchst du mehr Lernzeit für die Phase des Verstehens.

Andere Inhalte sind vielleicht umfangreicher, aber leicht zu erfassen. Dafür solltest du mehr Zeit zum Merken veranschlagen.

Berücksichtige deine Energiereserven: Nach einem anstrengenden Arbeitstag mit ausgebrannten Batterien noch ein schwieriges Thema in Angriff zu nehmen ist nicht sehr Erfolg versprechend. Hebe dir solche Herausforderungen lieber für einen freien Tag und für deine besten Lernzeiten auf.

Wichtigkeit: (Prüfungs-)Relevanz und Ziele

Welche Kapitel sind für die Prüfung besonders wichtig? Welche Themen sind die Basis deiner Seminararbeit oder Präsentation? Markiere sie mit einem Rufzeichen. Die Wichtigkeit der einzelnen Themen bestimmt die Reihenfolge, in der du sie dir vornimmst.

Wenn du dir genau überlegt hast, was du wann erledigen willst, schreibe es am besten in Stichworten auf: Eine To-do-Liste sollte man für jede Arbeitssession machen.

Spätestens wenn du beginnen willst zu arbeiten und dir nicht ganz klar ist, was alles zu tun ist, hilft ein Blick auf diese Liste sehr. Wenn du noch keine geschrieben hat, nimm dir die Zeit, eine schnelle To-do-Liste aufs Papier zu bringen.

Überlege dir im Vorhinein, welche Unterlagen und Materialen du für diese Lernphase brauchst, damit du zur festgelegten Lernzeit gleich losstarten kannst. Die Zeit, die du für das Herrichten und Organisieren brauchst, muss unbedingt in deinen Zeitplan hinein.

VERSTEHEN

Ein großes Fragezeichen leuchtet Alarm, und nichts geht mehr: Du verstehst etwas einfach nicht. Dieser Zustand ist zwar im Augenblick oft frustrierend und verunsichernd, andererseits ist genau das die Basis allen wissenschaftlichen Denkens: eine unbeantwortete Frage.

Diese Neugier, etwas verstehen zu wollen und erklären zu können, ist der Antrieb für alle WissenschaftlerInnen. Wenn du jetzt etwas nicht verstehst, beschreitest du denselben Weg, den die WissenschaftlerInnen vor dir gegangen sind, die den Gegenstand erforscht haben – und du versuchst Erkenntnisse nachzuvollziehen, deren Erkunden oft Jahrhunderte gedauert hat. Nimm dir also ruhig ein wenig Zeit, um Dinge wirklich zu verstehen.

In diesem Kapitel zeigen wir dir Strategien und verschiedene Methoden, um Einzelheiten zu verstehen und Zusammenhänge und Bedeutungen zu erfassen. Ziel ist, dass du die grundlegenden Schritte und Techniken des eigentlichen wissenschaftlichen Arbeitens im Griff hast: Dinge zu analysieren und sie zu verstehen, sie zu interpretieren und die so gewonnenen Erkenntnisse kritisch zu betrachten.

Weshalb verstehe ich das nicht?

Manchmal steckt man allerdings tatsächlich in einem Lernprozess fest. Du tüftelst und tüftelst und kommst auf keinen grünen Zweig? Mach einen Schritt zurück und überlege, warum dir das Thema so viele Schwierigkeiten bereitet.

Larissa, Jus-Studentin:
Für die letzte Prüfung habe ich den Stoff hundertmal durchgelesen und verstehe anscheinend noch immer nicht, worum es eigentlich geht. Unmassen an Beispielen, Daten und Fakten, aber was soll das Ganze? Ich werde daraus einfach nicht schlau. Für die Prüfung habe ich alle Details auswendig gelernt, aber mir nur die Hälfte gemerkt. Bei der mündlichen Prüfung hat der Professor dann lauter Fragen gestellt, mit denen ich eigentlich nix anfangen konnte. Wieder durchgeflogen. Was soll ich noch tun??

Überlege dir zuerst, woran es liegen könnte:

Liegt es an deinen Unterlagen?
Sind deine Quellen vollständig? Fülle deine Wissenslücken. Organisiere dir Hilfe beim Beantworten kniffliger Fragen und suche dir jemanden, der oder die dir fehlende Dinge erklären kann.

Liegt es an dir selbst?
Kannst du die Gründe bei dir selber finden? Arbeitest du unkonzentriert oder musst du dir eingestehen, desinteressiert und nicht wirklich bemüht zu sein? Versuche ein paar der Tipps aus dem Kapitel Motivation umzusetzen (siehe Seite 32) – lege dir einen Plan zurecht, wie du dich selber für das Thema motivieren kannst.

Wenn du trotz umfangreicher Unterlagen und ausreichender Motivation und Selbstorganisation nicht weiterkommst, musst du neue Wege einschlagen. Wiederholtes Durchlesen der Unterlagen ist weder eine gute Merktechnik noch ausreichend, um einen Gegenstand zu verstehen. Zusätzlich sind komplexe Gegenstände zu umfangreich und vielschichtig, um „auswendig gelernt" zu werden: Es reicht nicht aus, die einzelnen Teile zu kennen, um das Ganze zu verstehen. Du musst den Gegenstand tiefgehend analysieren, um ihn zu begreifen.

Was bedeutet verstehen?

Michael, **Spanisch-Student:**
Im Gymnasium musste ich Französisch lernen. War nicht wirklich meine Sprache. Für eine Schularbeit habe ich mich allerdings wirklich intensiv vorbereitet, das weiß ich noch sehr gut. Ich musste mindestens eine 3 schreiben, um im Zeugnis positiv zu sein. Meine Schwester hat sich erbarmt, mit mir die Vokabeln zu wiederholen. Ich war richtig gut. le chien – der Hund, aubergine – die Eierfrucht … ich konnte alle Vokabel problemlos aufzählen. Und dann fragt sie doch glatt: „Was ist das eigentlich, eine Eierfrucht?" Keine Ahnung. Noch nie gehört, was das sein soll. So viel zum Thema „nicht für die Schule, für das Leben lernen wir …". Mittlerweile studiere ich übrigens Spanisch und werde selber Lehrer. Ich denke oft daran zurück, wie es selber für mich war, eine Sprache ganz neu zu erlernen, und werde meinen Schülern keine sinnlosen Vokabellisten vorsetzen.

Dinge zu „wissen" heißt noch lange nicht, sie zu verstehen. Um wissenschaftlich mit einem Thema oder mit Fakten zu arbeiten, kommst du nicht darum herum, dich tiefergehend damit auseinanderzusetzen. Erst wenn dir die Bedeutung der einzelnen Bausteine und ihre Zusammenhänge klar sind, kannst du sie zu einem stabilen Ganzen zusammensetzen, das Sinn macht. Dann hast du den Gegenstand verstanden und ein kleines Stück der Wirklichkeit wissenschaftlich erklärt.

Inhalte und Informationen zu merken ist für das Verstehen der Bedeutung extrem wichtig. Hier ein Beispiel:

Eine Interpretation der auf den ersten Blick zufälligen und bedeutungslosen Buchstabenfolge wird erst gelingen, wenn du verstehst, dass es sich um die Anfangsbuchstaben von Worten handelt:

A V S S D A V A A D F U S U D G V

Aber würdest du so schon die Worte erraten können? Wahrscheinlich nicht. Erst wenn du weißt, dass es sich um ein Kinderlied handelt, steigt deine Chance, den richtigen Schluss zu ziehen:

„Alle Vöglein sind schon da,
alle Vöglein, alle
Amsel, Drossel, Fink und Star
und die ganze Vogelschar."

Etwas zu verstehen ist eine komplexe Angelegenheit.

Reiseführer in deiner Wissenslandschaft

Ein Thema gut zu verstehen heißt nichts anderes, als sich in diesem Fachbereich richtig gut auszukennen, so wie ein FremdenführerIn in einer Stadt: Du weißt, welche Sehenswürdigkeiten es gibt, was also besonders interessant ist und wie man dorthin gelangt. Du kennst alle Verbindungen von einem Punkt zum nächsten, gefährliche Abkürzungen genauso wie die Route mit den meisten Aussichten. Als Experte oder Expertin kennst du die Hintergründe dazu und kannst verschiedene Schwerpunkte setzen, je nachdem, wen und warum du durch dein Fachgebiet führst.

Um dich in einem Fachbereich oder Thema wirklich gut auszukennen, musst du also Informationen nicht nur kennen, sondern Details miteinander verknüpfen. Reines Faktenlernen reicht hier nicht mehr, sondern du erschaffst deine eigenen Verknüpfungen, Zusammenhänge und Bedeutungen, basierend auf verschiedenen Definitionen und Ausgangspositionen deines Fachbereichs.

Fragen stellen

*Man muss viel gelernt haben,
um über das, was man nicht weiß,
fragen zu können.*
Jean-Jacques Rousseau

Das selbstgestellte Fragen den Lernerfolg vergrößern, ist bereits lange bekannt (Ross & Killey, 1977). Stelle Fragen an Lehrpersonen, KollegInnen und an dich selber. Dadurch verpackst du das Thema bereits in dein eigenes Denken.

Hier ein paar Beispiele:

Die Definitionsfrage
Stelle eine Rundumfrage, um eine Übersicht und Klarheit über ein Thema zu bekommen.
Was ist ein Reptil?

Die Kontrastfrage
Im Gegensatz dazu kannst du mit einer Kontrastfrage 2 Themen differenzieren.
Was unterscheidet Reptilien von Amphibien?

Die Beispielfrage / Wortverwendungsfrage
Manchmal ist es besser, statt eine Definition zu erfragen, nach Beispielen oder konkreten Situationen zu suchen, in denen ein Fachausdruck Verwendung findet.
Können Sie ein Beispiel für ein Reptil nennen?

Die Tagesfrage / Prozessfrage
Sie eignet sich hervorragend, wenn du Einblick in eine Tätigkeit oder einen Prozess suchst.
Wie ist die Beobachtung der Reptilien heute abgelaufen?
Wie sieht eine typische Paarung dieser Reptilien aus?

Rekapitulation: die „bedeutet das ...?"-Frage
Formuliere die betreffende Information in eigenen Worten.
Bedeutet das ...?
Habe ich richtig verstanden, dass ...?
Könnte man auch sagen ...?

W-Fragen
Wenn dir keine Fragen zu deinem Thema einfallen sollten, gehe der Reihe nach alle Fragewörter durch, die du kennst.
Für konkrete Fakten: wer, was, wo, wann?
Für Fragen nach Zusammenhängen und Vorgängen:
wie, warum, wozu, womit, woher, wohin, wodurch, wogegen?

Indem du Fragen stellst und beantwortest, verschaffst du dir nach und nach klare Sicht auf dein Thema oder deinen Gegenstand, bis du alle unscharfen Bereiche genau erkennen kannst. Am besten stellst du Fragen auf unterschiedlichen Ebenen.

Verstehen auf allen Ebenen

Wenn du dir einen Überblick verschafft hast, musst du genau abgrenzen, womit du dich tiefergehend auseinandersetzen willst. Du willst jetzt herausfinden und verstehen, worum es genau geht oder wie etwas funktioniert. Um ein komplexes Thema in seiner ganzen Tiefe zu verstehen, musst du auf mehreren Ebenen arbeiten:

Analysieren und identifizieren: Erkenne die Details. Du versuchst alles, was in deinem Fachbereich liegt, zu erfassen und genau kennenzulernen. Du beschreibst die Details präzise, versuchst sie analysierend zu verstehen.

Zusammenhänge und Bedeutung: Das Ganze ist bekanntlich mehr (genau: anders) als die Summe seiner Teile. Um die Komplexität deines Themas zu begreifen, musst du also die Zusammenhänge zwischen den einzelnen Details deines Themas und ihre Bedeutung füreinander herausfinden. Wenn du das geschafft hast, verstehst du das Thema schon ziemlich gut.

Kontextualisieren: Nun erweiterst du dein Verständnis, indem du die Umgebung mit einbeziehst: Du versuchst dein Thema nicht nur für sich allein, sondern in verschiedenen Kontexten zu verstehen. Welche Bedeutungen können für andere Bereiche entstehen? Wie wird dein Thema von äußeren Gegebenheiten beeinflusst und verändert? Welche Wechselwirkungen und Verknüpfungen bestehen womit?

Jede dieser Bereiche ist notwendig, um ein dichtes Gesamtbild deines Themas sichtbar werden zu lassen. Du verstehst dein Thema dann, wenn das Puzzle auf allen Ebenen stimmig zusammenpasst.

Erkunde die Details

Identifiziere Details

Konzentriere dich auf die Details deines Themas: Dabei musst du die einzelnen Bestandteile, die du gefunden hast, identifizieren. Stell dir das vor wie die Kleinarbeit in einem Kriminallabor: Die vielen Spuren, die an einem Tatort gefunden wurden, müssen alle identifiziert werden.

Wie bei dem Rätsel mit den Anfangsbuchstaben des Kinderliedes am Anfang dieses Kapitels ist es einfacher herauszubekommen, worum es sich handelt, wenn du schon eine Vorstellung hast, was es sein könnte. Was könntest du bei deiner genauen Diagnose deines Fachbereiches oder Textes finden?

In der nachfolgenden Tabelle findest du Kategorien aufgelistet, in die du die gefundenen Indizien einordnen kannst. Am besten bündelst du deine Kategoriensammlung in 4 Bereiche:

bereits erfolgte Untersuchungen	objektive Analysen von Sachverhalten	wissenschaftlicher Diskurs	Erkenntnisse oder Schlussfolgerungen
Experimente Studien Zahlen und Daten Methoden Techniken Forschungsgruppen WissenschaftlerInnen	Beschreibungen von Dingen oder Prozessen Modelle von Dingen oder Prozessen Hierarchien Strukturen Vergleiche Unterschiede Beispiele Metaphern	Positionen Standpunkte Meinungen Vorannahmen Paradigmen Begründungen Interpretationen Argumente Thesen Hypothesen Fragestellungen	Antworten Lösungen Erklärungen Schlussfolgerungen Theorien Ursachen Folgen Auswirkungen Implikationen Anwendungen

Wenn du deinen Gegenstand betrachtest, suche aktiv nach den gelisteten Kategorien.

Entdeckst du irgendwo versteckte Vorannahmen?

Werden Zusammenhänge begründet oder interpretiert?

Wird argumentiert oder werden Meinungen geäußert?

Wird etwas beschrieben oder eine Hypothese dargelegt?

Handelt es sich um Beispiele oder Modelle?

Bilde eigene Kategoriesysteme, die dir helfen, die unterschiedlichen Rollen in einem größeren Zusammenhang zu verstehen.

Peter, Chemie-Student:
Für die einzelnen Bestandteile des Citratzyklus habe ich mir eine Art Glossar erstellt, mit den wichtigsten Details:

Succinyl-CoA(SUB):
Thioester der Bernsteinsäure mit dem Coenzym A. $C_{25}H_{40}N_7O_{19}P_3S$

Fumarat (SUB):
Salz der ungesättigten Dicarbonsäure *trans*-Butendisäure $C_4H_4O_4$

Citrat-Synthase (€):
Homodimer, 439 Aminosäuren, Enzym, Transferase, in den Mitochindrien

NAD+ (⚡):
Nicotinsäureamid-Adenin-Dinukleotid, $C_{21}H_{27}N_7O_{14}P_2$, Hydridionen (2 Elektronen/1 Proton) übertragendes Koenzym

Zusätzlich habe ich immer markiert, was zu welcher Funktionskategorie gehört, beispielsweise Citrat-Synthase mit einem grünen € für Enzym, Fumarat mit blauem SUB für Substrat und NAD+ mit rotem Blitz ⚡ für Energieträger.

So wusste ich immer, was was ist, und habe später nicht den Überblick verloren, als ich versucht habe, den ganzen Zyklus zu verstehen.

Kennzeichne Zugehörigkeiten am besten mit unterschiedlichen Symbolen oder Farbcodes. Du kannst auch getrennte Listen für jede der oben angeführten Kategorien anlegen.

Fragend in die Tiefe lesen

Damit du beim Lesen wirklich viele Informationen gewinnst und den Text verstehst, reicht es nicht, passiv wahrzunehmen: Du musst den Text aktiv lesen. Erinnere dich an das „Interview mit deinem Text" (siehe Seite 75): Zuerst verschaffe dir einen Überblick über Aufbau, Länge und die einzelnen Abschnitte des Textes. Danach formuliere möglichst präzise Fragen an den Text. Fühl dich dabei als JournalistIn: Je genauer deine Fragen sind, desto präziser werden die Antworten sein.

- *Welche Theorie vertreten die AutorInnen?*
- *Wie wird der Standpunkt vertreten? Welche neuen Argumente kommen vor?*
- *Auf welche Literatur wird Bezug genommen?*
- *Welche Beispiele oder Studien kommen vor?*
- *Welche Erklärungen werden gegeben?*
- *Welche Vorannahmen stecken in dem Text?*
- *Was steht darin über ... XY?*

Um einem Text tiefere Erkenntnisse zu entlocken, erweitere die SQR-Methode (siehe Seite 70) zu SQ3R-Methode (Werder et al., 2001): Survey-Question-Read-Recite-Review-Rewrite.

SQ3R: vom Lesen zum Schreiben

Schritt 1: Read
Bearbeite jedes Unterkapitel oder jede Texteinheit mit der SQR-Methode. Am besten nimmst du ein A3-Papier quer und notierst die Fragen an deinen Text. Mach dir diesmal genauere Notizen: Schreib dir zu den Stichworten die Seitenangaben dazu und bei Sekundärzitaten („Huber bezieht sich hier auf ...") auch gleich den Namen der zitierten Person („Huber"). Wenn du besonders prägnante Formulierungen findest, zitiere sie am besten gleich dazu oder vermerke „Gutes Zitat dazu auf Seite X". Notiere eigene Ideen und Fragen gleich und kennzeichne sie.

Schritt 2: Recite
Hast du den Text durchgearbeitet, lege den gedruckten Text außer Sichtweite und formuliere die gefundenen Antworten und Ideen in deinen eigenen Worten. Versuche dabei immer korrekt zu paraphrasieren – sodass immer klar ist, von wem welcher Gedanke stammt:

- „Meier zitiert hier Huber, welche ausführt ..."
- „Meier argumentiert, dass ..."
- „Laut Meier ..."
- „Der Autor vertritt hier die Meinung ..."
- „Meier zufolge ..."

- „Er expliziert seine Idee von ..."
- „Meier schließt sich Huber an, indem ..."
- „Folgt man Meier, so liegt die Ursache hierfür ..."
- „Meier demonstriert in seiner Untersuchung ..."

Schritt 3: Review

Schlage nun die Brücke von den Antworten, die du im Text gefunden hast, zu den vorher formulierten Fragen: Schreibe in deinen eigenen Worten, welche Fragen wie beantwortet wurden und was du davon hältst. Integriere dabei gleich die eigenen Ideen und Fragen, die du dir beim Lesen notiert hast.

In den so entstandenen Book-Reports oder Exzerpten hast du dir die Inhalte deiner Literatur bereits erarbeitet und deine eigene Fragen dabei berücksichtigt. Zusätzlich kannst du sie gut für die weitere Beschäftigung mir dem Thema verwenden – zum Beispiel in eigene Texte einbauen.

Oft ist es nicht so leicht zu erfassen, welches „Indiz" wozu gehört oder in welche Kategorie es passt. Vieles wird in der Fachliteratur nur implizit mitgedacht. Viele Vorannahmen werden nicht explizit dargestellt. Um klar sehen zu können ist es hilfreich, detailliert zu beschreiben.

Beschreibe präzise

Zu einer guten Analyse und eindeutigen Identifikation von Sachverhalten gehört ein differenziertes Beschreiben der Details. Versuche alles, was du vorfindest, möglichst genau darzustellen. Damit du ein treffendes Bild bekommst, stelle die Inhalte am besten auf unterschiedliche Arten dar.

Visualisiere genau

Versuche dein Thema zu skizzieren oder es dir räumlich vorzustellen. Viele berühmte Mathematiker haben sich ihre Probleme dreidimensional vor Augen gehalten und so gelöst.

- *Zeichne ein Skizze von jedem Detail.*

- *Versuche eine Farbassoziation oder ein Bild mit jedem Punkt in Verbindung zu bringen.*
- *Stell dir vor, dein Gegenstand ist ein Wesen, eine Maschine oder ein Tier. Zeichne es mit allen wichtigen Teilen und füge genaue Funktionsbeschreibungen zu den einzelnen Teilen dazu – wie bei einem Bild in einer Gebrauchsanweisung oder eine zoologische Zeichnung eines Tieres oder einer Pflanze.*

Auf den Punkt bringen

Oft neigt man dazu, komplexe Dinge zu umschreiben und um den heißen Brei herumzureden, wenn man versucht, sie zu beschreiben. Versuche komplexe Szenarien auf den Punkt zu bringen:

- *Finde geeignete Überschriften zu den einzelnen Punkten.*
- *Fass jeden Punkt in einem Satz zusammen.*
- *Wähle die 3 wichtigsten oder charakteristischen Aspekte eines Themas aus.*

Eine andere Vorgangsweise sind reduktive Lernmethoden wie zum Beispiel Lernplakate. Dabei reduzierst du komplexe Wissensgebiete auf wenige vernetzte Stichworte.

Lernplakate: Werbung für den Kopf

Facts: Stroop-Effekt.
Folgendes Experiment hat Stroop 1935 durchgeführt:

Schreibe die folgende Liste Wort für Worte ab. Verwende dabei mindestens 5 unterschiedliche Farben, in denen du die einzelnen Worte beliebig „einfärbst". Lies dann nicht die einzelnen Begriffe laut vor, sondern benenne, in welcher Farbe die Wörter geschrieben sind.

| Haus | Berg | Wohnung | Schnee | Wolke | Fernseher | Studium | Mogli |
| Sonntag | Kette | Segel | Kerze | Kirche | Samurai | Tee | Erfolg |

Verfahre mit folgender Liste ebenso. Wichtig dabei ist, dass die Farbbezeichnungen und die gewählte Schriftfarbe nicht ident sind. Dann wiederhole diese Übung mit der folgenden Wortliste:

| blau | rot | grün | violett | schwarz | rot | orange | rosa |
| braun | grün | weiß | türkis | gelb | braun | grün | weiß |

> Wenn du es selbst ausprobierst, wirst du bemerken, dass die widersprüchliche sprachliche Information verwirrt und die Aufgabe erschwert.
>
> Gute LeserInnen erkennen Wörter als Einheit und lesen sie ganz automatisch. Die Bedeutung lässt sich nicht ausblenden. Werbung nützt diesen Effekt aus: Du kannst gar nichts anders, als all die Plakate auf der Straße zu lesen.

Nütze den Stroop-Effekt aus, um nebenbei und automatisch zu verstehen. Gestalte Werbeplakate für den Kopf.

Schreibe wichtige Definitionen, Erklärungen oder Formeln und Zusammenhänge auf kleine selbstklebende Notizzettel und verteile sie im Haus. Nütze vor allem Orte, die du häufig aufsuchst: die WC-Tür, den Kühlschrank und den Badezimmerspiegel. Umfangreichere Themen kannst du auf größere Papierbögen schreiben und zeichnen und als Lernplakate aufhängen.

Jacqueline, **Medizin-Studentin:**
Als ich Anatomie gelernt habe, habe ich mir riesengroße Plakate gebastelt. Begonnen haben wir mit dem Skelett, darum habe ich in der ganzen WG Plakate mit Abbildungen und Beschriftungen verteilt. Am WC hing der Schädel, das fanden meine Mitbewohner ja noch ganz cool. Diskussionen entstanden erst ein halbes Jahr später wegen der Übersicht über unsere Innereien, die ich auf die Kühlschranktür gehängt hatte.

Die Technik des Lernplakats verbindet Visualisierung mit Bedeutung und ist daher eine gute Merktechnik.

Erkenne Bedeutungen und Zusammenhänge

Oft reicht es nicht, nur die Einzelheiten oder Details zu verstehen, um das Ganze zu begreifen. Es ist genauso wesentlich, die vorhandenen Beziehungen, Zusammenhänge und Funktionen zu erfassen. Dann erst erschließen sich dir die Bedeutungen einzelner Details.

Mit den Details arbeiten
Um etwas komplett zu verstehen, musst du nicht nur alle Details kennen, sondern auch ihre Beziehungen zueinander durchschauen. Das gelingt dir, wenn du mehrere Details gemeinsam betrachtest.

Hierzu gibt es unterschiedliche Möglichkeiten, die du anwenden kannst:

- *Vergleichen: Konzentriere dich auf Gemeinsamkeiten. Was verbindet die beiden Punkte? Was haben sie gemeinsam? Worin sind sie sich ähnlich oder gleichen sich sogar?*
- *Matrix: erstelle eine Matrix mit Eigenschaften und teile den einzelnen Details die jeweiligen Eigenschaften zu. (Beispiel: Eisenhower-Matrix, siehe Seite 24)*
- *Kontrastieren: Versuche verschiedene Details gegenüberzustellen und richte dein Augenmerk darauf, was sie voneinander unterscheidet: Worin gleichen sich die Gegenstände nicht? Welche Details sind anders? Wo beginnt die Abweichung?*
- *Umkehren: Um klarer zu sehen, was das Detail ist bzw. was nicht, versuche seine Eigenheiten ins Gegenteil zu kehren. Frage dich, was sich dadurch ändern würde.*

Eine gute Möglichkeit, die Unterschiede oder Gemeinsamkeiten zu visualisieren, ist das Doppelcluster. Schreibe beide Begriffe in die Mitte und clustere getrennt dazu (zum „Clustering" siehe Seite 92).

Bewerte einzelne Argumente

Es ist schwieriger, eine vorgefasste Meinung zu zertrümmern als ein Atom.
Albert Einstein

Um verschiedene Theorien oder Positionen zu verstehen, musst du die einzelnen Argumente verstehen und bewerten können. Dann kannst du ihre Sinnhaftigkeit beurteilen und Argumentationen nachvollziehen, verstehen und sogar kritisch hinterfragen.

Argumente sind immer auf eine spezifische Lösung für eine Frage bezogen. Das heißt, sie stehen nicht für sich, als kleine Wahrheitseinheiten, sondern sind Auslegungen von Tatsachen. Stelle dir eine Gerichtsverhandlung vor: StaatsanwältInnen und VerteidigerInnen haben dieselben Indizien zur Verfügung. Sie verwenden diese für ihre Argumentation allerdings für unterschiedliche, sogar gegensätzliche Zielsetzungen: um die Schuld oder Unschuld des Angeklagten zu beweisen.

Zu jedem Argument gehört eine Vorbedingung, die so genannte Prämisse, eine Aussage über die Ausgangslage, und die Konklusion, die Schlussfolgerung. Hier ein Beispiel:

- **Prämisse:** *Erfolgreiche Wissenschaftler verwenden Techniken, die sich gut zum wissenschaftlichen Arbeiten eignen.*
- **Argument:** *Bekannte Wissenschaftler berichten, dass sie Freewriting-Techniken zum Denken und Schreiben verwenden.*
- **Konklusion:** *Freewriting eignet sich gut als Technik für erfolgreiches wissenschaftliches Arbeiten.*

Die Argumentation ist also die Brücke zwischen Vorbedingung und Schlussfolgerung. Fehlt einer dieser „Brückenpfeiler", schwebt das Argument in der Luft und du kannst es schnell als reine Behauptung oder Scheinargument entlarven.

Hast du die Prämissen eines Argumentes herausgefunden, gilt es zuerst zu überprüfen ob sie überhaupt als Prämissen für die Argumentation brauchbar sind. Wofür gilt die Bedingung, wofür nicht? Für welche Annahmen kannst du die Argumentation sicher verwendet? In welchem Zusammenhang erscheint das Argument nicht stabil genug?

Bewerte Argumentationsketten

> *Um irgendetwas zu wissen,*
> *muss man auch das Gegenteil wissen (…)*
> *Genauso gründlich, sonst weiß man gar nichts.*
> Henry Moore

Meistens führt nicht ein einzelnes Argument ans Ziel, sondern eine ganze Kette von aneinandergereihten Argumenten. Bei Argumentationsketten musst du nicht nur jedes Argument einzeln prüfen, sondern auch, ob die einzelnen Kettenglieder gut und konsistent miteinander verbunden sind.

Konsistenz
Gibt es Lücken zwischen den einzelnen Argumenten? Werden wichtige Schritte übersprungen? Wo klaffen noch offene Stellen in der Argumentationskette?

Tautologien
Manche Argumentationen sind tautologisch, das heißt, sie verlaufen im Kreis. Solche Zirkelschlüsse beweisen sich selbst, führen also nicht zur gewünschten Zielsetzung. Visuelle Darstellungen entlarven Tautologien schnell: Sie führen nur scheinbar von A nach B, in Wirklichkeit aber nirgendwohin, wie in einem Gemälde von H.C. Escher.

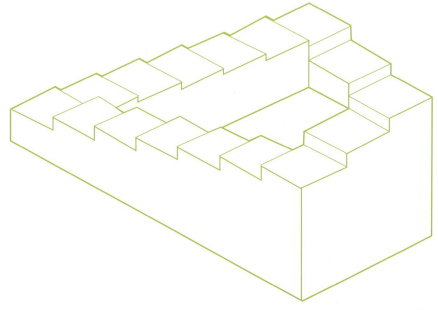

Summative Argumentationen

In den Wissenschaften wird oft versucht, Argumente durch Verweise auf andere gleiche Ergebnisse oder Schlüsse zu stärken. Beispielsweise wird angeführt, dass andere ForscherInnen zum selben Ergebnis gekommen sind, dass bei anderen Prozessen das gleiche Muster erkannt wurde, dass andere ForscherInnen die gleichen Schlüssen gezogen haben.

Summative Begründungen sind so genannte ***induktive Argumente:*** Es wird im Sinne einer höheren Wahrscheinlichkeit argumentiert, dass bisher immer A aus B gefolgt ist und daher die Wahrscheinlichkeit groß ist, dass diesmal wieder A aus B folgen wird. Häufig werden induktive Schlüsse aus empirischen Studien gezogen: Hier wird von der einzelnen Beobachtung auf das Allgemeine geschlossen. Summative Argumentationen sind also statistisch begründet, die Ursachen der Zusammenhänge werden durch sie nicht beschrieben.

Logische Argumentationen

Hier werden logische Schlüsse gezogen, mittels so genannter ***deduktiver Argumentationen.*** Wenn alle Prämissen des Argumentes wahr sind, ist auch die Konklusion wahr. Deduktive Argumentationen können also widerlegt werden, wenn sich eine einzige Vorannahme als unwahr herausstellt. Allerdings besteht die Gefahr, dass du falsche Zusammenhänge annimmst, also Vorbedingungen verwendest, die nichts mit der Schlussfolgerung zu tun haben.

Zusammenhänge sichtbar machen

Du willst die einzelnen Elemente oder Aspekte deines Themas nicht nur einzeln verstehen, sondern dir auch im Klaren darüber sein, wie sie zusammenhängen und welche Bedeutung sie füreinander haben. Am besten machst du sie bildhaft sichtbar, um sie klar vor Augen zu haben.

> **Facts: Multimedia-Effekt.**
> Mayer beschreibt in seinem Buch den „Multimedia effect" (Mayer, 2001). Demnach können wir einen Text besser verstehen, wenn die Informationen auch bildlich dargestellt werden. Eine besonders gute Kombination ist es übrigens, einen Text zu hören, während man ein erklärendes Bild betrachtet.

Wie bereits erläutert, ist multimodales Erfassen von Themen für ein besseres Verständnis hilfreich: Um einen Sachverhalt klar zu sehen, mach dir ein Bild davon.

Sachverhalte multimodal darstellen

- *Stell dir vor, du wärst ein berühmter Experte des Gebietes, und schreibe dir einen Brief, in dem du dir das Thema erklärst. Oder schreibe einen Klappentext für ein Buch, das genau von diesem Gebiet handelt. Stell dir ein Schulkind vor, das du kennst: Formuliere die einzelnen Informationen so, dass sie ein Schulkind verstehen könnte und gespannt zuhören würde.*

- *Zeichne deinen Sachverhalt als Landschaft: Dort gibt es Gipfel der Komplexität, die noch nie bestiegen wurden, unerforschte Urwälder, reißende Flüsse, geschäftige Städte: Gib ihnen alle einen Namen und verbinde sie durch Straßen, Eisenbahnen oder Ähnliches. Wenn du deine Wissenslandkarte fertig hast, schau dir an, welchen Weg du bisher eingeschlagen hast und welche Wege du noch ausprobieren könntest.*

- *Wähle verschiedene Gegenstände aus für die Bestandteile oder Aspekte deines Themas. Benenne jeden Gegenstand und stell einen nach dem anderen auf eine freie Fläche. Platziere sie so zueinander, dass sich ein stimmiges Gesamtbild ergibt. Denke dabei nicht zu viel, sondern schiebe die Gegenstände so lange herum, bis du das Gefühl hast, jeder ist am richtigen Platz.*

- *Zeichne ein Clustering (siehe Seite 92) zu deinem Thema und bringe dadurch die einzelnen Details in einen assoziativen Zusammenhang.*

- *Mach ein Mini-Mindmap (siehe Seite 91), um die Details in einen hierarchischen Zusammenhang zu stellen. Eine andere Möglichkeit ist, Hierarchien grafisch darzustellen.*

Grafiken um Hierarchien darzustellen:

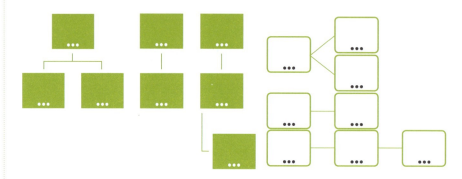

Prozesse anschaulich darstellen

Um Prozesse oder Beziehungen darzustellen, eignen sich verschiedene Symbole:

- **Pfeile und Pfeildiagramme:** *So kannst du Zusammenhänge, Wirkungen und Wechselwirkungen gut veranschaulichen.*

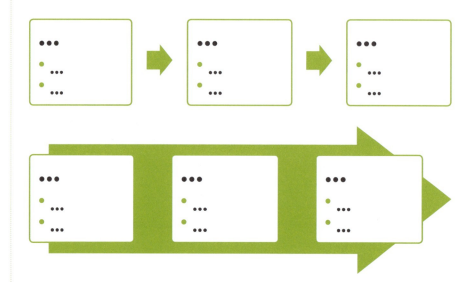

- **Kreisläufe:** Zyklen und immer wiederkehrende Prozesse stellst du am besten kreisförmig dar. Der Kreislauf kann in eine oder in beide Richtungen ablaufen.

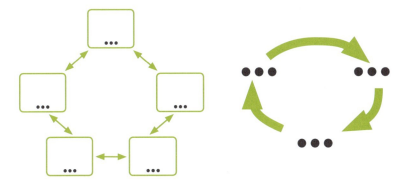

- **Zeitlinie und Zahlengerade:** Wichtige Zeitpunkte, Mengenangaben oder überlappende Prozesse und Abläufe lassen sich gut auf Zeitlinien oder Zahlengeraden festhalten.

Erklären

Indem du versuchst, anderen komplexe Sachverhalte zu erklären, bemerkst du schnell, was du so gut verstanden hast, dass dein Gegenüber versteht. Genauso schnell wird sichtbar, welche Gedankengänge und Ideen du noch nicht so klar kommunizieren kannst, weil du die Zusammenhänge oder Hintergründe noch nicht gänzlich durchschaut hast.

Sprich mit StudienkollegInnen und Lehrenden über die aktuellen Lernthemen. Diskutiere interessante Fragen und Problemstellungen. Oft wird die eigentliche Bedeutung von Zusammenhängen erst durch ihr Aussprechen und Formulieren klar. Versuche nicht nur alleine zu Hause deinen Fachbereich zu erkunden, sondern erschließe ihn dir im kommunikativen Austausch mit KollegInnen.

Du kannst mit dir selbst diskutieren, indem du deine Erklärungen als mp3 oder auf Tonband aufnimmst und später (frühestens am nächsten Tag) anhörst.

In eigene Worte fassen

Du verarbeitest eine Information tiefer, wenn du sie selbst formulierst. Anstatt Lehrbuchstellen Wort für Wort wiederzugeben, übe dich darin, das Wissen in eigene Worte zu fassen.

Versuche folgende Übungen dazu:

- *Hilfsbereitschaft:* Stell dir nach der nächsten Vorlesung vor, dass eine befreundete Studentin anruft und nach den Inhalten fragt. Erzähle die Vorlesung in Gedanken in eigenen Worten nach und fasse sie zusammen. Schreibe die wichtigsten Inhalte für sie in ein E-Mail.
- *Beispiele generieren:* Überlege dir Fallbeispiele oder beschreibe Metaphern, die passen könnten.

Reflektieren

Wenn du denkst, du hast deinen Gegenstand richtig ausführlich begutachtet, dargestellt und verstanden, überdenke deine Erkenntnisse. Dazu brauchst du zuerst ein wenig Distanz: Lass ein paar Tage vergehen, in denen du dich nicht mit dem Thema beschäftigst. Dann versuche deine eigenen Erkenntnisse und Beschreibungen sachlich zu begutachten.

Schreibe über das Thema

Nutze Freewriting und Journal-Schreiben, um über dein Thema schreibend nachzudenken. Lies dir danach deinen eigenen Text noch mal durch und unterstreiche Stellen, wo du klare Erklärungen findest.

Wechsle die Perspektive

Lies deine eigenen Erkenntnisse und Erklärungen durch und stell dir vor, du wärst deine größte Kritikerin. Versuche Gegenargumente zu finden und deine eigenen Ideen bewusst zu kritisieren. Suche nach Lücken und Unstimmigkeiten, wo du ansetzen kannst, um deine Herangehensweise zu zerlegen.

Vernetze das große Ganze

Alle Methoden zum Erkennen von Bedeutungen und Zusammenhängen kannst du auf die interne Sicht auf dein Fachgebiet beschränken. Um den letzten Schritt zu tiefem, vernetztem Verstehen deines Gegenstandes zu setzen, erweiterst du nun deine Sicht auf das Umfeld, den Kontext deines Themas.

Interpretieren

Wie findest du heraus, welche Zusammenhänge und Bedeutungen zwischen deinem Thema mit all seinen Details und anderen Bereichen bestehen könnten?

Benutze Schreiben als Denkmethode (siehe Seite 87). Versuche dazu eventuell folgende oder ähnliche Schreibansätze:

- *Nimm an, dass dein Gegenstand eine bestimmte Bedeutung für einen anderen Fachbereich hat, und beschreibe diese Auswirkung möglichst präzise.*
- *Vermute Zusammenhänge und suche Argumente dafür. Verfasse ganze Argumentationen für den fiktiven Zusammenhang und prüfe sie im Nachhinein auf ihre Stichhaltigkeit.*
- *Verkupple dein Thema mit einem beliebigen anderen, und betrachte beide als Paar. Verändert das das Gesamtbild? Wenn ja, wie?*

Assoziieren

Während du versuchst zu verstehen, bringst du Informationen miteinander in Verbindung. Begriffe, die ursprünglich nichts miteinander zu tun hatten, werden assoziiert, und neue Informationen werden in das Wissensnetz integriert.

Logische Assoziationen knüpfen
Erwachsene suchen meist logische Verbindungen.

> *Wenn du weißt, dass die Vorsilbe „prä" „vor" bedeutet und du „historisch" mit Geschichte in Verbindung bringst, fällt es dir einfach, den Begriff „prähistorisch" mit der Ur- und Frühgeschichte zu assoziieren.*

Multimodale Assoziationen gestalten
Versuche mentale Bilder festzuhalten oder zu visualisieren, die eine andere Qualität oder Charakteristika zum Ausdruck bringen.

Assoziiere Farben, Gegenstände, Bilder, Tiere, Geräusche, Gerüche, Geschmäcker oder taktile Empfindungen.

Versuche Muster zu erkennen
Mustererkennung ist eine besondere Fähigkeit, die komplexes Denken auszeichnet. Du erkennst schon in wenigen Strichen ein Objekt, bildest aus wenigen Lauten ein Wort, entdeckst also einmal erkannte Muster extrem schnell.

Eine sehr bewährte Methode, um zu assoziieren, ist Clustering (siehe Seite 92). Mache ein Clustering zu deinem Thema und lass deinen Gedanken freien Lauf.

Nimm dir die Zeit, mögliche Muster zu entdecken. Wie bei einem Umspringbild ist dazu oft langes Hinschauen notwendig. Dann plötzlich erkennst du das neue Bild.

Haiku
Buddhistische Mönche haben ihre Fähigkeit, komplexe Beobachtungen auf den Punkt zu bringen, mit Haikus trainiert: Nach einem ganzen Tag Naturbeobachtung versuchten sie, die vielschichtigen Ereignisse und Stimmungen in einem nur dreizeiligen Gedicht, einem Haiku, aufs Papier zu bringen. Ein Haiku ist eine japanische Gedichtform mit strikten formalen Vorgaben:

1. Zeile: 5 Silben

2. Zeile: 7 Silben

3. Zeile: 5 Silben, mit einer Pointe, etwas Überraschendem oder der philosophischen Essenz des Gedichtes:

1 2 3 4 5
Der Som mer kam doch

1 2 3 4 5 6 7
So ein zig zu den Blätt ern:

1 2 3 4 5
In all en ein zeln   (Basho)

Versuche ein Haiku zu einem wissenschaftlichen Thema zu machen. Das hilft dir dabei, dein Thema auf die Essenz, den Kernpunkt, zu reduzieren.

Vielfalt der Sprachen
Tausende Möglichkeiten
Wie etwas ankommt.

Das Puzzle vervollständigen

Irgendwann erreichst du den Punkt, wo sich plötzlich alle Einzelteile zu einem Ganzen zusammenfügen: Es ist ein toller Moment, wenn plötzlich vor dem inneren Auge alles klar sichtbar wird – dann hast du dein Thema tatsächlich verstanden.

Ein komplexes Thema, ein Netz von Wissensstücken und Zusammenhängen, kannst du nun wie einen eigenen Organismus betrachten. Damit ist eine Grenze zu allen Elementen gesetzt, die nicht dazugehören, und du kannst nun einen Schritt weiter gehen: deinen Gegenstand mit seiner Umwelt vernetzen.

Peter, Chemie-Student:

Um den Citratzyklus zu verstehen, habe ich mir notiert, wozu er gut ist und was er in unserem Körper eigentlich bewirkt:

Der Citratzyklus ...

... wird gebremst, wenn die Muskeln wenig Energie brauchen, da dann ATP sinkt.

... wirkt bei Sauerstoffmangel durch steigende NADH-Werte.

... dient zum Energiegewinn: die an NADH+ und FADH2 gebundenen Elektronen kommen in die Atmungskette auf den Sauerstoff und erzeugt später ATP.

... braucht Acetyl-CoA, ein Abbauprodukt aller 3 Nährstoffklassen.

... ist ein Kreislauf biochemischer Reaktionen im Metabolismus aerober Zellen.

... heißt auch „Krebs-Zyklus" nach seinem Erfinder Hans Krebs, der dafür den Nobelpreis erhielt.

Manche Punkte habe ich erst am Schluss verstanden, nachdem ich alle Einzelheiten begriffen habe, andere haben mir geholfen, die Einzelheiten erst zu verstehen.

Eigene Position

Wichtig für das, was du siehst, ist, wo du selbst stehst: Entwickle eine eigene Position deinem Thema gegenüber.

- *Mit welchem Vorwissen und welchen Vorannahmen betrachtest du dein Thema?*
- *In welche Argumentationsketten bindest du es ein?*
- *Welche Details des Themas sind dabei von Bedeutung für dich?*
- *Was bedeuten sie für deine Fragestellung oder dein Problem?*
- *Welche Details treten von deinem Blickwinkel aus in den Hintergrund?*
- *Welche Konklusionen, Schlussfolgerungen, ziehst du auf dieser Grundlage?*

Dazu gehört, dass du deinen Gegenstand nun positionierst, und Zusammenhänge, Parallelen und Auswirkungen auf andere Bereiche aufzeigst und untersuchst.

Wissenschaftlicher Rahmen

Wenn du dein Thema nun so richtig von allen Seiten durchschaut hast, ist es wichtig, dass du Zusammenhänge zu anderen Forschungsbereichen herstellst und offene Fragen aufzeigst.

- *Welchen Nutzen können Erkenntnisse in diesem Fachbereich bringen?*
- *Welche Fragen können damit gelöst werden, welche Erkenntnisse gewonnen?*
- *Welche Anwendungen zum Wohle der Allgemeinheit könnten daraus resultieren?*
- *Ergeben sich dadurch Implikationen für andere Bereiche/Theorien?*
- *Entstehen dadurch Widersprüche oder werden welche aufgeklärt?*

Vor allem die Relevanz, die Bedeutung, die dein Thema im Fachbereich hat, muss du klar formulieren können. Nicht zuletzt, um anderen die Wichtigkeit deiner Forschungsarbeit sichtbar zu machen. Hierbei musst du einerseits Bezug nehmen auf deine spezielle Fragestellung oder Hypothese, aber auch auf die allgemeine wissenschaftliche Debatte in deinem Fachbereich.

Modelle bilden

Eine Möglichkeit, dein Verständnis zu erweitern, ist, Beispiele und Ähnlichkeiten oder Analogien zu deinem Fachbereich in anderen Gebieten zu suchen. Indem du diese einzelnen Beobachtungen zusammenführst, eröffnest du oft ganz neue Sichtweisen, die ein tieferes Verständnis des Gegenstandes ermöglichen.

Richtiges Verstehen bedeutet auch, dass du Erkenntnisse aus einem Umfeld herausnehmen und in einem anderen Kontext anwenden kannst. Indem du Beispiele und Ähnlichkeiten untersuchst, gehst du bereits den ersten Schritt, Strukturen oder Muster zu abstrahieren: Du erkennst bestimmte Muster, holst sie aus ihrem Ursprungszusammenhang heraus und versuchst, sie in anderen Zusammenhängen wiederzufinden.

Indem du die Elemente und Strukturen herausfilterst, die in allen Zusammenhängen zu passen scheinen, erschaffst du bereits ein Modell. Dieses Modell veranschaulicht die grundlegenden Strukturen, die hinter den Prozessen liegt. Das Herausfiltern von Erkenntnissen ist ein wichtiger Schritt zur Modellbildung und letztlich zur Bildung komplexer Theorien, die Wissenschaft kennzeichnen. Die Fähigkeit, das Verständnis von komplexen Zusammenhängen auf neue Situationen anzuwenden, nennt man Problemlösekompetenz.

Wenn du ein Thema umfassend und tiefgehend verstanden hast, kommst du als ForscherIn ins Spiel: Nun kannst du deinen Fachbereich sowohl als Einheit betrachten, als auch in all seinen Details und Auswirkungen erkennen. Das bedeutet, dass du dich dem Ganzen von verschiedenen Außenperspektiven annähern kannst, was dir neue Einblicke und Erkenntnisse bringen kann.

MERKEN

Jetzt, wo du dich in deinem Fachgebiet auskennst und es verstehst, geht es daran, die Erkenntnisse und Eckdaten abzuspeichern: Fachausdrücke, Vokabeln, Paragraphen, Konstanten etc. sollen sicher ins Gedächtnis integriert werden. Eselsbrücken und Merktechniken helfen dir dabei.

Dieses Kapitel zeigt dir, wie du die Eigenschaften deines Gedächtnisses gezielt nützt, um dir wichtige Informationen einzuprägen.

Nicht alles, was du lernen musst, hat Form und Ordnung. In diesem Kapitel lernst du, Merkstrategien, so genannte Mnemotechniken, kennen, mit denen du Daten und Fakten gezielt und strukturiert lernen kannst.

> **Facts: Mnemotechniken.**
> Der Ausdruck „Mnemotechnik" leitet sich vom altgriechischen **mnēmē (μνημη)**, Gedächtnis/Erinnerung, ab (Köbler, 2007). In der Zeit vor dem Buchdruck war ein gutes Gedächtnis von noch größerer Bedeutung als heute. Damals wurde die Gedächtniskunst, „ars memoria", gelehrt und gepflegt. Aus dieser Zeit stammen die Mnemotechniken. Mnemotechniken helfen dir, Fakten zu strukturieren. Sie bieten das Grundgerüst für deine Erinnerung.

Was du nie verwendest, wird schnell wieder vergessen. Um Informationen nachhaltig in dein Gedächtnis zu integrieren, brauchst du Wiederholungen. In welchen Abständen und auf welche Weise du am besten wiederholen kannst, erfährst du im letzten Abschnitt dieses Kapitels.

Fachausdrücke, Vokabeln und Namen

> **Facts: Eselsbrücken.**
> Angeblich kommt der Begriff Eselsbrücke davon, dass Esel besonders wasserscheu sind und sich störrisch und konsequent weigern, Wasserläufe zu überqueren. So musste früher, um Reisen erfolgreich fortzusetzen, für die Esel eine eigene Brücke gebaut werden. Eine Eselsbrücke bezeichnet demnach eine Methode, die zwar einen gewissen Mehraufwand darstellt, ohne die das entsprechende Ziel aber möglicherweise nie erreicht werden würde.

Eselsbrücken sind Merksprüche oder Schlüsselwörter, die dich dabei unterstützen, bestimmte Wissensinhalte wie schwierige Begriffe oder Definitionen in dein Wissensnetz zu integrieren. Vermutlich hattest du schon während deiner Schulzeit Kontakt mit Eselsbrücken. Denke kurz zurück: An welche Merksätze kannst du dich noch erinnern?

Im Laufe deines Studiums wird es passieren, dass einzelne Details einfach nicht hängenbleiben. Zur Prüfungsvorbereitung möchtest du aber beispielsweise Formeln fehlerfrei wiedergeben können. Dabei können Eselsbrücken von großer Hilfe sein. Aus diesem Grund wird in diesem Abschnitt vorgestellt, wie du dir selber Eselsbrücken bauen kannst, damit du für jede Situation eine Merkhilfe parat hast.

Schlüsselwörter

Fachausdrücke, Vokabeln oder Eigennamen kannst du dir merken, indem du dir ein einfaches Schlüsselwort suchst, das an den zu lernenden Begriff erinnert. Diese Strategie wurde als „keyword method" bereits in den 70er Jahren beschrieben und untersucht (Raugh & Atkinson, 1974).

Die Schlüsselwortstrategie besteht aus 2 Teilschritten:

1. **Suche ein Schlüsselwort.** Ein Schlüsselwort ist ein einfacher Begriff, der dem Fachausdruck oder Vokabel ähnlich ist. Ein Schlüsselwort kann ein Wort sein, das mit denselben Anfangsbuchstaben beginnt, oder ein Reimwort.

2. **Verknüpfe das Schlüsselwort mit der Information, die du dir merken möchtest,** also mit der Übersetzung des Vokabels, der Definition des Fachausdrucks oder dem Träger des Eigennamens.

Hier ein paar Beispiele:

Geographie

*Die Hauptstadt von Zypern heißt „**Nik**osia".*

1. *Schlüsselwort: „**Niko**laus" beginnt mit denselben Anfangsbuchstaben.*
2. *Verknüpfung: St. Nikolaus kommt mit dem Schiff in Zypern an/der Nikolaus sonnt sich am Strand von Zypern.*

Anatomie

*Das Schulterblatt wird als „Sc**apula**" bezeichnet.*

1. *Schlüsselwort: Auf Scapula reimt sich „Dr**acula**".*
2. *Verknüpfung: Dracula beißt ins Schulterblatt.*

Bilder als Eselsbrücken

> *Das Bild zeichnet sich stets durch eine eigentümliche Frische aus, auf die der Gedanke keinen Anspruch erheben kann. Ein Gedanken ist abgeleitet und gezähmt. Das Bild ist wild und im Urzustand.*
>
> John Crowe Ransom

Unser Erinnerungsvermögen für Bilder ist besonders stark. Hilfreich sind darum Eselsbrücken, die du zeichnerisch gestalten kannst.

Wortbilder verlangen eine gewisse Kreativität. Beginne damit, Begriffe zu zeichnen, anstatt sie zu schreiben. Konkrete Bilder lassen sich leichter darstellen als abstrakte Begriffe. Verwende einfache Symbole, um komplexe Themen darzustellen. „Idee" lässt sich etwa mit einer Glühbirne symbolisieren, für andere abstrakte Begriffe musst du möglicherweise eigene Symbole entwickeln. Hier ein paar Beispiele:

Französisch

Die Reihenfolge der Pronomen in der französischen Satzstellung lässt sich durch folgendes Dreieck veranschaulichen:

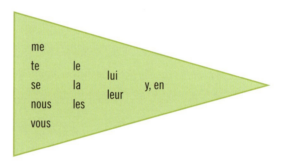

- me, te, se, nous und vous stehen vor le, la, les.
- le, la, les stehen vor lui, leur.
- alle Genannten stehen vor y und en.

Genetik

Startsequenz, an der die RNA abgelesen wird: Adenin, Uracil, Guanin.

Elektrotechnik

Die Spannung in einem Wechselstromkreis wird als Scheinspannung bezeichnet: das scheinbar volle Bierkrügerl.

Nur ein Teil davon ist tatsächlich verwendbarer Strom – die Wirkleistung: das Bier im Glas.

Der Rest ist die Blindleistung, das ist Energie, die zwischen Energiequelle und Gerät pendelt und daher nicht genützt werden kann: der Schaum.

Vorsicht vor Verwechslungen

Eselsbrücken können nicht nur dazu dienen, dich an konkrete Begriffe zu erinnern, sie können dir auch dabei helfen, ähnliche Ausdrücke auseinanderzuhalten. Wenn Verwechslungsgefahr besteht, geht es darum, Eselsbrücken zu bauen, die auf die Unterschiede hinweisen.

Markiere genau, in welchen Buchstaben sich 2 Begriffe unterscheiden. Hebe ebenfalls die inhaltlichen Unterschiede hervor: Worin unterscheiden sich die beiden Begriffe tatsächlich? Welche Eigenschaften möchtest du nicht verwechseln? Versuche dann die hervorgehobenen Buchstaben mit genau diesen Merkmalen zu assoziieren.

Anatomie

Für die unteren Gesichtsnerven gibt es 2 Durchtrittsstellen: ein ovales und ein rundes.

N. Mandibularis: Foramen ovale
N. Maxillaris: Foramen rotundum

Eselsbrücke:

Die Mandel ist oval.
Max hat ein rundes Gesicht.

Neurophysiologie:

In unserem Gehirn gibt es 2 Sprachareale:

Wernicke-Areal: Sprachverständnis
Broca-Areal: Sprachproduktion

Eselsbrücke:

Wernicke – **Ver**ständnis
Broca – **Pro**duktion

Zahlen, Paragraphen und Formeln

Rechnungen und Logik

Passiert es dir, dass du in Autokennzeichen oder Telefonnummern ganz automatisch Rechnungen oder andere logische Zusammenhänge erkennst? Nütze diese Technik dazu, dir Zahlen einzuprägen.

Geschichte

1688: Glorious Revolution in Großbritannien
16 = 8 + 8

1938: Anschluss Österreichs an Deutschland
19 x 2 = 38

Reime und Rhythmus

> *Dies ist das Gefühl für Laut und Rhythmus,*
> *das weit tiefer reicht als alles bewusste Denken und Fühlen*
> *und das jedes Wort mit lebendiger Kraft erfüllt.*
> *T.S.Eliot*

Wie merkst du dir deine eigene Telefonnummer? Wahrscheinlich sagst du deine Telefonnummer immer in einem ganz bestimmten Rhythmus auf. Das kann sogar so weit gehen, dass du deine eigene Telefonnummer nicht erkennst, wenn jemand anderer sie in einem anderen Rhythmus oder einer anderen Ziffern-Konstellation aufsagt.

Formeln oder Zahlen, die in sich rhythmisch klingen wie $a^2+b^2=c^2$, merkst du dir darum besonders leicht. Verpacke wichtige Zahlenkombinationen darum bewusst in rhythmische Merksätze:

Geschichte

1773: Boston Tea Party
Boston, **eins sieben sieben drei**
fiel jede Menge Tee vom Kai

oder auch:
vom Tee waren die Fische high

1815: Ende der Herrschaft Napoleons
Achtzehnhundertundfünfzehn
Napoleon muss endlich geh'n

1848: Deutsche Revolution
Die Revolution begann in **eins acht vier acht**
sie hatten genug von der Übermacht

Bilder

Wenn du Vokabeln lernst, möchtest du auch nicht nur die einzelnen Begriffe fehlerfrei schreiben können, sondern wissen, was sie bedeuten. Wenn du dir Formeln einprägen möchtest, denke daran, die Zeichenkombinationen mit ihrer Bedeutung zu verknüpfen.

Geometrie

Die Flächenformeln verschiedener geometrischer Figuren kannst du am besten direkt in die entsprechenden Figuren schreiben.

Physik

Ohmsches Gesetz: $U = R*I$, $R = U/I$, $I = U/R$
Das Ohmsche Gesetz kannst du im folgenden Dreieck visualisieren: Buchstaben, die nebeneinander stehen, werden multipliziert, Buchstaben, die untereinander stehen, werden dividiert.

Wer sagt, dass Ziffern nur leblose, langweilige Symbole sind? Erwecke Ziffern zum Leben, indem du sie Gestalt annehmen lässt. Überlege dir, welche Bilder du mit verschiedenen Zahlen assoziierst. Finde so für trockene Zahlen, die du dir merken sollst, greifbare Assoziationen.

Geburtshilfe

Dauer einer Schwangerschaft: 268 Tage (nach dem Eisprung)
Merkhilfe: Zwei (2) machten Sex (6) und gaben nicht Acht (8)

Geschichte

1911: Amundson betritt als erster Mensch den Südpol
Merkhilfe: Amundson spielt am Südpol Fußball (11 Spieler am Feld)

Martin, Jus-Student:

Für mein Studium muss ich leider wirklich viel auswendig lernen. Zahlen liegen mir überhaupt nicht. Die Nummern der Paragraphen und Artikel waren für mich wirklich eine Herausforderung. Jemand hat mir gezeigt, wie ich mir Zahlen mithilfe von Bildern merken kann.

Ein Beispiel aus dem AGB (Allgemeines Bürgerliches Gesetzbuch Österreich):

§22: Selbst ungeborene Kinder haben von dem Zeitpunkte ihrer Empfängnis an einen Anspruch auf den Schutz der Gesetze.

Für §21–§30 stelle ich mir Teile des Körpers vor, von unten nach oben. §22 ist das Knie. Ich stelle mir also vor, dass ein ungeborenes Kind mit seinen Knien von innen gegen die Bauchdecke seiner Mutter tritt, um darauf aufmerksam zu machen, dass es schon Rechte hat.

Seit ich diese Methode kenne, skizziere ich kleine Bilder neben die Gesetzestexte und kann mir ganze Abschnitte innerhalb kürzester Zeit merken. Außerdem bringt das ein bisschen Farbe und Bewegung in die trockenen Gesetzestexte. Das Wiederholen fällt mir auch gleich viel leichter.

Auflistungen und große Datenmengen

Listen schreiben

Listen schreiben ist ein wichtiges Tool, um sich konkrete Informationen besser zu merken. Warum? Einerseits merkst du sie dir schon alleine durch das Aufschreiben. Zusätzlich fasst du für jeden Punkt der Liste komplizierte Sachverhalte in kurze, aber prägnante Worte. Du reduzierst also bereits durch das Aufschreiben auf das Wesentliche.

Finde geeignete Schlagwörter

Ein gutes Beispiel ist eine ganz normale Einkaufsliste: Du weißt selbst, dass mit „Schlagobers" das fettreduzierte, besonders Haltbare der Lieblingsmarke gemeint ist, und zwar genau 250 ml, wie für das Rezept benötigt. Diese Zusatzinformationen musst du für dich selbst nicht notieren, für dich „ist" Schlagobers nun einmal genau dieses konkrete Schlagobers. Genauso kannst du Wissensinhalte auf einzelne, konkrete Bezeichnungen reduzieren. Suche geeignete Schlagwörter für die einzelnen Punkte deiner Liste.

Präge dir die Anzahl der Elemente ein

Ein wichtiger Benefit des Listenschreibens ist die Verknüpfung mit einer bestimmten Zahl an Punkten. Schreib dir also immer Listen mit einer bestimmten Anzahl an Punkten.

- *die 3 wichtigsten Aspekte eines didaktischen Designs.*
- *die 10 Habsburger.*
- *die 4 Alliierten.*
- *5 Kohlenstoffverbindungen mit dieser oder jener Eigenschaft.*
- *die 13 Symptome einer Krankheit.*
- *die 5 wichtigsten Strömungen der Moderne.*

Dadurch dass du die Zahl der Listenelemente beachtest, kannst du sie nachher leichter abrufen. Du weißt, dass es 3 wichtige Aspekte oder eben 10 HerrscherInnen waren. Wenn du wirklich die gesamte Anzahl wissen musst, mach dir eine vollständige Liste mit allen Einzelpunkten. Wenn es mehr als 10 sind, unterteile sie lieber in kleinere Einheiten, so genannte Chunks:

- *männliche und weibliche HabsbugerInnen.*
- *Symptome mit „A" am Anfang.*

Es ist ganz gleichgültig, nach welchen Kriterien du sie unterteilst, Hauptsache die Zahl der Listenpunkte bleibt unter 10.

Beschränke dich auf die wichtigsten Aspekte

Listenschreiben kann nützlich sein, um sich auf die wichtigsten Aspekte zu beschränken. Lege fest, ob du dir 3, 5 oder 10 Details merken willst, und schreibe die Liste nach dem Lernen aus dem Gedächtnis.

Überprüfe dann, ob die von dir erinnerten Punkte tatsächlich die wichtigsten sind, und korrigiere sie gegebenenfalls. Für dein weiteres Lernen brauchst du dir dann nur noch die Liste merken, oder du arbeitest damit weiter, indem du dir zu jedem der Listenpunkte kleine Unterliste mit Unterpunkten erstellst.

Buchstabenspiele

Wortneuschöpfungen aus Anfangsbuchstaben

Kurze Auflistungen kannst du dir merken, indem du die Anfangsbuchstaben der einzelnen Elemente zu einem Fantasiewort zusammenfügst. Wenn du Glück hast, ergeben die Anfangsbuchstaben sogar einen tatsächlichen Begriff. Das ist aber nicht unbedingt notwendig. Kurze, prägnante Wortneuschöpfungen können ebenfalls einprägsam sein.

Griechische Mythologie

Die 9 Musen heißen: Klio, Melpomene, Terpsichore, Thalia, Euterpe, Erato, Urania, Polyhymnia und Kalliope
Anfangsbuchstaben: Klio, Me, Ter, Thal, Eu, Er, Ur, Po, Kal
Merkwort: KlioMeTerThal, EuEr UrPoKal

Merksätze aus Anfangsbuchstaben

Eine andere Möglichkeit, eine Eselsbrücke für eine kurze Liste zu bauen, ist, einen Satz zu bilden, bei dem die einzelnen Wörter mit denselben Buchstaben beginnen wie die einzelnen Elemente der Liste.

Schreibe die Anfangsbuchstaben deiner Liste auf einen Zettel. Welche Begriffe fallen dir spontan zu den einzelnen Buchstaben ein? Besonders effektiv ist es, wenn du nicht nur den ersten, sondern gleich die ersten 2 oder 3 Buchstaben für ein neues Wort verwenden kannst.

Gruppiere jetzt die gefundenen Begriffe und bilde erste Phrasen. Kombiniere zum Beispiel Personennamen mit Eigenschaftswörtern. Verbinde anschließend die Phrasen mit Zeitwörtern.

Informatik

Application, Presentation, Session, Transport, Network, Data Link und Physical sind die Schichten des ISO-OSI-Schichtmodells.
Anfangsbuchstaben: A P S T N D P
Merkspruch: Alle Prüflinge sind todmüde nach der Prüfung.

Ernährungswissenschaft

Die essentiellen Aminosäuren sind: Valin, Isoleucin, Phenylalanin, Leucin, Histidin, Methionin, Tryptophan, Threonin, Lysin.
Anfangsbuchstaben: V, I, P, L, H, M, T, T, L
Merkspruch: Valentinstag ist phänomenal, leider hat mein Traummann Theresa lieber.

Kettentechnik

> **Facts: episodisches Gedächtnis.**
> Das Wissensgedächtnis besteht aus 2 Systemen: Im semantischen Gedächtnis sind Daten und Fakten gespeichert, im episodischen Gedächtnis werden Erfahrungen und Erlebnisse bewahrt (Tulving, 1984). Mithilfe der Geschichtentechnik nützt du die Tatsache, dass du dich an Erlebnisse und Geschichten besonders leicht erinnern kannst. Auf diesem Weg hilft dein episodisches Gedächtnis dabei, Daten und Fakten zu behalten.

Mithilfe der Ketten- oder Geschichtentechnik kannst du die Liste, die du dir geschrieben hast, spielerisch im Kopf behalten.

So geht's:
- *Wähle eine Liste wichtiger Punkte, die du kennen möchtest.*
- *Fasse längere Aussagen auf der Liste zu kurzen Begriffen oder eindeutigen Aussagen zusammen.*
- *Konkrete Bilder lassen sich besser in Geschichten verarbeiten als abstrakte Begriffe. Versuche darum, für jeden Punkt der Liste ein Bild zu visualisieren. Skizziere deine Ideen zu den einzelnen Listenabschnitten, so gehst du auf Nummer sicher, dass deine Assoziationen wirklich bildlich sind.*
- *Beginne jetzt, deine Geschichte zu erzählen, indem du die einzelnen Punkte aneinanderknüpfst. Achte darauf, dass deine Geschichte möglichst lebendig wird: Je mehr passiert, desto leichter kannst du dich später daran erinnern. Denk daran: Je merkwürdiger (komischer, absurder, seltsamer) deine Geschichte ist, desto würdiger ist sie, gemerkt zu werden.*
- *Wiederhole deine Geschichte in Gedanken und lasse das Geschehen vor deinem inneren Auge ablaufen.*
- *Schreibe die Geschichte eventuell in Stichworten auf. So kannst du später darauf zurückgreifen.*

Biochemie

Der Citrat-Zyklus

Der Citrat-Zyklus beschreibt, wie die Energie unserer Nahrung im Stoffwechsel umgesetzt wird.

Der Citrat-Zyklus, vereinfacht in 8 Schritten:

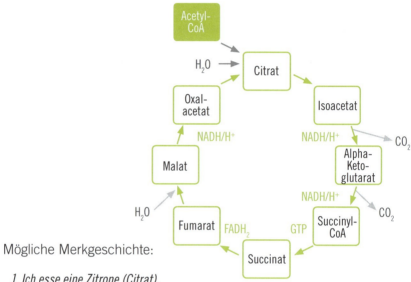

Mögliche Merkgeschichte:

1. Ich esse eine Zitrone (Citrat).

2. Dazu trinke ich Isostar (Isocitrat).
   Das gibt mir zwar Energie (NADH/H+), aber ich muss rülpsen (CO2).

3. Ich steige in meinen Alpha (Alpha-Ketoglutarat)
   und gebe Gas (Energie: NADH/H+), aus dem Auspuff kommen Abgase (CO2).

4. Ich bringe die Zucchini zu meinem Kollegen (Succinyl-CoA)
   und gebe sie ihm (GTP).

5. Ich erinnere mich, dass ich die Zucchini (Succinat) gerne selber gehabt hätte,
   ohne diese schmeckt das Mittagessen fad (FADH2).

6. Ich rauche (Fumarat) vor Wut
   und trinke ein Glas Wasser (H20).

7. Darauf hin wird mit schlecht (Malat).
   Das raubt mir meine letzte Energie (NADH/H+).

8. Ich Ochse (Oxalacetat).

LOCI-Technik

Die LOCI-Technik lässt sich zurückverfolgen bis ins Jahr 400 vor Christus (Yates, 1966). Erste Hinweise auf diese Methode stammen vom griechischen Dichter Simonides, der entdeckte, wie wichtig die systematische Anordnung von Informationen für das Gedächtnis ist.

Räumliche Strukturen, Räume, Wege oder der eigene Körper kannst du als Merk-Gerüst für Wissensinhalte nützen, um Informationen sicher abzuspeichern.

Die LOCI-Technik Schritt für Schritt

- *Lege fest, welche Informationen du dir mit der Raumtechnik merken möchtest. Gut geeignet sind Auflistungen.*
- *Suche einen Raum, den du gut kennst. Du solltest dir die einzelnen Positionen im Raum leicht vorstellen können, wenn du die Augen schließt.*
- *Wähle markante Punkte im Raum, die du nützen wirst, um dir die einzelnen Punkte zu merken.*
- *Reduziere die Punkte deiner Auflistung auf konkrete Begriffe. Wie lassen sich die einzelnen Informationseinheiten in einem Wort beschreiben? Wie würdest du sie skizzieren?*
- *Verknüpfe die Positionen im Raum mit den einzelnen Elementen der Liste. Stelle sie dir dazu möglichst bildlich vor.*

Jus: Menschenrechte

Die UN-Kinderrechtskonvention wurde 1989 beschlossen. Jedes Kind verfügt über grundlegende politische, soziale, ökonomische, kulturelle und bürgerliche Rechte. UNICEF Deutschland hat die umfassende Konvention in 10 grundlegende Rechte zusammengefasst (UNICEF Deutschland, 2009):

1. Gleichheit (Schutz vor Diskriminierung)

2. Gesundheit (Recht auf Leben und medizinische Behandlung)

3. Bildung

4. Spiel und Freizeit

5. Freie Meinungsäußerung und Beteiligung

6. Gewaltfreie Erziehung

7. Schutz im Krieg und auf der Flucht

8. Schutz vor wirtschaftlicher und sexueller Ausbeutung

9. Elterliche Fürsorge

10. Besondere Fürsorge und Förderung bei Behinderung

Hier siehst du das Foto eines typischen Kinderzimmers, passend zum Thema „Kinderrechte". Präge dir jetzt die einzelnen Rechte ein, indem du sie dir an verschiedenen Punkten im Raum vorstellst.

Nr.	Position	Recht	Verknüpfung
1	unter dem Bett	Gleichheit	Unter dem Bett liegen Puppen verschiedenster Hautfarbe und Herkunft, mit allen wird gleich gerne gespielt.
2	unteres Bett	Gesundheit	Im unteren Bett liegt ein krankes Kind.
3	oberes Bett	Bildung	Im oberen Bett stapeln sich die Bücher.
4	Nachttischlampe	Spiel und Freizeit	Die Nachttischlampe wird eingeschaltet, um ein Spiel zu spielen.
5	Radio	freie Meinungsäußerung und Beteiligung	Das Radio sagt seine Meinung.
6	Kasten	gewaltfreie Erziehung	Der Kasten wird zerschlagen.
7	Ballon	Schutz im Krieg und auf der Flucht	Kinder fliehen mit dem Ballon vor dem Krieg.
8	Fenster	Schutz vor wirtschaftlicher und sexueller Ausbeutung	Du siehst aus dem Fenster und siehst Kinder, die arbeiten müssen.
9	Tisch	elterliche Fürsorge	Die Eltern stehen auf dem kleinen Tisch.
10	Sessel	besondere Fürsorge und Förderung bei Behinderung	Ein behindertes Kind sitzt auf dem Sessel.

Zahlreiche Studien belegen die Wirksamkeit dieser Methode (Roediger, 1980). Vor allem, wenn es darum geht, Informationen in einer bestimmten Reihenfolge wiederzugeben, erweist sich die LOCI-Technik als sehr effektiv. Probiere sie also auf jeden Fall aus.

Du kannst die Technik in verschiedenen Szenarien einsetzen.

Für Präsentationen
Cicero hat die LOCI-Technik verwendet, um sich seine langen Reden zu merken. Entsprechend kannst auch du die Methode einsetzen, wenn du Präsentationen oder Vorträge vorbereitest. (siehe Kapitel „Präsentationen" ab Seite 243). Nütze in diesem Fall als Merkhilfe den Raum, in dem du die Rede halten wirst. So sicherst du, dass du während des Vortrags den Blick durch den Raum und damit durchs Publikum wandern lässt.

Für Prüfungen

Gib dem Lernstoff Struktur, indem du einzelnen Wissensinhalten Positionen in einem Raum zuordnest. Alternativ kannst du Wege oder deinen eigenen Körper als Gedächtnisstütze nützen.

Sobald du dir die Auflistung gemerkt hast, kannst du dir zusätzliche Informationen zu den einzelnen Punkten merken. Assoziiere sie dazu wieder mit den entsprechenden Positionen im Raum. Auf diese Art und Weise können umfangreiche „Wissensräume" entstehen und du kannst während deiner Prüfung in Gedanken entspannt durch deinen „Gedächtnispalast" spazieren und dich problemlos an die einzelnen Daten erinnern.

Zahlenbilder

Überlege Symbole zu den Zahlen.

Manche Listen sind nummeriert. Wenn du dir die einzelnen Listenpositionen zu den Elementen merken möchtest, verknüpfe diese mit Zahlenbildern. Dazu überlegst du dir zunächst, welche Symbole du mit den einzelnen Ziffern in Verbindung bringst. Nimm dir Zeit dafür – wenn du einmal eine Zahlenbildliste für dich erstellt hast, bleibt sie dir ein Leben lang!

Eine nummerierte Liste merkst du dir, indem du die einzelnen Punkte mit deinen Ziffernsymbolen verknüpfst.

Geographie

Liste der größten Länder (Fläche)

1. Russland
2. Kanada
3. USA
4. China
5. Brasilien
6. Australien
7. Indien
8. Argentinien
9. Kasachstan
10. Sudan

Zahl	Assoziation zur Zahl	Land	Verknüpfung
1	Kerze (ähnliche Form)	Russland	Russischer Vodka brennt.
2	Schwan (ähnliche Form)	Kanada	Der Schwan zittert in Kanada.
3	3	USA	USA – 3 Buchstaben
4	Sessel (ähnliche Form)	China	Auf der chinesischen Mauer steht eine Reihe Sessel.
5	Hand (5 Finger)	Brasilien	Ein Fußballer aus Brasilien spielt nie mit der Hand.
6	Würfel (sechs Flächen)	Australien	Für die Backpack-Tour durch Australien ist nur Platz für ein Würfelspiel im Rucksack.
7	Fahne (ähnliche Form)	Indien	Die indische Flagge besteht aus einem safranfarbenen, einem weißen und einem grünen Streifen. In der Mitte befindet sich ein Chakra.
8	Schneemann (ähnliche Form)	Argentinien	In Argentinien schmilzt der Schneemann arg schnell.
9	Luftballon (ähnliche Form)	Kasachstan	Der Luftballon fliegt in Kasachstan in die Luft, direkt an der Grenze zwischen Asien und Europa.
10	10-€-Schein	Sudan	Würdest du um mehr als 10 € in den Süden (Sudan) reisen?

Wiederholungsstrategien

Richtig wiederholen

Richtiges Wiederholen ist ein aktiver Prozess. Je häufiger du Fachausdrücke verwendest oder wichtige Informationen hörst, desto besser prägst du sie dir ein. Vokabeln und Namen, die du nie oder nur selten gebrauchst, sind leicht vergessen. Durch Wiederholung wird das Wissen, das du dir angeeignet hast, gesichert.

> **Facts: Hebb'sche Lernregel.**
> Wie wissen die Nervenzellen im Wissensnetz deines Gedächtnisses, mit welchen anderen Nervenzellen sie Verbindungen, so genannte Synapsen, eingehen sollen oder nicht? Aus Beobachtungen synaptischer Veränderungen im Gehirn schlussfolgerte Donald O. Hebb die nach ihm benannte Lernregel: „What fires together, wires together" (Hebb, 1949). Nervenzellen, die gleichzeitig aktiv sind, verstärken ihre Synapsen. So ist es uns möglich, verschiedene Informationen miteinander zu assoziieren und in Verbindung zu bringen. Je häufiger verschiedene Nervenzellen gleichzeitig feuern, desto besser vernetzen sie sich: Lerninhalte werden gefestigt.

Durch Wiederholung automatisierst du die Wiedergabe: Informationen werden in „Chunks", größere Einheiten oder Gruppen, zusammengefasst. Diese „Chunks" können mit der Zeit immer schneller wiedergegeben werden. So garantierst du, dass du Informationen zu einem bestimmten Zeitpunkt systematisch und erfolgreich wiedergeben kannst.

Es erfordert viel Zeit und Disziplin, Begriffe immer wieder untereinanderzuschreiben oder Wortlisten wiederholt aufzusagen. Das wird daher schnell langweilig. Diese Art der Wiederholung ist nicht effektiv.

Prof. Sanford, Psychologie-Professor: Kann jemand, der denselben Text mehrere tausend Mal gelesen hat, diesen letztendlich auswendig? 25 Jahre lang las Prof. Sanford Morgen für Morgen dasselbe Gebet (Morning Prayer provided by the Episcopal Church) laut vor. Nach einigen Angaben hat er den Text mehr als 5000-mal laut vorgelesen. Trotz diesen zahlreichen Wiederholungen musste er feststellen, nicht in der Lage zu sein, es auswendig aufzusagen. (Sanford, 1982) Reine Wiederholung alleine reicht noch nicht aus, um Inhalte langfristig im Gedächtnis abzuspeichern.

Häufiger Input von Information allein führt nicht dazu, dass alles abgespeichert wird. Was zählt, ist der Versuch, die Information wiederzugeben. Richtiges Wiederholen hat mit Output zu tun. Wähle darum Wiederholungsstrategien, die dich dazu motivieren, abzurufen, was du bereits gelernt hast.

Facts: Dreispeichermodell.
Das Dreispeichermodell erklärt die zeitliche Struktur unseres Gedächtnisses. Es unterscheidet zwischen sensorischem Speicher, Kurzzeitgedächtnis und Langzeitgedächtnis.

Der sensorische Speicher, früher Ultrakurzzeitgedächtnis genannt, ist ein direktes Abbild unserer Wahrnehmungen. So kannst du, wenn du die Augen schließt, einen Moment lang die letzte Szene vor Augen sehen oder die Farbe eines Autos nennen, selbst wenn dieses bereits an dir vorbeigefahren ist.

Laut der Theorie des Dreispeichermodells werden diejenigen Wahrnehmungen, die du bewusst verarbeitest, auf die also deine Aufmerksamkeit gerichtet ist, in den nächsten Speicher, das Kurzzeit- oder auch Arbeitsgedächtnis übergeführt. Du verwendest dein Arbeitsgedächtnis, wenn du eine Telefonnummer im Internet nachschlägst und sie einen Moment später aus dem Gedächtnis in dein Handy eintippst.

Das Langzeitgedächtnis ist die letzte Stufe dieses Gedächtnismodells. Hier sind Informationen langfristig gespeichert. Durch Verknüpfungen mit bekannten Wissensinhalten werden neue Daten und Fakten in das Wissensnetz des Langzeitgedächtnisses eingebettet.

Wenn du einen Absatz eines Buches liest, anschließend die Augen schließt und versuchst, den gelesenen Text wortwörtlich wiederzugeben, ist nur das Kurzzeitgedächtnis gefordert. Die Information hat das Langzeitgedächtnis möglicherweise nie erreicht. So kann es passieren, dass du, während du zuhause wiederholst, das Gefühl hast, alles zu wissen. Die Informationen, die du in Gedanken wiederholst, befinden sich aber nur in deinem Kurzzeitgedächtnis. Bei der Prüfung 2 Tage später kannst du sie daher nicht reproduzieren. Nachhaltig gelernt wird nur, wenn die Informationen mit anderen Gedächtnisinhalten verknüpft werden und so ins Langzeitgedächtnis eingebettet werden.

Variation des Schwierigkeitsgrades
Du erinnerst dich besonders gut an Wissen, das du selber generiert hast. Prüfungsfragen bleiben aus diesem Grund oft jahrelang hängen. Dieser Effekt ist umso stärker, je schwieriger es ist, die Informationen zu reproduzieren. (Bjork & Bjork, 2006)

Du kannst den Schwierigkeitsgrad variieren, indem du dir ständig neue Aufgaben stellst: Wissen aufsagen, singen, aufschreiben, aufzeichnen ...

Einfache Fragen kannst du zwar schnell beantworten, sie stellen aber nur einen kleinen Anreiz an deine grauen Zellen und haben darum geringeren Wiederholungswert. Fordere dich beim Wiederholen immer wieder selber heraus. Am besten sind Aufgaben, denen du gerade noch gewachsen bist.

Zeitliche Verteilung
Wie leicht oder schwer du dich an gelernte Informationen erinnerst, hängt unter anderem von den zeitlichen Abständen zwischen den Wiederholungen ab. Damit es auch nach mehreren Durchgängen immer schwieriger – und damit effektiver – wird, die Wissensinhalte abzurufen, verlängerst du ganz einfach die Pausen. Als Faustregel kannst du die Abstände verdoppeln, so ergibt sich eine logarithmische Wiederholungssequenz: das bedeutet, du wiederholst das Kapitel zuerst am nächsten Tag. Warte anschließend 2 Tage, bevor du erneut versuchst, so viele Informationen wie möglich in Erinnerung zu rufen. Die nächste Pause dauert 4 Tage, dann schon eine Woche (siehe Abbildung).

Je nachdem, wie kompliziert und umfangreich dein Lernstoff ist, wirst du längere oder kürzere Wiederholungspausen benötigen, abhängig von Person, Inhalt und Ziel der Wiederholung.

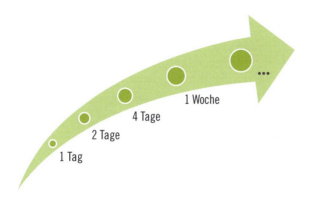

Wiederholungstechniken

Brainstorming
Schreibe den Titel des Themas in die Mitte eines Blatt Papiers. Halte nun fest, was du bereits weißt, und schreibe alle Informationen auf, die dir in den Kopf kommen. Verändere beim Wiederholen deine räumliche Perspektive: Nimm nach einer kurzen Pause dein Brainstorming-Papier nochmals zur Hand und hänge es vor dir auf der Wand auf. Betrachte dein Ergebnis aus der Distanz – fallen dir so noch weitere Informationen ein?

Fragen formulieren
Die direkteste Möglichkeit, aktiv zu wiederholen, ist die Selbstprüfung. Formuliere bereits in der Lernphase Fragen, die du während der Wiederholung selber beantwortest. Wenn du im Lernteam arbeitest, könnt ihr euch gegenseitig abfragen. Bereitest du dich auf eine schriftliche oder eine mündliche Prüfung vor? Abhängig davon ist es sinnvoll, die Antworten niederzuschreiben oder laut vorzusagen.

Systematisches Wiedergeben

Lassen sich deine Lerninhalte leicht in verschiedene Einheiten oder Kategorien einteilen? Überlege dir dann ein paar typische Fragen nach den einzelnen Kategorien, die du später zu allen Einheiten beantwortest.

Immanuel, Medizin-Student:
Wenn ich für eine Prüfung mehrere Krankheiten lerne, behandle ich während der Wiederholungsphase folgende Punkte systematisch für alle Erkrankungen: Risikogruppen, Symptome, Diagnose, Behandlung, Komplikationen, Prognose. So vergesse ich keinen Aspekt.

Lege dir die einzelnen Punkte schon vorher zurecht und schreibe sie eventuell auf. Sie sind dein Leitfaden, während du dir dein gelerntes Wissen in Erinnerung rufst.

Wiederholen und Lesen

Sekundenblick
Wie du bereits weißt, reicht es nicht aus, ein Kapitel immer und immer wieder zu lesen, um seine Inhalte zu lernen. Entwickle darum Strategien, vorausdenkend zu lesen: Wirf dazu immer nur einen kurzen Blick auf den entsprechenden Absatz. Überlege dir zuerst, was du in einem Absatz an Informationen erwartest, und lies danach zur Überprüfung weiter. Schließe anschließend die Augen, während du versuchst, dich zu erinnern.

Dartwurf
Anstatt von vorne nach hinten den ganzen Text durchzuarbeiten, kannst du nach der Methode „Dartwurf" arbeiten. Schlage dazu das Buch mit geschlossenen Augen an einer willkürlichen Stelle auf. Wirf wieder einen Sekundenblick auf die Seite und versuche dich danach an so viele Wissensinhalte wie möglich zu erinnern. Lies anschließend die entsprechenden Absätze und kontrolliere dein Ergebnis.

> **Facts: Primär- und Rezenz-Effekt.**
> Aus einer Reihe von Ereignissen merkst du dir die Ersten und die Letzten am besten. Genauso ergeht es dir, wenn du eine Liste auswendig lernst: die ersten und die letzten Begriffe behalten wir am besten. Dieses Phänomen ist als „Primär- und Rezenz-Effekt" bekannt (Jahnke, 1965). Besonders wichtige Begriffe solltest du also am Anfang und am Ende von Wiederholungssequenzen platzieren.

Karteikarten

Karteikarten zählen zu den Klassikern unter den Lernhilfen. Sie haben den Vorteil, dass du die Reihenfolge beliebig ändern kannst. Karten, die du gut beherrscht, musst du weniger häufig wiederholen als die wirklich harten Fälle. Schreibe ein Stichwort oder eine Frage auf die eine Seite der Karte und die Antwort oder einen Lerninhalt auf die Rückseite. Auch Skizzen oder Symbole sind erlaubt. Verwende die Karteikarten wirklich als „Output-Generator" und überlege dir die Antworten, bevor du die Karten umdrehst. Das ist viel wirkungsvoller, als die Karten nur zu lesen.

Wiederholen mit Bewegung

Tanz

Möchtest du einen Text möglichst wortgenau im Kopf behalten? Nimm den Text auf und höre in dir an. Verbinde den Text mit Bewegungen: gehe im Zimmer auf und ab, mach Turnbewegungen oder improvisiere einen Tanz. Wiederhole dieselben Bewegungen jedes Mal, wenn du den Text hörst. So werden die Wörter mit den Bewegungen gekoppelt. Die Erinnerung an den Bewegungsablauf wird dir helfen, dich an den genauen Text zu erinnern.

Spaziergang

Schreibe wichtige Vokabeln oder Fachausdrücke, die du noch nicht wiedergeben kannst, auf die Rückseite kleiner Notizzettel und verteile sie in Wohnung oder Garten. Gehe die einzelnen Stationen der Reihe nach ab und versuche dich an die Wörter zu erinnern. Drehe anschließend zur Kontrolle die Zettel um.

ERINNERN

„Zuhause habe ich noch alles gewusst …" Kennst du das Gefühl, dich gut vorbereitet zu haben und die Prüfung doch nicht zu bewältigen? Lernen hört nicht dabei auf, dass du Informationen aufnimmst, du möchtest dich an dein neues Wissen auch erfolgreich erinnern.

Darum beschäftigt sich dieses Kapitel mit dem Erinnern sowie mit dem Vergessen und bietet einige Hilfestellungen, wie du Wissen aus den Tiefen deines Gedächtnisses hervorholst.

Dein Studienerfolg wird an Prüfungsnoten gemessen. Während Prüfungen musst du in kurzer Zeit beweisen, wie viel du in langer Vorbereitungszeit geleistet hast. Dabei helfen Strategien für die verschiedensten Prüfungssituationen.

Fallbeispiele und Übungen erfordern Problemlösungsfähigkeiten. Du wirst im Laufe deines Studiums vor einige schwierige Aufgaben gestellt werden. Probleme sind da, um gelöst zu werden. Finde heraus, welche Lösungswege zur Verfügung stehen.

Am Ende dieses Kapitels steht der Abschnitt „Expertentum". Was bedeutet es, auf seinem Gebiet Expertise erworben zu haben, und wie erreichst du dieses Ziel?

Vergessen und Erinnern

*Als ich jünger war, konnte ich mich an alles erinnern,
egal, ob es wirklich passiert war oder nicht.*
Mark Twain

Vergessen

Wenn du während einer Prüfung die Antwort auf eine Frage nicht weißt, kann das verschiedene Ursachen haben:

- *Du hast die Antwort nie gewusst.*
- *Du hast die Antwort wo gelesen, aber nie abgespeichert.*
- *Du hast die Antwort abgespeichert, aber sie fällt dir im Moment nicht ein.*

Hast du die Antwort in jedem der 3 Fälle „vergessen"? Vester unterscheidet 2 Arten des Vergessens: „Vergessen durch Nicht-Speichern" sowie Vergessen durch „Nicht-Wiederfinden" (Vester, 1975).

Beim Erinnern, oder eben Vergessen, werden 2 verschiedene Komponenten unterschieden: die Verfügbarkeit von Wissen und deren Zugänglichkeit.

- ***Verfügbarkeit:*** *Je besser eine Information in deinem Gedächtnis verankert ist, desto leichter kannst du dich später an sie erinnern.*
- ***Zugänglichkeit:*** *Es kann passieren, dass eine Information, die du gelernt hast, zwar gut abgespeichert (verfügbar) ist, aber du momentan den Zugang nicht findest. So kann etwa neues Wissen den Zugang zu älteren Informationen verlegen. So passiert es zum Beispiel, dass Personen, die längere Zeit im Ausland verbringen, sogar einzelne Begriffe der eigenen Muttersprache kurzzeitig „vergessen" können.*

> **Facts: Vergessen.**
> Denke zurück an deine Schulzeit und all das Wissen, das du dir damals angeeignet hast. Woran kannst du dich noch erinnern? Was ist bereits vergessen?

Der amerikanische Psychologe Harry Bahrick analysierte in einem berühmten Experiment aus 1984, wie schnell Fremdsprachenkenntnisse vergessen werden (Bahrick, 1984). Er testete beinahe 600 Amerikaner, die während ihrer Schulzeit Spanisch gelernt hatten. Der Spanisch-Unterricht lag bis zu 50 Jahre zurück. Verglichen wurde das ursprüngliche Sprachlevel mit dem aktuellen Wissensstand. Die Ergebnisse zeigten, dass das größte Vergessen in den ersten 3 bis 6 Jahren eintrat. Danach blieben die Sprachkenntnis für etwa 30 Jahre auf demselben Level. Es scheint, als ob ein kleiner Teil des erworbenen Wissens in einer Art „Perma-Speicher" erhalten wird.

Möglicherweise hast du das Gefühl, dass sehr viel, was du dir in der Schulzeit erarbeitet hast, bereits verloren ist. Aber ist das wirklich so? Ist es dir schon passiert, dass du dich in einer bestimmten Situation an etwas erinnert hast, das du eigentlich schon vergessen zu haben glaubtest? Wie John Anderson es beschreibt, sind „Dinge, die uns in einem Kontext wie vergessen erscheinen, in einem anderen Kontext wieder verfügbar". (Anderson, 2001)

Erinnern

Erinnerungen halten uns zusammen.
Gabriele Rico

Dein Gedächtnis ist voller Erinnerungen, Gedanken, Erlebnisse, Wissensinhalte. Wie wird gesteuert, woran du dich in einem bestimmten Moment erinnerst? Selbst Erinnerungen, die scheinbar spontan auftauchen, haben oft einen konkreten Auslöser.

Thomas, Sport-Student:
Mein Kopf ist voller Erinnerungen. Unlängst etwa habe ich spontan an eine Szene aus meiner Schulzeit denken müssen: an den Abschlussabend unseres Skikurses. Ich wusste gar nicht, dass ich mich daran noch erinnern kann. Nachher ist mir aufgefallen, dass gerade ein bestimmtes Lied im Radio gespielt wurde. Dieses Lied hat mich offensichtlich an den Abend erinnert.

Um dich erinnern zu können, benötigst du also einen Trigger, einen Auslöser. Jeder Reiz, egal über welchen Sinneskanal, aktiviert zahlreiche Nervenverbindungen. Du erinnerst dich dadurch an Eindrücke, die du mit diesem bestimmten Reiz in Verbindung bringst. Die stärksten Assoziationen setzen sich durch und bilden deine nächsten Gedanken.

Während einer Prüfung wird die richtige Antwort durch die Begriffe in der Frage getriggert.

Wenn du etwa einen bestimmten Namen hörst, denkst du an die entsprechende Person und deren Aussage und kannst so die Frage beantworten.

Rhea, Medizin-Studentin:
Ich hatte mich hervorragend auf mein Prüfungsgespräch „Interne Medizin" vorbereitet. Ich konnte zu jeder Krankheit die entsprechenden Symptome, Diagnose, Behandlung, Komplikationen etc. aufzählen. Die Prüfung sah dann aber ganz anders aus. Der Prüfer fragte nicht nach konkreten Krankheitsbildern, sondern er nannte verschiedene Symptome. So fragte er etwa: „Ein Patient kommt mit Durchfall und Schwindelgefühl, an welche Krankheiten denken Sie?" Obwohl ich den Stoff gut beherrsche, konnte ich diese Frage nicht schnell genug beantworten. Jetzt bereite ich mich neu auf die Prüfung vor.

Indem du schon während der Prüfungsvorbereitung darüber nachdenkst, welche Fragen möglicherweise gestellt werden, schaffst du geeignete Verknüpfungen, um in der entscheidenden Situation die Antwort zu finden.

Wissen alleine reicht also nicht aus, um eine Prüfung zu bestehen. Du benötigst noch die richtigen Assoziationen, um dich zu erinnern. In den folgenden Abschnitten erfährst du ein paar Strategien, wie du Erinnerungen hervorrufen kannst.

Assoziationen als Erinnerungshelfer

Als „prospektives Gedächtnis" bezeichnen wir Erinnerungen an Tätigkeiten oder Aussagen, die in der Zukunft liegen. So möchtest du dich zum Beispiel manchmal daran erinnern, deiner Kollegin ein Buch zurückzugeben, wenn du sie siehst, oder daran, dass du während deiner Präsentation auf deine Website hinweist. Dieses „prospektive Gedächtnis" ist ein gutes Beispiel dafür, dass Erinnerungen an einen Auslöser gekoppelt sind. Immerhin „vergisst" du ja nicht, dass das Buch deiner Kollegin gehört – du möchtest im richtigen Moment daran denken.

Hinweisreize finden

„Das darf ich nicht vergessen", „Daran muss ich unbedingt denken" … Wann immer dir solche Gedanken durch den Kopf gehen, stell dir zunächst die folgende Frage: In welcher Situation möchtest du dich erinnern? Suche einen möglichst konkreten Zeitpunkt.

Marianne, Keltologie-Studentin:
Ich hatte mir von einer Freundin ein Buch ausgeborgt und wollte es ihr schon lange zurückgeben. Während ich bei ihr zu Besuch war, hab ich sogar zwischendurch ein paarmal an das Buch gedacht. „Bevor ich gehe, geb ich ihr das Buch zurück." Ich hätte in diesem Moment einfach aufstehen müssen und das Buch aus meiner Tasche kramen sollen. Denn als ich schließlich zuhause ankam, war es natürlich immer noch in meinem Rucksack.

Der Zeitpunkt „irgendwann, wenn ich Zeit habe" ist nicht konkret genug. Besser ist es, zu sagen: „Das erledige ich am Wochenende." Noch besser wäre: „Diese Aufgabe erledige ich am Sonntag nach dem Mittagessen."

Genauso ist es mit deiner Erinnerung. Statt „Daran muss ich denken", kannst du dir besser überlegen: „Daran werde ich mich morgen in der Früh erinnern." Auch hier gilt: je konkreter, desto besser. Optimal wäre: „Daran denke ich morgen, wenn ich mir die Zähne putze" oder „… wenn der Wecker läutet".

Hinweisreize markieren

Geh auf Nummer sicher, dass dein Hinweisreiz nicht ungesehen an dir vorüber geht. Am besten eignen sich Hinweisreize, die dir auf jeden Fall auffallen. Darum haben wir uns früher einen „Knoten ins Taschentuch" gemacht. Das Taschentuch war nichts anderes als ein Hinweisreiz und der Knoten versicherte, dass der Reiz wirklich wahrgenommen wurde. Verwende in deinem Alltag sichere Hinweisreize:

- *Reserviere einen bestimmten Platz direkt bei der Eingangstür für wichtige Dinge, die du mitnehmen möchtest, wenn du das Haus verlässt.*
- *Setze auf einzelne Folien in deiner Powerpoint-Präsentation Hinweisreize, die dich an wichtige Textstellen erinnern.*
- *Verwende ein Maskottchen oder einen bestimmten Stift als Hinweisreiz während einer Klausur.*

Hinweisreize assoziieren

Verknüpfe deinen Hinweisreiz mit der Information, an die du dich erinnern willst, damit du dich in der entscheidenden Situation erinnerst, worauf er verweist.

Verwende logische, sprachliche oder visuelle Assoziationen.

Johannes, Pflegewissenschafter:

Ich hatte erfahren, dass die Prüferin großen Wert darauf legte, dass es „das Virus" heißt und nicht „der Virus". Ich hatte damit größte Schwierigkeiten, da ich gewohnt bin, „der Virus" zu sagen. Für meine schriftliche Prüfung habe ich mir vorgenommen, alle Antworten abschließend nochmal zu kontrollieren und die Artikel gegebenenfalls auszubessern. Um sicher zu gehen, dass ich nicht darauf vergesse, habe ich vor der Prüfung eine Münze „als Glücksbringer" auf den Tisch gelegt. Während der Prüfung hat mich DAS Geld daran erinnert, DAS Virus zu schreiben.

Lernkontext als Erinnerungshelfer

Du hast vorhin erfahren, dass jeder Reiz Erinnerungen triggern kann. Ein Geruch, ein Geschmack, eine Melodie, ein Bild und insbesondere ein Gefühl kann Auslöser für eine Erinnerung sein. Wenn du lernst, speicherst du mehr ab als reine Daten und Fakten. Die Umgebung wird immer mit abgespeichert.

> **Facts: Lernkontext.**
> 2 Forscher an der schottischen Universität Stirling untersuchten, welchen Effekt die Arbeitsumgebung auf den Lernerfolg hat. Um zu beurteilen, inwieweit eine Änderung des Kontext den Abruf beeinflusst, ließen sie ihre Versuchspersonen Begriffe auswendig lernen. Jede Versuchsperson lernte 2 Wortlisten an Land sowie 2 weitere Listen, mit Taucherausrüstung ausgestattet, in der Tiefe schottischer Seen. Geprüft wurden die Versuchspersonen nach jedem Lernvorgang entweder im gleichen oder im anderen Kontext.
>
> Hier das Ergebnis:
>
>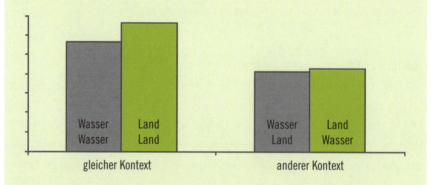
>
> Versuchspersonen konnten sich offensichtlich besser an Begriffsreihen erinnern, wenn sie sie im selben Kontext wiedergeben durften.

Setze darum die Lernumgebung gezielt als Hinweisreiz ein. Versuche dich während einer Prüfung an die Lernsituation zu erinnern. Wo hast du das jeweilige Thema gehört und bearbeitet? Welche Eindrücke hast du dabei wahrgenommen? Wie hat es gerochen, was hast du gespürt und welche Geräuschkulisse war vorhanden?

Lernumgebung variieren
Wähle unterschiedliche Lernorte oder andere zusätzliche Assoziationen, um dich auf deine Prüfungen vorzubereiten. Lerne die einzelnen Themen an eigens ausgewählten Plätzen. Geh konsequent immer an dieselbe Stelle, um dich mit dem jeweiligen Kapitel auseinanderzusetzen. So schaffst du eine Assoziation zwischen den Inhalten und der Lernumgebung. Während der Prüfung kannst du nun an die einzelnen Orte denken, um dich zu erinnern. Setze die LOCI-Technik (siehe Seite 153) ein, um diesen Effekt noch zu verstärken.

Katharina, Jugendgedächtnismeisterin:
Bei den Gedächtnisweltmeisterschaften gibt es sogar Teilnehmer, die für bestimmte Bewerbe ätherische Öle einsetzen: Während sie etwa Spielkarten auswendig lernen, riechen sie an einem bestimmten Duft. Sollen sie sich später erinnern, schnuppern sie wieder an dem Fläschchen, um die Erinnerung zu triggern.

Systematisch erinnern

Manche Stichworte oder Fragen rufen automatisch bestimmte Assoziationen und Erinnerungen hervor. Aber was, wenn dir ein bestimmter Begriff oder eine konkrete Information nicht einfallen will? In diesem Abschnitt wird kurz eine Strategie vorgestellt, mit der du dein Gedächtnis systematisch durchforsten kannst.

- *Abc: Schreibe das Alphabet auf ein Blatt Papier. Denke nun der Reihe nach an jeden einzelnen Buchstaben. Streiche alle Buchstaben weg, die nicht als Anfangsbuchstaben in Frage kommen. Alternativ kannst du das Abc in Gedanken durchgehen und auf das Aufschreiben verzichten.*

- **Wortklang:** Wie klingt der gesuchte Begriff? Ist es ein langes oder ein kurzes Wort? Wird es eher hart oder weich ausgesprochen? Aus welchem Sprachraum kommt der Begriff?
- **Schreibweise:** Versuche dir das Schriftbild in Erinnerung zu rufen. Denke an einen Text, in dem das Wort vorkommt. Vielleicht kannst du vor deinem inneren Auge den einen oder anderen Buchstaben erkennen?
- **Denkpause:** Last, but not least hilft häufig eine kurze Denkpause. Hast du nach dieser systematischen Suche den Begriff noch nicht in deinem Gedächtnis gefunden, denke bewusst an etwas anderes. Widme dich einer anderen Prüfungsfrage oder mache eine kurze Entspannungsübung.

Prüfungen bestehen

In Prüfungssituationen kommt es nicht nur darauf an, was und wie viel du weißt, sondern vor allem darauf, wie du dieses Wissen vermitteln und präsentieren kannst. Hier erfährst du, wie du dich mental auf wichtige Prüfungen vorbereitest und wie du schriftliche und mündliche Prüfungen optimal meisterst.

Überlasse nichts dem Zufall

Hole vorab so viele Informationen wie möglich über die Prüfungssituation ein.

Situation

Informiere dich über das „Wo", „Wann" und „Wie lange" deiner Prüfung. Wie erreichst du den Prüfungsort und weißt du, wie du konkret hinfindest?

PrüferIn

Nicht nur mündliche Prüfungen werden stark von der Person beeinflusst, die sie abhält. Was ist über den Prüfer bekannt? Informiere dich bei Studierenden, die die Prüfung bereits vor dir abgelegt haben. Höre, wenn möglich, bei Prüfungen zu, um herauszufinden, wie er oder sie agiert. Achte vor allem darauf, was dich verunsichern könnte, damit du später dafür schon gewappnet bist.

Versetze dich in die Rolle des Prüfers und antizipiere mögliche Fragen und Prioritäten.

Fragen des Prüfers
Finde heraus, auf welchen Frage-Typen der Schwerpunkt liegt, und gleiche deine Vorbereitung daran an.

Konkrete Fragen nach dem „Wer", „Was", „Wo" und „Wann" lassen sich mit genauen Daten und Fakten beantworten. Antworten sind entweder richtig oder falsch.

Fragen, die mit „wieso", „wie" und „warum" beginnen, haben größeren Interpretationsspielraum und erfordern neben Daten- und Faktenwissen auch ein Verständnis für Zusammenhänge. Die Beurteilung ist entsprechend schwieriger – Prüfer haben einen größeren Spielraum, um Antworten zu benoten.

Erfolg vorprogrammieren
Sobald du weißt, was dich in der Prüfungssituation erwartet, spiele die Szene vor deinem inneren Auge ab. Wie wird die Prüfung verlaufen? Denke an so viele Details wie möglich. Stell dir vor, wie während deiner Prüfung alles richtig gut klappt. Du bist selbstsicher und kannst alle Fragen souverän meistern.

Mentale Vorbereitung

Leidest du unter Prüfungsangst? Da wärst du nicht alleine. Der beste Schauspieler ist vor einem großen Auftritt aufgeregt und das Herz der souveränsten Sängerin schlägt vor dem Einsatz schneller. Übermäßige Aufregung kann das Prüfungsergebnis unnötig schlecht ausfallen lassen, da sich Stresshormone negativ auf dein Gedächtnis auswirken.

Im Folgenden ein paar bewährte Methoden, wie du kurz vor der Prüfung deine Kräfte bündeln kannst:

Kraft-Rituale
Alexandra gönnt sich am Tag der Prüfung ein ausgiebiges Frühstück, während Stefan am liebsten kurz vor der Prüfung Schokolade isst. Tamara geht vor jeder Prüfung laufen, Simon zieht sich lieber mit einem guten Album und

seinen Kopfhörern zurück … Was tut dir gut? Überlege dir eine Tätigkeit, die dir Energie gibt, und mach aus ihr dein Kraft-Ritual vor jeder Prüfung.

Atem-Rituale
Frische Luft aktiviert unsere kleinen grauen Zellen. Achte darauf, dass du kurz vor der Prüfung irgendwo in Ruhe Atemübungen machen kannst. Atme durch die Nase tief ein und dann durch den Mund wieder aus. Atme bewusst langsam und konzentriere dich auf die Hebung deiner Bauchdecke bei jedem Atemzug. Du kannst diese Atmung mit motivierenden Gedanken kombinieren.

Denke beim Einatmen zum Beispiel die Worte „ich gebe", beim Ausatmen „mein Bestes".

Gedanken-Kontrolle
Denke nicht an einen rosa Pinguin!

Es ist sehr schwierig, bestimmte Gedanken zu unterdrücken (Wegner, 1989). Du kannst nicht *nicht* an etwas denken. Die einzige Strategie, die funktioniert, ist, stattdessen an etwas anderes zu denken.

Wenn du dich dabei ertappst, negative Gedanken zu denken wie „Was wäre, wenn …" oder „Hätte ich nicht …", verschreibe dir selber einen Gedankenstopp. Richte deinen Blick auf einen anderen Punkt und setze so ein bewusstes Stoppzeichen. Denke jetzt an etwas Positives wie deinen letzten Urlaub, eine schöne Begegnung oder daran, wie du die Prüfung gut bewältigen wirst.

Manfred, Medizin-Student:
Ich hatte immer schon extreme Prüfungsangst. Schon in der Schule habe ich gemeinsam mit meinen Kollegen vor jeder Schularbeit gezittert. Während meines Medizinstudiums wurde das eigentlich noch schlimmer. Damals gab es noch die großen mündlichen Prüfungen – da ist oft innerhalb von 15 Minuten alles entschieden. Wenn man da nicht gleich gut drauf ist und das Richtige sagt … Kopf ab! Kein Wunder, dass ich vor allen meinen Prüfungen ein nervöses Wrack war.

Nur ein einziges Mal war ich vollkommen bei der Sache – damals habe ich richtig gut abgeschnitten. Das war meine Chirurgie-Prüfung, sie fand im Konferenzzimmer der Abteilung für Chirurgie im Krankenhaus statt. Die Situation war so: Ich bin auf dem Weg ins Krankenhaus und sperre gerade mein Fahrrad ab, als hinter mir Reifen quietschen. Ein Motorradfahrer hatte übersehen, dass der Bus von der Haltestelle wegfuhr. Der Bus hat ihn seitlich erwischt: Bei Bus gegen Motorrad hat ein Motorradfahrer keine guten Karten. Wirklich übel sah es zum Glück nicht aus, aber der Motorradfahrer schrie wie am Spieß, und ehrlich gesagt war sein linker Arm echt nicht in einer natürlichen Haltung. Also habe ich ihn gepackt und ihm erklärt, dass ich ihn zur Notfallaufnahme bringe. Die war nicht weit weg. Andere Passanten haben geholfen, das Motorrad von der Straße zu holen und haben Kontakt mit dem Busfahrer aufgenommen und diesen Kram; ich mit dem Verletzen zur Notaufnahme und hab dort auch noch schnell alles geregelt.

Ich kam noch gerade rechtzeitig zu meiner Prüfung. Aber natürlich hatte ich durch den Unfall überhaupt nicht an meine eigene Prüfung gedacht und keine Zeit gehabt, mich selber nervös zu machen. Ich war selber ganz überrascht, wie ruhig und entspannt meine Stimme war.

Gesprächskontrolle
Lass dich vor der Prüfung nicht in nervenaufreibende Gespräche verwickeln. Studierende machen sich auf diese Art und Weise vor Prüfungen häufig gegenseitig fertig. Vermeide Gesprächspartner, die dich nervös machen, oder lenke das Thema von der Prüfung ab. Denke an das, was du kannst, nicht an das, was du nicht kannst.

Schriftliche Tests
Sorge dafür, dass du nicht nur mental, sondern auch praktisch gut vorbereitet bist, und statte dich für schriftliche Tests mit dem notwendigen Material aus: Kugelschreiber, Bleistift, Papier, eventuell Taschenrechner und andere Utensilien.

Sobald du den Fragebogen erhalten hast, verschaff dir einen Überblick über die Klausur: Wie umfangreich ist sie, welche Fragen stehen dir bevor?

Von leicht zu schwer

Nimm der Prüfung den Schrecken, indem du mit den leichtesten Antworten beginnst. Handle dich so vor zu den schwierigen Aufgaben. Achte dabei allerdings auf die Zeit: Keine Frage sollte mehr Zeit benötigen, als sie dir Punkte bringen kann. Wende bei 3 gleich bewerteten Fragen also für jede Frage ein Drittel der Zeit auf.

Für das Auge

Mach den Korrektoren das Leben nicht schwer und bemühe dich, leserlich zu schreiben. Eine richtige Antwort bringt dir gar nichts, wenn der Prüfer sie nicht lesen kann. Strukturiere längere Antworten und notiere dir die einzelnen Punkte, die du anführen willst. Beginne mit einem einleitenden Satz, an den du die Details bzw. die genaue Erklärung anhängst. Fasse anschließend die Hauptaussage in einem Schlusssatz zusammen.

> **Facts: Notizen während Prüfungen.**
> Studenten, die sich während Prüfungen spontan Notizen machen, schneiden besser ab. Finnische Wissenschaftler haben die Aufnahmeprüfungen für eine Pflegeschule analysiert (Slotte & Lonka, 1998). Vor allem auf umfangreiche Antworten auf Wissensfragen wirkten sich Notizen positiv aus: Die StudentInnen antworteten länger und strukturierter.
>
> Lege dir also einen Notizzettel zurecht, auf dem du während des Tests deine Gedanken notierst. Schreibe die jeweilige Fragennummer dazu, damit du später darauf zurückkommen kannst.

Was tun wenn ...

... du eine Frage nicht verstehst?
Widme dich zunächst anderen Fragen. Lies anschließend die Frage noch einmal aufmerksam durch. Zerlege Schachtelsätze und versuche, die Formulierung zu vereinfachen. Liegt es an unbekannten Fachausdrücken, dass du die Frage nicht verstehst? Verstehst du Teile des Wortes? Ist dir vielleicht die Vorsilbe bekannt? Die Bedeutung des Begriffs „Hypertension" kannst du dir etwa selber herleiten: Der englische Begriff „tension" bedeutet Druck und „hyper" weißt generell auf eine Erhöhung hin. Hypertension ist entsprechend (Blut-)Hochdruck.

Auch bei einer schriftlichen Prüfung sind Prüfer bzw. Tutoren anwesend. Scheue dich nicht, eine Frage an sie zu stellen, wenn die Aufgabenstellung bei der Prüfung unklar ist.

... du eine Antwort nicht weißt?
Bleibe nicht zu lange bei Aufgaben hängen, die du nicht lösen kannst. Beantworte zuerst alle anderen Fragen und konzentriere dich anschließend auf die „harten Nüsse". Wende die Strategien an, die vorher unter „Systematisch erinnern" aufgelistet sind.

Multiple-Choice-Fragen

Multiple-Choice-Tests erfordern ein besonders strukturiertes Vorgehen.

Bewahre den Überblick
Überfliege anfangs alle Fragen und überblicke so den Umfang und die Schwerpunkte der Prüfung. Überschlage, wie viel Zeit dir für die einzelnen Teile zur Verfügung steht.

Selber antworten
Überlege dir die richtige Antwort, nachdem du die Frage aufmerksam gelesen hast. Lies erst anschließend alle (!) Optionen durch und wähle diejenige, die am besten zu deiner gefundenen Antwort passt.

Auf die Formulierung achten

- Multiple-Choice-Fragen sind oft hinterlistig gestellt. Achte auf kleine Worte wie „nicht" und „nie". Du kannst verneinende Begriffe zur Sicherheit unterstreichen.
- Handelt es sich bei der Antwort um eine Zahl, pass auf, in welcher Einheit sie geschrieben steht.
- Absolute und allumfassende Behauptungen wie „immer", „ausschließlich", „nie" etc. sind in der Wissenschaft selten und daher häufig ein Hinweis darauf, dass die entsprechende Antwort nicht wahr ist.

Systematisches Vorgehen

- Manche Tests inkludieren Antwort-Optionen wie „Aussagen 1 und 2 treffen zu", „keine Aussage trifft zu", „alle Aussagen treffen zu" etc. Behandle in diesem Fall alle möglichen Antworten einzeln und notiere, ob die getroffene Behauptung auf sie zutrifft oder nicht. Fasse dann zusammen, welche Kombination zutrifft.
- Markiere Antworten, bei denen du dir sicher bist, indem du sie abhakst. Für sie benötigst du während der Wiederholung keine Zeit mehr. Gerade bei Multiple-Choice-Fragen kommt es häufig vor, dass Studierende richtige Antworten im Nachhinein doch noch ausbessern und eine falsche Alternative wählen. Überlege es dir 2-mal, bevor du eine Antwort änderst.
- Markiere dafür Fragen, die dir noch unklar sind oder über die du noch länger nachdenken möchtest, mit einem Fragezeichen.

Gezielt raten

Bei Multiple-Choice ist es besonders wichtig, dass du alle Fragen beantwortest. Läuft dir während der Prüfung die Zeit davon, ist es besser, wahllos Antworten der letzten Fragen anzukreuzen, anstatt leere Seiten abzugeben. Rate gezielt:

- Streiche Optionen, bei denen du sicher weißt, dass sie falsch sind, durch.
- Wähle eher längere Antworten. Die richtige Antwort ist häufig länger formuliert.
- Vermeide bei Zahlenwerten die Extreme und tippe eher auf mittlere Werte.
- Verrät die Satzstruktur der Frage etwas über mögliche Antworten? Stimmen etwa Zeit oder Verbform überein?

Mündliche Prüfung

Es ist bei mündlichen Prüfungen praktisch unmöglich, das gesamte Stoffgebiet abzufragen. Ein Prüfer kann sich also nie ein vollkommen objektives Bild darüber machen, wie viel du wirklich weißt. Entscheidend ist also, was er glaubt, dass du weißt. Bei mündlichen Prüfungen geht es also darum, dem Prüfer das Gefühl zu geben, dass du alles weißt.

Gute Startbedingungen

Die Prüfung beginnt daher mit dem ersten Eindruck, den du auf die Prüferin machst. 2 Faktoren kannst du ganz entscheidend beeinflussen:

1. *Pünktlichkeit: Komme zu deiner Prüfung nicht nur rechtzeitig, sei der Zeit ein bisschen voraus. Plane einen Puffer ein, um den Raum zu finden und deine Sachen abzulegen.*

2. *Aussehen: Wähle für wichtige mündliche Prüfungen Kleidung, in der du dich wohl und „kompetent" fühlst. Dein Lieblingspullover kann zwar sehr bequem sein – der riesige Kaffeefleck auf der Brust könnte dich aber verunsichern ...*

Führe eine gute Unterhaltung

Eine mündliche Prüfung ist nichts anderes als eine Unterhaltung, ein Wechselspiel zwischen 2 Personen. Achte darum auf die Reaktionen der Person, die dich prüft: Wohin blicken ihre Augen? Verrät ihre Mimik, ob du mit deiner Antwort richtig liegst?

Wenn Zusatzfragen gestellt oder gar Einwände geäußert werden, gehe unbedingt darauf ein. Selbst wenn du die Antwort auf eine Frage perfekt auswendig aufsagen kannst, sprich nicht wie ein Tonband, sondern führe ein Gespräch.

Die Prüfung ist nicht der richtige Ort, um Grundsatzdiskussionen zu führen. Wenn du anderer Meinung bist, äußere diese nach der Prüfung. Gib PrüferInnen während der Prüfung das Gefühl, dass du als GesprächspartnerIn interessiert und aufmerksam bist.

Lass dir dein Wissen nicht aus der Nase ziehen. Ergreife die Initiative und erzähle, was du weißt.

Was tun, wenn ...

... du eine Frage nicht verstehst?
Wenn du dir nicht sicher bist, was die Prüferin mit einer Frage meint, frag nach. Formuliere dazu die Frage um: „Meinten Sie ...", „Wollen Sie ... hören?", „Habe ich richtig verstanden, dass Sie fragen ...".

... du eine Antwort nicht weißt?
Gönn dir eine kurze Denkpause. Du musst nicht sofort, nachdem die Frage gestellt wurde, darauf losquasseln. Nimm dir einen Moment, um die Frage zu verarbeiten und dir eine Antwort zu überlegen.

Wenn dir die Antwort nicht einfällt und dir die Denkpause unangenehm wird, kannst du deine Überlegungen ausformulieren. Denke also laut nach: „Ich überlege mir ...", „Das erinnert mich an ...".

Auf diesem Weg kannst du dem Prüfer zeigen, dass du eine Ahnung von dem Gebiet hast. Halte an den Informationen fest, die du gut kannst, und trage sie selbstsicher vor.

Gerade bei umfangreichen Prüfungen kann es passieren, dass du einen Fachausdruck, ein Vokabel oder eine Jahreszahl momentan nicht parat hast. Sag dann ruhig, dass du die Antwort gerade nicht weißt, anstatt lange um den heißen Brei herumzureden: „Der Begriff liegt mir auf der Zunge ...", „Jetzt ist mir die Jahreszahl entfallen, sie fällt mir bestimmt gleich ein. Aber was ich zu dem Ereignis noch sagen wollte ...".

Problemlösung

Für das Lösen von Fallbeispielen oder theoretischen Problemen benötigst du Strategien.

Es gibt 2 Herangehensweisen, wie du der Lösung eines Problems auf die Spur kommen kannst:

- *heuristisch:* Du sammelst alles zusammen, was du über das Thema weißt, und suchst in diesem Wissen systematisch die Antwort auf deine Fragen.
- *algorithmisch:* Ein Algorithmus ist ein allgemeiner Lösungsweg. Du löst ein Problem, indem du es mit anderen Fallbeispielen oder Problemstellungen vergleichst und andere Lösungswege auf dein Problem adaptierst.

In diesem Kapitel sind mögliche Strategien zusammengefasst, wie du deiner Lösung näher kommen kannst:

Heuristik: Lösungen suchen

Je konkreter die Frage, desto leichter lässt sich eine Antwort finden. Formuliere dein Problem so einfach wie möglich.

Ein Problem in Teilschritte zerlegen

Definiere unterschiedliche Aspekte, die in deinem Thema enthalten sind. Behandle einen nach dem anderen und versuche Teillösungen zu finden und dich so dem Ergebnis schrittweise zu nähern.

Agnes, Jus-Studentin

Fallbeispiele zu lösen ist immer eine ganz schöne Herausforderung. Es fällt mir oft schwer, wirklich alle Details herauszufiltern. Für mich ist es wichtig, die Angabe ganz genau zu lesen und jeden wichtigen Punkt zu finden.

Dazu habe ich mir eine Strategie zurechtgelegt – ich habe mir eine Liste mit lauter kleinen Teilfragen geschrieben:

- *Welche Personen sind involviert?*
- *Welche Handlungen haben die Beteiligten in welcher Reihenfolge gesetzt?*
- *Welcher Rechtsbereich resultiert daraus?*
- *Wie sieht der Sachverhalt aus?*
- *Zu welchen Tatbeständen passt er?*
- *Welche Paragraphen sind anwendbar?*
- *Lässt sich der Sachverhalt unter dem Tatbestand subsummieren?*
- *Welche Basisnorm resultiert daraus?*
- *Welche Ausnahmen gibt es?*
- *Welche Rechtsfolge ist daraus abzuleiten?*

Mit dieser Liste gehe ich an jeden Fall heran und kann ihn so Schritt für Schritt bewerten und lösen.

Falsche Annahmen identifizieren

Warum sollten wir zögern, die alte Anschauung über Bord zu werfen?
Alfred Wegener

Manchmal musst du einen Schritt zurücktreten, um eine Lösung zu finden. Viele Probleme lassen sich nicht lösen, weil du von falschen Vorannahmen ausgehst.

Dafür gibt es zahlreiche Beispiele in der Geschichte verschiedenster Wissenschaftsdisziplinen:

- *Knochenreste von unbekannten Lebewesen ließen sich nicht erklären. Erst als Charles Darwin die Annahme, dass alle Arten in der jetzigen Form schon seit der Schöpfung vorhanden sind, verwarf, war der Weg zur Lösung freigelegt: die Evolutionstheorie.*
- *Vor ein ähnliches Problem sah sich Nikolaus Kopernikus gestellt, als er versuchte rückläufige Planetenbewegungen zu klären. Das geozentrische Weltbild mit der Annahme, die Erde sei das Zentrum der Welt, war mit den beobachteten Phänomenen am Nachthimmel nicht vereinbar. Um eine Lösung für das Problem zu finden, warf Kopernikus das gesamte gängige Weltbild um und argumentierte für ein heliozentrisches System.*
- *Alfred Wegener erkannte, dass die neuen Erkenntnisse der Physik nicht mit dem alten Modell der Starrheit der Kontinente vereinbar waren. Das ermöglichte ihm, Indizien zu sammeln, um sein neues Modell der Plattentektonik zu entwickeln.*

Überlege, ob falsche Annahmen die Lösung deines Problems erschweren.

Rolle deine Frage noch einmal von Anfang an auf. Welche Annahmen hast du getroffen? Verifiziere alle Ausgangspunkte, bevor du weiter nachdenkst: „Question the question!"

Grenzenlos nachdenken
Kennst du diese Denkaufgabe?

Verbinde die 9 Punkte mit 4 geraden zusammenhängenden Strichen.

Versuche anschließend einen Weg zu finden, die Punkte mit 3 (geraden, zusammenhängenden) Strichen zu verbinden.

Die Lösungen findest du auf Seite 188.

Das erste Problem kann nur gelöst werden, wenn man sich erlaubt, die Grenzen des scheinbaren quadratischen Rahmens zu überschreiten.

Auf die zweite Lösung stößt man, wenn man realisiert, dass die Punkte nicht genau in der Mitte durchzogen werden müssen.

Welche Grenzen schränken dein Problem ein? Suche die Grenzen deiner Frage bewusst auf und überschreite sie: *„Break the rules!"*

Algorithmus: Lösungsstrategien entwickeln

Neue Lösungsstrategien entdecken

Erinnere dich an die Denkaufgabe, die du soeben gelöst hast. Möglicherweise ist es dir schwergefallen, die Aufgabe mit den Strichen zu lösen, nachdem du die erste Frage beantwortet hattest. Wenn du einmal eine Lösungsstrategie (wie die Lösung mit den 4 Strichen) gefunden hast, ist es schwer, neue Wege zu entdecken.

Es ist gefährlich, an alten Lösungsstrategien festzuhalten, denn sie halten dich davon ab, dich weiterzuentwickeln.

> **Facts: Wasserglas-Experiment.**
>
> Das Forscher-Ehepaar Luchins stellte Versuchspersonen vor eine Reihe von Problemen (Luchins & Luchins, 1970). Die Probanden erhielten 3 Wassergläser unterschiedlicher Größen und so viel Wasser, wie sie benötigten. Die Aufgaben bestanden darin, mithilfe der Gläser eine bestimmte Wassermenge zu erhalten. Einigen Versuchspersonen wurde nun eine Reihe an Problemen gestellt, die mit einer bestimmten Lösungsstrategie bewältigbar sind. Sie lernten, dass die Lösungsstrategie „größtes Glas minus mittleres Glas minus 2x kleinstes Glas" erfolgreich funktioniert. Diese Gruppe neigte dazu, den so erarbeiteten Lösungsweg auch für weitere Aufgaben zu verwenden, selbst wenn es dafür einfachere Lösungen gegeben hätte.
>
> Deutlich wurde das bei folgender Aufgabenstellung. Mit Wassergläsern der Größen 3, 23 und 49 war die Menge 20 zu erreichen.

> Die Gruppe, die die Lösungsstrategie (größtes Glas – mittlerer Glas – 2x kleinstes Glas) geübt und eintrainiert hatte, nütze diese Strategie auch für diese Aufgabe: 49 – 23 – 3 – 3 = 20.
>
> Alle anderen Versuchspersonen wählten den direkten Weg: 23 – 3 = 20.

Hinterfrage deine üblichen Strategien. Wo könnte eine neue Situation neue Anforderungen beinhalten?

Ricarda, Jus-Studentin:
In der Schule habe ich gelernt, indem ich mir Zusammenfassungen geschrieben habe. Ich habe die wichtigsten Informationen aus den Schulbüchern herausgeschrieben und dann die selbstgeschriebenen Kurzfassungen gelernt. An der Uni habe ich zunächst denselben Weg verfolgt und die Lehrbücher schriftlich zusammengefasst. Doch der Prüfungsstoff an der Uni war viel umfangreicher als in der Schule. Meine Zusammenfassungen wurden sehr lang und das Schreiben kostete viel Zeit. Letztendlich musste ich meine alte Lernstrategie aufgeben, für die Uni war sie nicht geeignet. Ich brauchte eine Methode, den Lernstoff zu reduzieren, ohne Informationen aus Büchern herauszuschreiben. Ich habe begonnen, im Buch zu unterstreichen und gegebenenfalls Notizen an den Seitenrand zu schreiben. So konnte ich meine Strategien an die neue Situation anpassen.

Kopfstandtechnik

Die Kopfstandtechnik (Kilian et al., 2007) kann dir helfen, wenn sich deine Gedanken im Kreis drehen. Stelle das Problem auf den Kopf.

Problem: Wie schaffe ich es, meine Seminararbeit rechtzeitig abzugeben?

Problem auf den Kopf stellen (Gegenteil): Wie schaffe ich es, meine Seminararbeit nicht rechtzeitig abzugeben?

Versuche eine Lösung für das Gegenteil deines Problems zu finden. Drehe anschließend die Lösung wieder um.

Kreatives Problemlösen: die Walt-Disney-Methode

Die Walt-Disney-Methode (Dilts, 1994) ist als Kreativitätstechnik bekannt. Sie kann dir helfen, Probleme aus anderen Blickwinkeln zu betrachten. Versetze dich der Reihe nach in die folgenden 3 Rollen:

- *der Träumer: Sammle Ideen.*
- *der Realist: Setze die Ideen um.*
- *der Kritiker: Hinterfrage.*

Du kannst den Effekt noch verstärken, indem du dich für jede Figur an einen bestimmten Ort begibst (siehe Seite 153). Walt Disney hatte tatsächlich 3 verschiedene Zimmer: eines zum Entwickeln neuer Ideen, eines, um die Ideen auszuarbeiten, und eines, um seine Arbeit im Detail zu verbessern.

Wo ist dein Ort des Träumens? Wo der Ort des Schaffens und Tuns? An welchem Ort bist du dazu angeregt, kritisch zu denken?

Lautes Denken

Fasse dein Problem in eigenen Worten zusammen und formuliere deine Gedanken laut.

Du als ExpertIn!

Die intensive Beschäftigung mit einem Thema führt dazu, dass du dir umfangreiches Wissen aneignest und deine Problemlösefähigkeit in diesem Bereich steigt: Du wirst zum Experten oder zur Expertin. Die Kombination von breiter Grundlage und tiefergehender Spezialisierung im Laufe eines universitären Studiums bietet optimale Voraussetzungen dafür, zur Expertin in einem bestimmten Gebiet zu werden.

Expertentum führt dazu, dass du dein Wissen leichter ausweiten kannst (Chi et al., 1988).

- **Konzentration:** *Wissen beeinflusst deine Wahrnehmung und Aufmerksamkeit: Wie gehst du auf neue Daten zu? Dein umfangreiches Vorwissen und deine Erfahrungen in deinem Fachgebiet bestimmen, wie du neues Wissen interpretierst und beurteilst. Zusammenhänge und praktische Bedeutungen werden leichter erkannt.*

- **Gedächtnis:** Als Experte organisierst du dein Wissen systematischer und praktischer. Je mehr du weißt, desto leichter kannst du neue Informationen integrieren: deine Gedächtnisleistung steigt.
- **Strategienvielfalt:** Experten haben praktische Problemlösungsstrategien entwickelt, die es ihnen ermöglichen, Fragen gezielt zu beantworten. Sie haben ein Repertoire an erprobten Lösungswegen für fachspezifische Probleme.

> **Facts: Expertengedächtnis.**
> Der niederländische Forscher de Groot war einer der ersten, der sich mit den herausragenden Fähigkeiten von Experten auseinandersetzte (de Groot, 1978). Er testete das Gedächtnis von Schach-Großmeister Max Euwe (Schachweltmeister 1935–1937), indem er ihm für 2 bis 10 Sekunden Schachbretter mit Positionen aus Meisterschaftsspielen präsentierte. Der talentierte Schachspieler konnte die Stellungen der Figuren fast fehlerfrei (93,4% korrekt erinnerte Figuren) wiedergeben. Im Gegensatz dazu erreichten schwächere Schachspieler nur 52,5%. Dieser markante Unterschied lässt sich dadurch erklären, dass Schachmeister Kombinationen aus mehreren Figuren in Einheiten zusammenfassen. Auf diese Art und Weise können sie die begrenzte Kapazität des Arbeitsgedächtnisses gezielt nützen.
>
> Übrigens: Dieser Gedächtnisvorsprung der Schachmeister verschwindet, sobald die Figuren in sinnlosen Konstellationen aufgestellt werden, da die Experten dann nicht mehr in der Lage sind, ihr Wissen und ihre Erfahrung zu nützen.

Der Weg zum Expertentum

Lernen ist kein abgeschlossener Prozess, sondern setzt sich in einer Spirale fort. Nachdem du einen Wissensberg erklommen hast, orientierst du dich neu und beginnst wieder mit der Phase des Überblickens – neue Zusammenhänge werden verstanden und vernetzt. Diese neuen Erkenntnisse prägst du dir wiederum ein, um sie später gezielt anwenden zu können usw.

Lernen hat keinen Anfang und kein Ende

Du wirst zum Experten, indem du dein momentanes Wissen immer wieder hinterfragst, ergänzt und erweiterst. Spirallernen bedeutet, dass du Themen, die du dir erarbeitet hast, mit deinem aktuellen Wissensstand vergleichst und neu überarbeitest. Wiederhole und rekapituliere aus diesem Grund regelmäßig Inhalte aus deinem Studium.

Das beste Mittel gegen Vergessen ist die Anwendung. Die Inhalte aus dem Studium, die du später tatsächlich verwendest, wirst du nicht so leicht vergessen.

Überlass deine Fähigkeiten nicht dem Zufall, sondern überlege dir konkrete Schritte, die du setzen kannst, um dein Wissen auszubauen.

In welchem Gebiet möchtest du zur Koryphäe werden? Überlege dir nun, wie du dein Wissen weiter ausbauen kannst:

Aus welchen Teilbereichen setzt sich dieses Fach zusammen? Wähle 5 Bereiche, die dir besonders am Herzen liegen.

- *Wo hast du praktische Erfahrungen? Beruf, Projekte, Forschung ...*
- *Auf welche Literatur kannst du zurückgreifen? Wissenschaftliche Publikationen, populärwissenschaftliche Bücher, Fachzeitschriften ...*
- *Welche Fortbildung kannst du besuchen? Workshops, Vorträge, Vortragsreihen, Lehrgänge ...*
- *Auf welches Netzwerk kannst du dich stützen? Andere Experten, Diskussionsrunden, Foren ...*
- *Wie kannst du dein Wissen sonst noch vertiefen? Reisen, Filme, Spiele ...*

Lege fest, mit welchen Schritten du beginnen möchtest, und entwickle einen Zeitplan.

Werde, wer du sein könntest.

Lösungen der Denksportaufgabe von Seite 183:

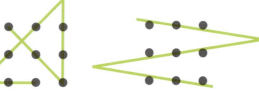

LERNEN ZU LERNEN

Verschaffe dir einen Überblick!

- *Finde heraus, was du schon weißt*
- *Erstelle einen Lernplan*

Lerne dein Lernthema kennen!

- *Stelle Fragen*
- *Beschreibe in deinen eigenen Worten*
- *Achte auf die Details*
- *Sei kritisch*
- *Finde Zusammenhänge*
- *Entwickle Modelle oder Metaphern*
- *Hinterfrage alles*
- *Bilde deine eigene Meinung*

Speichere wichtige Informationen ab!

- *Bilde dir Eselsbrücken*
- *Sei kreativ*
- *Übe Mnemotechniken*
- *Wiederhole aktiv und regelmäßig*

Bereite dich zielgerichtet auf Prüfungen vor!

- *Schaffe Hinweisreize für deine Erinnerung*
- *Überlasse nichts dem Zufall*
- *Führe Prüfungsgespräche selbstsicher*
- *Beantworte Fragen mit System*
- *Werde zum/zur Expertin*

WISSENSCHAFTLICH ARBEITEN

Wissenschaftlich arbeiten — 192

Recherchieren — 193
Spuren sichern — 193
Recherchieren im Internet — 198
Literaturberge bewältigen — 202

Wissen schaffen — 205
Ideenfindung — 205
Ein Thema wissenschaftlich bearbeiten — 209
Strukturiert kommunizieren — 218
Erkenntnisse publizieren — 222

Wissenschaftliche Schreibprojekte — 225
Planen und Strukturieren — 225
Rohtext schreiben — 233
Überarbeiten — 235
Abschließen — 240

Präsentationen — 243
Vorbereitung — 243
Visuelle Unterstützung — 247
Poster — 250
Dein Auftritt — 255

Zusammenfassung: Entdecke den/die WissenschaftlerIn in dir — 260

WISSENSCHAFTLICH ARBEITEN

Im Laufe deines Studiums sollst und wirst du neben einer Menge an fachlichem Wissen vor allem eines lernen: in deinem Fachgebiet wissenschaftlich zu arbeiten!

Aber was bedeutet „wissenschaftlich" eigentlich?

Wissenschaft arbeitet langsam, aber genau. Aus vielen kleinen tragfähigen Erkenntnissen über winzige Details fügt sich nach und nach ein großes Bauwerk zusammen. WissenschaftlerInnen stellen daher sehr präzise und konkrete Einzelfragen, versuchen sie in einem ganz klar definierten Rahmen zu beantworten und spielen die so gewonnenen Erkenntnisse zurück in die große Baustelle: den wissenschaftlichen Diskurs ihres Fachbereiches.

In diesem Kapitel geht es um mehrere wichtige Punkte, die du als WissenschaftlerIn brauchen wirst:

Wie findest du Ideen und Fragen, die du wissenschaftlich bearbeiten kannst? Wie schaffst du dir einen Überblick über ein Thema, recherchierst und analysierst einen Themenbereich? Wie kommst du zu deinem Thema und deiner Forschungsfrage? Wie beantwortest du diese Frage systematisch?

Wie schreibst du eine wissenschaftliche Arbeit und präsentierst deine Ergebnisse schriftlich?

Wie präsentierst du vor Publikum, hältst einen wissenschaftlichen Vortrag oder gestaltest ein Poster für eine Konferenz?

Auf den folgenden Seiten findest du nützliche Tipps und Methoden für alle Bereiche des wissenschaftlichen Arbeitens!

RECHERCHIEREN

Am Anfang der Recherche besteht das Ziel darin, dir einen Überblick zu verschaffen, nicht aber darin, bereits jetzt alles im Detail zu verstehen und zu behalten. Darum ist es sinnvoll, sich von vornherein Grenzen zu setzen und zu bestimmen, wie breit und wie tief die Recherche zu diesem Zeitpunkt reichen soll.

Wie eng oder weit du dir die Grenzen setzt, hängt natürlich vom Ziel der Recherche ab: Beim Lernen für eine Prüfung sind oftmals Quellen bereits angegeben, auf die du dich beschränken kannst, um die Prüfung zu schaffen. Wenn dich das Thema interessiert, wirst du dir eventuell zusätzlich ein Buch kaufen wollen oder weitere Quellen besorgen. Spätestens bei einer Seminararbeit kommst du nicht mehr darum herum, selbst die Grenze deiner Recherche zu bestimmen. Das ist der Punkt, an dem du zum ersten Mal eigenständig wissenschaftlich arbeitest – indem du selbst die Verantwortung übernimmst, dein Gebiet abzustecken: so weit und keinen Schritt mehr!

Im Stadium der ersten Überblicksrecherche ist es ratsam, eine pragmatische Entscheidung zu treffen:

- *Wie viel kann ich bis zum Abgabetermin lesen?*
- *Wie tief kann ich mir das Thema bis zum Termin aneignen?*
- *Was ist relevant?*
- *Was muss ich leisten, um eine sehr gute Note zu bekommen?*

Spuren sichern

Stell dir vor, du wirst als Detektiv beauftragt, dein Thema zu beschatten (Kruse, 2001): Alles, was irgendwie mit dem Thema in Verbindung steht, ist wichtig, und viel versprechenden Hinweisen gehst du gezielt nach. Versuche dein Thema von allen Seiten zu betrachten, um dir ein gutes Bild davon machen zu können. Nutze nicht nur „tote Quellen", sondern sprich auch mit Leuten über dein Thema, schau dir Spielfilme und höre Radiosendungen dazu an. Notiere dir jede Kleinigkeit.

Journal führen

In dieser Phase des Sammelns von Informationen ist es wichtig, immer jedes Detail festzuhalten – wie eine Detektivin in ihrem Notizbuch. Wenn du an einem Thema dran bist, eignet es sich am besten, darüber ein Themen- oder Forschungs-Journal zu führen.

Lege dir zu jedem Thema, an dem du gerade arbeitest, ein kleines Heft oder Büchlein zu. Wenn du gerade an mehreren Themen gleichzeitig arbeitest, bieten sich Kollegeblöcke mit farblich gekennzeichneten Kapiteln besonders an. Am besten ist es, wenn du dieses Journal überall hin mitnimmst – die besten Einfälle kommen häufig unerwartet! Wenn man sie dann nicht festhält, lösen sie sich oft wieder auf. Bewährt hat sich zusätzlich ein wirklich kleines (A7) Notizbuch mit Bleistiftstummel, das immer mit dabei ist. Hier notierst du geniale Einfälle beim Joggen im Wald oder unerwartete Tipps zum Thema Samstag Abend an der Bar.

Was kommt alles in dein Journal?

Einfach alles, was irgendeine Verbindung zu deinem Thema zu haben scheint.

Auch wenn manche Quellen nicht wissenschaftlich sind und daher nicht zitiert werden können, bieten sie dir einen guten Einstieg in dein Thema.

Ein Journal zu führen kann aber mehr sein als sammeln: Journal schreiben ist laut Boeglin (Boeglin, 2007) ein Prozess, der „schreibend denken" bedeutet. Das heißt, du notierst nicht nur „hard facts", sondern auch deine persönliche Auseinandersetzung mit dem Thema.

Das kommt in dein Journal

Deine Materialsammlung	Deine Ideensammlung
Zeitungsausschnitte	Gedanken zum Thema
Quellen, Tipps	Einfälle
Bilder, Diagramme, Tabellen, Skizzen	Fragen
Beispiele	Probleme, die auftauchen
Definitionen	Ideen, Anregungen
Personen, die mit dem Thema zu tun haben	Entwürfe, Gliederungen
Texte, Büchertitel, Journals	Listen
Vorträge, Vorlesungen	Reflexionen
Zitate	Bilanzen
Fernsehberichte	Notizen
Internetsites von Instituten, ForscherInnen, Universitäten	Eindrücke, Beobachtungen
	Gedanken zum Thema
Blogs, Links	Stichwörter, Assoziationen
RSS-Feeds, Podcasts, Diskussionsforen	Skizzen
persönliche Statements anderer	Clusterings
„richtige" und „falsche" Meinungen	Mindmaps
Argumente	Zeichnungen
Erfahrungen anderer	eigene Erfahrungen

Das Führen eines Journals steht nicht nur am Anfang, sondern zieht sich über den gesamten Lernprozess, damit du nie den Überblick verlierst. So kannst du, wenn du in eine Sackgasse geraten bist, anhand deiner Aufzeichnungen immer wieder zu einem sicheren Punkt zurückkehren. Das Journal dient als Ideenspeicher, als ein wertvoller Fundus, auf den du immer wieder zurückgreifen kannst.

Ein Journal unterstützt dich in mehrerlei Hinsicht.
Mit Hilfe deines Journals

- *lernst du gut, zu beobachten und zu beschreiben.*
- *wird sichtbar, was du schon alles geleistet hast.*
- *erkennst du, was dich weitergebracht hat und was nicht.*
- *kannst du deinen Fortschritt nachvollziehen und reflektieren.*
- *erhöht sich deine Motivation und dein Selbstvertrauen.*
- *kannst du darauf aufbauend deinen Lernprozess optimieren.*
- *gewinnst du mehr Sicherheit in deiner Arbeitsweise als LernendEr und WissenschaftlerIn.*
- *formulierst du eine eigene Position.*
- *geht nichts verloren, ein Ideenspeicher entsteht.*

Der wichtigste Punkt ist dabei, dass du dich selbst durch das Journal „zum Zentrum deiner wissenschaftlichen Anschauungen machst" (Kruse, 2007).

Lese-Glossar und Literaturverwaltung

Gerade wenn du viele Fachbegriffe oder Vokabeln einer Fremdsprache noch nicht kennst, lege ein Lese-Glossar an: Hier kannst du die verschiedenen Bedeutungen der einzelnen Begriffe aufzeichnen. Notiere dir den Autor, der den Begriff verwendet hat. Oft werden Begriffe von verschiedenen Autoren unterschiedlich verwendet. Am einfachsten geht das in Textverarbeitungsprogrammen wie word, open office oder Latech. Oder du legst dir Karteikarten als Lernunterstützung an.

Speichere deine Literatur als Textdateien in themenspezifische Ordner ab oder sammle die Kopien und Ausdrucke in Ordnern. Wenn du dir Bücher ausborgst, kopiere die interessanten Stellen und ordne sie einem Themengebiet zu.

Verwende ein Literaturorganisationsprogramm wie Endnote, Citavi, Procite, Minerva oder für Apple das Programm Papers, um gefundene Texte zu organisieren und später gleich direkt in dein Literaturverzeichnis einspeisen zu können. Wenn du von Anfang an damit arbeitest, hast du später sehr viel weniger Aufwand beim Erstellen von Seminararbeiten oder Präsentationen.

Andreas, Neurowissenschafts-Student:
Seit ich angefangen habe, Literatur zu den Themen, die mich interessieren, mit einem Literaturverwaltungsprogramm zu sammeln, habe ich schon einige 100 Papers als Pdf-Dateien abgespeichert, die meisten direkt aus der medizinischen Datenbank PubMed – ein Wahnsinn! So habe ich zu jedem Aspekt meines Themas auf Knopfdruck interessante Papers zur Hand für den Start einer Recherche. Und für meine Hauptthemen hab ich genug Literatur, um jederzeit einen Artikel darüber verfassen zu können. So konnte ich schon öfter kurzfristig Kurzvorträge vorbereiten und darf nun bereits eine eigene Lehrveranstaltung betreuen.

Zusätzlich schaffst du dir einen Literatur-Pool in deinem Fachgebiet, auf den du später jederzeit zurückgreifen kannst. Wenn du zusätzlich Schlagwörter eingibst, findest du dich leichter zurecht.

Digitale Informationen

Da Recherche heute in fast allen Disziplinen untrennbar mit der Benutzung des Internets zusammenhängt, macht es Sinn, elektronische Daten, Dokumente und Links strukturiert zu sammeln oder gar ein Online-Journal zu führen.

Je nachdem wie gut du bereits mit dem Gebrauch neuer Medien vertraut bist, kannst du ihre Vorteile verschieden nutzen:

- *Lege dir einen Ordner zu jedem Thema an, an dem du gerade arbeitest, und speichere alles Dazugehörige dort ab.*
- *Schaffe dir eine Lesezeichen-/Favoritenstruktur mit einem Ordner zu jedem deiner Themen und speichere alle interessanten Websites und Links und Suchmaschinen oder Datenbanken dort ab.*
- *Lege dir ein Text-Dokument zu jedem Thema an, an dem du gerade arbeitest. Hier kopierst du Links hinein, schreibst Gedanken und Einfälle genauso auf wie Literaturquellen oder aus dem Internet kopierte Zitate und Texte – genau so, wie du es beim Journalschreiben machen würdest.*

- Lass die Neuigkeiten zu deinem Thema als E-Mail-Benachrichtigungen zuschicken oder abonniere themenrelevante RSS-Feeds in einen RSS-Reader (beispielsweise von Google), der dich automatisch auf neue Informationen auf einer Website aufmerksam macht.

Zusätzlich zu deinem Text-Dokument könntest du einen Blog oder ein ePortfolio zu deinem Thema führen, in dem du interessante Texte, Links, Arbeiten, deine eigenen Produkte, Gedanken und Notizen sammelst. Der große Vorteil besteht darin, dass du Internetquellen, Literaturdaten und andere Links hier zusammenbringen kannst und gemeinsam verfügbar hast. Vergiss dabei nicht, wichtige Schlagworte mit einem Stichwörtersystem zu markieren (zu „taggen"), damit du sie später wiederfinden kannst.

Ein zusätzlicher Nutzen: Wenn du anderen Zugriff zu deinem Blog oder Portfolio gewährst, können sie vielleicht in ihren Kommentaren wertvollen Input liefern.

Wenn du deine eigenen Werke und Leistungen in einem ePortfolio themenorientiert sammelst, kannst du sie bei Bedarf schnell abrufen und weiterverwenden oder sogar präsentieren: Gerade bei zukünftigen Arbeitgebern macht es einen guten Eindruck, wenn du zeigen kannst, wie umfangreich du an einem Thema gearbeitet hast und zu welchen Resultaten du gekommen bist.

Recherchieren im Internet

Suchmaschinen

Suchmaschinen durchforsten das Internet nach Seiten, die bestimmte Stichworte enthalten.

Die am meisten verwendete Suchmaschine ist Google (www.google.com). Vor allem mit der auf wissenschaftliche Publikationen spezialisierten Google-Scholar-Suchmaschine (scholar.google.com) findest du bereits sehr viel an Materialien und weiterführenden Links. Achtung: Die zuerst angezeigten Einträge sind nicht die besten, sondern die populärsten, das heißt, jene, die am öftesten angesehen werden. Beachte, dass gerade hoch spezialisierte Fachseiten oft nicht so eine hohe Besucherfrequenz haben, aber dennoch gute Information bieten.

Datenbanken

Für einen ersten Überblick eignen sich auch nichtwissenschaftliche Such-Ressourcen. In der Online-Enzyklopädie Wikipedia (www.wikipedia.org) findest du erste Definitionen. Vorsicht: Weder kannst du Informationen von hier wissenschaftlich zitieren, noch ist es sicher, ob sie stimmen. Trotzdem kannst du dir hier einen Überblick verschaffen, und hier findest du vor allem weiterführende Links und Schlagwörter für deine weitere Suche.

Um tiefer in einen Themenbereich einzudringen, finde zuerst heraus, welche Online-Ressourcen es dazu gibt: Jeder Fachbereich hat eigne Fachdatenbanken und meist Online-Bibliothekskataloge. Du findest sie häufig in den Link-Listen deiner Institutsseiten oder auf fachspezifischen Websites. Auch die Website deines Instituts bietet fast immer eine gute Übersicht. Schaue, welche Ressourcen es in deinem Fachbereich gib, lerne sie kennen und beurteile, wie attraktiv sie für deinen Zweck sind. Verwende eventuell eine Entscheidungsmatrix (siehe Seite 24).

Als Universitätsmitglied hast du oft Zugang zu ansonsten kostenpflichtigen Suchmaschinen und Datenbanken. Erkundige dich, wie du dazu Zugang bekommen kannst, das erleichtert deine Suche gewaltig und öffnet dir den Weg zu den wissenschaftlich relevanten Informationen.

Schlagwörter für die Suche

Um in dem riesigen Informationsangebot Internet zu finden, was du suchst, brauchst du eine Liste mit guten „Ködern" für die Suche.

Finde Schlagwörter, die möglichst spezifisch für das eigene Thema sind, auch Synonyme, unter denen dasselbe Thema behandelt wird. Versuche schon im Vorfeld Verwechslungsmöglichkeiten und Mehrdeutigkeiten auszuschließen.

Als Suchbegriffe eignen sich insbesondere

- *Fachbegriffe, Schlagwörter.*
- *wichtige Personen/Protagonisten.*
- *dazugehörige Methoden.*
- *verwendete Materialien, Quellen.*
- *Titel von bereits vorhandener Literatur.*

Nütze bei der Suche im Internet die erweiterten Suchfunktionen:

- *kombinieren von Suchwörtern („x" + „y").*
- *Entweder-oder-Prinzip („x" OR „y").*
- *ausschließen lassen („x" – „y").*

Hilfreich ist die Phrasensuche: Setze deinen Suchbegriff unter Anführungszeichen, um beispielsweise Einträge zu einem Buchtitel zu finden: Die Suchmaschinen suchen dann die exakt gleiche Phrase.

Wenn du dagegen dazu verschiedene Schreibweisen oder ähnliche Bezeichnungen finden willst, verwende das „*" nach dem Wortstamm: (beispielsweise: ornitho* für Ornithologie, ornithologisch, Ornithographie …).

Das Ziel vor Augen

Zielgerichtete Suche führt dich weit schneller zu nützlichen Ergebnissen als wahlloses Anklicken von Google-Suchergebnissen. Letzteres führt dich beim Surfen weit fort von dem, was du eigentlich finden willst.

Definiere vor einer Such-Session, was du genau suchst:

- *wichtige AutorInnen, ExpertInnen und Fachleute in diesem Bereich.*
- *Bücher, Texte, Pdf-Dateien.*
- *Powerpoint-Folien oder andere Lernunterlagen.*
- *Begriffsdefinitionen.*
- *Institute mit entsprechenden Schwerpunkten.*
- *Vorträge, Workshops, Konferenzen zum Thema.*

- *Homepages zum Thema.*
- *Datenbanken zum Thema.*
- *Fach-Bibliotheken.*

Du kannst deine Suche weiter eingrenzen, indem du für die gesuchten Informationen festlegst

- *aus welchem Zeitraum (aus dem letzten Jahr, aus dem letzten Jahrzehnt) sie stammen.*
- *in welcher Disziplin sie behandelt werden sollen.*
- *in welcher Sprache sie verfügbar sein sollen.*

Kritischer Umgang mit dem Internet

Um die Verlässlichkeit einer Website zu beurteilen, achte auf Folgendes:

- *Ist es eine kommerzielle Website? Wenn ja, mit welchem Ziel? An wen wendet sie sich?*
- *Welche Organisation zeichnet für die Website verantwortlich? Gibt es Kontaktdaten?*
- *Mit welchen anderen Websites ist sie verlinkt? Ist die Website aktuell und gepflegt?*

Ein wichtiger Hinweis auf die Verlässlichkeit von Informationen aus dem Internet sind die Angaben zu den AutorInnen der Beiträge (Boeglin, 2007):

- *Sind sie namentlich genannt?*
- *Welche Qualifikationen sind angegeben? Gibt es Publikationslisten?*
- *Gibt es aktuelle Links zu Instituten, Quellen oder persönlichen Homepages?*

Um Internetquellen später in deiner Arbeit wissenschaftlich verwenden zu können, notiere dir immer den kompletten „url", also den kompletten Link zu deiner Quelle. Was du immer angeben musst, ist das Abrufdatum. Das Internet ist sehr schnelllebig, und was heute noch zu finden war, ist morgen schon nicht mehr online. Zur Sicherheit kannst du dir Screenshots oder die wichtigsten Texte abspeichern.

Literaturberge bewältigen

Besonders wenn du dich erst in ein Thema einlesen musst, bist du anfangs oft mit Literaturbergen konfrontiert: Das musst du alles lesen?

Peter, Anthropologie-Student:
Ich habe für eine Seminararbeit, die mich sehr interessiert hat, ausführlich recherchiert, zu einer speziellen Krankheit und ihren Ursachen. Da gab es unglaublich viel interessante Literatur dazu. Nach kurzer Zeit hatte ich 113 Papers und 15 interessante Fachbücher zum Thema gefunden. Wie soll ich das alles lesen in nur einem Semester und dann auch noch darüber schreiben?

Wie managest du solche Literaturberge? Du musst dicke Fachbücher nicht von vorne bis hinten durchlesen, nicht jedes Paper, das du findest, gründlich studieren und auch noch alle Homepages zum Thema komplett durchgeklickt haben. Nütze die Querlesetechnik (siehe Seite 70) SQR und die erweiterte Form SQ3R (siehe Seite 121), um mit deinen Quellenbergen effizient zu arbeiten. Beginne mit den neusten Arbeiten, nicht mit den uralten Basisliteratur-Wälzern. In neuen Reviews und Zusammenfassungen wird nach wie vor wichtige Grundlagenliteratur ohnehin zitiert.

Leseclustering

Wenn du dir einen Überblick verschafft hast, lies nie ohne Fragen im Hinterkopf. Du willst ja Literatur nicht nur wiedergeben, sondern zur Beantwortung deiner Fragestellung verwenden.

Judith Wolfsberger (Wolfsberger, 2007) empfiehlt dazu ein Leseclustering:

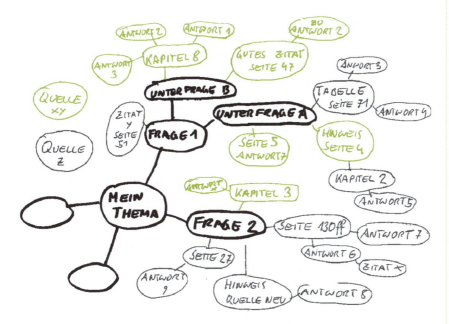

Anhand eines Leserclusterings erarbeitest du dir die Antworten auf deine Fragestellung aus der Literatur heraus, statt Literatur nur wiederzugeben. Das Leseclustering nimmst du als Grundlage für deine Rohtexte. Je ausführlicher du es mit Zutaten und Literaturangaben spickst, desto weniger musst du später beim Schreiben nachschlagen oder nachlesen. Das erleichtert dir das Paraphrasieren und Umformulieren in eigene Worte immens.

Entscheidungsmatrix

Als Entscheidungshilfe kann eine Matrix dienen. Wähle dazu vorab Kriterien, die für dich wichtig sind. Bei einer Literaturarbeit wirst du auf „Klassiker" nicht verzichten wollen, während du für die Beschreibung eines aktuellen Forschungsprojekts möglicherweise darauf achten möchtest, aus welchem Jahr Publikationen stammen. Welche Bücher werden von ProfessorInnen, Studienrichtungsvertretern, Studierenden höherer Semester oder KollegInnen empfohlen?

Beurteile jede Quelle anhand der einzelnen Kriterien. Vergib Punkte von 1 bis 10 oder beurteile nach dem Schulnotenprinzip.

Ein Beispiel für eine Entscheidungsmatrix:

Quelle	Aktualität	Verlässlichkeit	Relevanz	Übersichtlichkeit	insg.
Lehrbuch „Titel"	5	8	10	9	32
Abc, D. & Efg, H (2006). mögliche Publikation	10	10	6	3	29
www.internetseite.org	8	2	8	7	25
Vorlesung „Titel"	10	10	10	0	30

Für die Auswertung kannst du die einzelnen Kriterien unterschiedlich gewichten. Ist etwa Aktualität besonders wichtig, multiplizierst du die entsprechenden Werte mit 2.

Jetzt kannst du reinen Gewissens die Quellen mit den niedrigsten Werten aus deiner Literaturliste streichen. Behandle zunächst die Informationsquellen mit den höchsten Punktezahlen.

Hast du nun die Texte definiert, die du lesen willst, beginne wenn möglich mit Überblicksarbeiten, Reviews oder Sekundär-Literatur neueren Datums. Das hilft dir, dich in das Thema einzulesen.

Ronny, Kognitionswissenschafter:
Wenn ich recherchiere, stoße ich ständig auf lauter andere spannende Themen, die mich auch interessieren. Das passiert mir vor allem, wenn ich im Internet nach Informationen suche. Um mich nicht zu weit von meiner Frage zu entfernen, habe ich immer ein Moleskin-Notizbuch dabei. Darin notiere ich mir interessant Links, auf die ich zufällig stoße, Ideen und Gedanken für später. So fällt es mir leichter, bei meiner ursprünglichen Frage zu bleiben.

Literaturstopp

Verordne dir selber nach einer bestimmten Zeit einen „Literaturstopp": Am besten hat sich bewährt, sich für diese erste Phase der Recherche einen gewissen Zeitraum vorzunehmen. Falls man dann noch das Gefühl hat, zu wenig Quellen und Ressourcen gefunden zu haben, kannst du bei der Detailsuche immer noch nachrecherchieren, wenn du das Thema vertiefen willst.

WISSEN SCHAFFEN

Ideenfindung

Ein Traum ist unerlässlich,
wenn man die Zukunft gestalten will.
Victor Hugo

Wenn es daran geht, ein Thema für ein kleines Forschungsprojekt zu finden, sind gute Ideen gefragt. Für erste Seminar- und Abschlussarbeiten müssen diese Ideen nicht „neu", bahnbrechend oder weltbewegend sein. Hier ist lediglich notwendig, „ein Thema eigenständig wissenschaftlich zu bearbeiten". Trotzdem wird dir die Arbeit leichterfallen und sogar Spaß machen, wenn die Idee, die du bearbeiten willst, für dich spannend und interessant ist. Gerade als zukünftigeR ForscherIn sind tatsächlich neue Idee gefragt – spätestens bei der Themenfindung für deine Dissertation.

Egal in welchem Bereich du tätig sein wirst, Ideen und gute Einfälle sind immer hilfreich, sie füllen dein Repertoire an Möglichkeiten auf, selbst wenn am Ende vielleicht nur die besten Einfälle umgesetzt wurden. Nicht nur für inhaltliche Fragestellungen, auch für Anwendung und Methoden sind Ideen gefragt: Neue Methoden, neue Formen des Zusammenarbeitens, neue Arten und Techniken oder neue Kommunikationsformen anzuwenden kann neue Erkenntnisse und tiefere Einblicke in einen wissenschaftlichen Fachbereich bringen.

Es zahlt sich also aus, sich die Zeit zu nehmen, um „Ideen zu finden".

Gute Ideen verstecken sich überall, wahrnehmbar werden sie oft unerwartet: unter der Dusche, bei einem Bier mit StudienkollegInnen, bei einem Spaziergang im Urlaub am Strand.

Dein Gehirn arbeitet intensiv an Dingen, mit denen du dich beschäftigst, auch wenn du bewusst ganz woanders bist. Irgendwann fügen sich dann die Dinge unbewusst zu einem Ganzen zusammen und drängen in dein Bewusstsein.

Mitunter sind solche Ideen nicht sprachlich ausformuliert bzw. noch verschwommen und schwer zu erfassen. Das liegt daran, dass dein Unbewusstes eben nicht nur sprachlich funktioniert, sondern Verknüpfungen auf vielen verschiedenen Sinnesebenen erstellen kann.

Was ist eine neue Idee?

Franziska, Pädagogik-Studentin: Woher weiß ich denn, ob eine Idee neu ist? Oft habe ich eine geniale Idee, fange an zu recherchieren und schreiben für meine Diplomarbeit, und dann finde ich Literatur, in der genau diese Idee schon formuliert ist. Ich war sehr enttäuscht, und außerdem habe ich befürchtet, dass man mir Plagiat vorwirft.

Was ist eine wirklich „neue Idee"? Neu kann sich auf viele Aspekte beziehen. Nicht alle Bestandteile einer „neuen Idee" müssen neu erfunden werden. Oft liegt der Erfolg bahnbrechender Neuerungen nur in der Veränderung eines winzigen Details oder in dem Zusammenfügen von bereits Bekannten, auf eine neue Art und Weise. Auch das Beschreiben eines schon altbekannten Sachverhaltes nach neuen Kriterien oder aus einer anderen Sichtweise gilt als „neu" im Sinne wissenschaftlichen Arbeitens.

Bei der Ideenfindung geht es darum, blinde Flecken zu entdecken, Unstimmigkeiten aufzuzeigen oder Probleme überhaupt erst sichtbar zu machen, indem du neue Aspekte und Sichtweisen aufzeigst. Eine Frage zu stellen, auf die es noch keine Antworten gibt, oder über Beschränkungen nachzudenken, für die noch keine Lösungen bekannt sind, führt dich auf die Spur neuer Erkenntnisse.

Wann findest du Ideen?

Ein aktuelles Forschungsthema beschäftigt sich damit, wie „neues Wissen" und innovative Ideen entstehen. Welche Bedingungen fördern das Entstehen und Wahrnehmen neuer Ideen? Generell sind es Techniken, die auch ganz allgemein zur Steigerung der Kreativität eingesetzt werden können:

- *Gib dir viel Freiheit, Zeit und Raum, indem nichts entstehen muss, aber Platz für Neues ist.*
- *Erlaube dir ohne Einschränkungen und ohne spezifisches Ziel zu sinnieren.*
- *Nütze ein anregendes Ambiente. Finde heraus, was eine kreative stimulierende Atmosphäre für dich ausmacht – wie Walt Disney mit seinen 3 Arbeitsräumen (siehe Seite 99).*

- *Pflege einen wertschätzenden Umgang mit all deinen Ideen, nimm in der Phase der Ideenfindung Abstand von Kategorien wie „richtig" oder „falsch".*
- *Schraube deine Erwartungshaltung nicht zu hoch.*
- *Manchmal kann Zeitdruck stimulierend wirken: Du weißt, dass du in zu kurzer Zeit nichts Perfektes erdenken kannst, dadurch wird nicht jede unausgereifte Idee sofort von deinem Perfektionismus niedergeschmettert.*
- *Kommunikation und konstruktives Feedback beflügeln deine Ideen: Tausche dich mit KollegInnen aus und hole dir Feedback auf gewagte Ideen und Einfälle.*

Wie findest du neue Ideen?

> *Menschen mit einer neuen Idee gelten so lange als Spinner, bis sich die Sache durchgesetzt hat.*
> Mark Twain

Die Vergangenheit hat gezeigt, das vieles, was sich Menschen vorstellen konnten, irgendwann machbar wurde – im positiven wie im negativen Sinn. Für innovative Ideen bedeutet das: Wenn du dir etwas sehr detailliert vorstellen kannst, rückt die Umsetzung in greifbare Nähe. Gerade für die Wissenschaft ist die detaillierte Ausarbeitung von Zukunftsvisionen zu konkreten Ideen ein wichtiger Schritt zu neuen Erkenntnissen und Errungenschaften.

Probiere also ruhig in Gedanken Ideen aus, die zunächst absurd oder unrealistisch erscheinen:

- *Bringe Dinge zusammen, die scheinbar ohne Berührungspunkte sind. Wie könnten sie einander beeinflussen?*
- *Stelle dir die „Was wäre, wenn?"-Frage oder visionäre Fragen wie „Was müsste möglich sein, um/damit …?" oder „Was würde diese Annahme/Theorie beweisen/widerlegen?" etc. und suche Antworten in einem Brainstorming (siehe Seite 87).*
- *Versuche assoziativ, statt logisch zu denken, zum Beispiel mittels Clustering (siehe Seite 92).*
- *Zweifle Erklärungen und Kausalitäten an, die als gegeben betrachtet werden.*
- *Wechsle Sichtweisen und probiere eine neue Perspektive aus, indem du Denkmuster anderer Disziplinen auf deinen Fachbereich anwendest.*

Wichtig ist, am Beginn nicht nur mit wissenschaftlicher Literatur zu arbeiten, sondern alle Quellen einzubeziehen, die etwas mit deinem Thema zu tun haben könnten.

Nütze zur Ideenfindung alle dir zu Verfügung stehenden Sinne, genauso wie du sie für deinen Lernprozess einsetzen kannst. Nützlich für deine Ideenfindung ist auch, dein Journal und deine alten Notizen durchzublättern.

Um deine Kreativität anzukurbeln, kannst du zusätzlich

- *eine Weile lang bewusst nicht über dein Thema nachdenken, um Distanz und einen frischen Blick zu bekommen.*
- *Musik darüber machen.*
- *Bilder darüber malen.*
- *dein Thema personifizieren und dich mit ihm unterhalten.*
- *Gedichte über dein Thema schreiben.*

Mindwriting: schreibend denken

Oft entstehen erst beim Schreiben selbst sprachliche Gedanken. Durch das Schreiben können Ideen direkt aufs Papier in Worte fließen. Benutze die Freewriting-Technik, um „geniale Momente" durch Schreiben auszulösen (siehe Seite 89).

Levy (2002) konstatiert, dass unserem Kopf ununterbrochen neue Gedanken entspringen, wenn sie entsprechend „Raum bekommen". Genau diesen Raum schaffen persönliche Aufzeichnungen: Du schreibst hier nur für dich selbst, und das ohne einen bestimmten Zweck. Hier kannst du hören, was deine persönliche Stimme sagen will, wenn niemand anderer zuhört. Und sie wird sehr produktiv, wenn du sie nicht zwingst, Dinge zu formulieren, die andere von dir hören wollen.

Schreib so, wie du denkst

Verwende eine persönliche Sprache. Beim Mindwriting ist nicht das Schreiben selbst entscheidend. Am wichtigsten ist hier, dass du dich selbst beim Denken beobachtest. Da du nur für dich selbst schreibst, brauchst du deine Gedanken „nicht auf Hochglanz polieren, damit sie anderen gefallen" (Levi, 2002). Je authentischer du schreibest, desto leichter fließen die

Gedanken. Außerdem ist deine Alltagssprache verständlich, bildhaft und lebendig.

> **Facts: 3M Post it.**
> Chris Baty (2006) gibt in seinem „Novel writing Kit" viele Tipps, um Ideen für Romane aufs Papier zu bringen. Darin beschreibt er die Erfolgsstory des 3M-Produktes „Post it": Ursprünglich hatte 3M ForscherInnen beauftragt, einen extrem starken völlig neuen Klebstoff zu entwickeln. Das erste Ergebnis hatte allerdings nur so schwache Klebekräfte, dass es kaum ein Blatt Papier halten konnte. Es dauerte angeblich mehr als 4 Jahre, bevor 3M die geniale Anwendungsmöglichkeit des Klebers für „Post its" erkannte und damit eine bahnbrechende Erfindung machte, die aus unserem Büroalltag kaum noch wegzudenken ist.

Notiere alle Ideen und Einfälle und Erkenntnisse. Oft stellt sich der Wert einer Idee erst viel später heraus. Mit dem Finden von Ideen ist allerdings noch kein wissenschaftlicher Fortschritt verbunden, der entsteht erst durch gründliche wissenschaftliche Ausarbeitung.

Ein Thema wissenschaftlich bearbeiten

Maria, Geschichte-Studentin:
An meiner Präsentation habe ich wirklich lange gearbeitet. Ich habe viel im Internet gesucht, und alles, was ich gefunden habe, in die Präsentation eingebaut. Zusätzlich hab ich mir sehr viel Mühe mit der grafischen Gestaltung gegeben und viele lustige Bilder eingefügt. Ich war sehr stolz auf meine Arbeit. Die einzige Anmerkung auf meine Präsentation von meiner Professorin war dann allerdings: „Das ist nicht wissenschaftlich genug." Das hat mich sehr frustriert. Was heißt den wissenschaftlich? Was ich besser hätte machen sollen, hat sie mir leider nicht im Detail erklärt, weil zu wenig Zeit war.

Was bedeutet eigentlich, „wissenschaftlich arbeiten" zu können? Ziel eines Studiums ist es, am Ende die Fähigkeiten erworben zu haben, sich einem Gegenstand wissenschaftlich zu nähern. Das bedeutet nicht, dass du schon alles darüber wissen musst, sondern, dass du dich strukturiert in ein Thema einarbeiten kannst.

Du weißt, wie du ...
- *dir einen Überblick verschaffst.*
- *recherchierst.*
- *dich in neue Themenbereiche einliest.*
- *die Probleme und die Situation analysierst.*
- *Sachverhalte objektiv beschreibst und interpretierst.*
- *Zusammenfänge herstellst und hinterfragst.*
- *eine Fragestellung findest und sie wissenschaftlich beantwortest.*
- *einen Gegenstand methodisch untersuchst.*
- *Ergebnisse diskutierst.*
- *Schlussfolgerungen ziehst und offene Fragen aufzeigst.*
- *die wissenschaftliche Fachsprache verwendest.*
- *die verwendeten Quellen korrekt belegst und darauf verweist.*

Als WissenschaftlerIn agieren

Dazu kommt noch die Fähigkeit, als WissenschaftlerIn in der Fachwelt aufzutreten. Du musst deine Standpunkte in einem wissenschaftlichen Diskurs erklären und präsentieren können. Um gut zu argumentieren und Thesen, Fragestellungen oder gar Theorien zu entwickeln, musst du in der Lage sein, ein Problem von verschiedenen Perspektiven aus zu betrachten und Bedeutungen in unterschiedlichen Kontexten zu erkennen.

Ein unerlässlicher Schritt auf dem Weg zum Wissenschaftler oder zur Forscherin ist, sich zuzutrauen, eigene Fragen zu stellen und eigene Thesen zu formulieren. Der Mut, nicht nur die Positionen anderer zu reproduzieren und zu vertreten, sondern eigene Aspekte hinzuzufügen und neue Schwerpunkte zu setzen, macht wissenschaftliches Arbeiten aus.

Der wissenschaftliche Diskurs ist mitunter sehr hart: zu jeder Position gibt es mindestens eine Gegenposition. Du wirst gezwungen sein, deinen Standpunkt zu argumentieren und zu verteidigen und die Bedeutung deiner Ergebnisse sichtbar zu machen. Objektives wissenschaftliches Arbeiten nimmt auch andere, potenziell konträre Positionen auf, um sie zu diskutieren und eventuell argumentativ zu entkräften. Dazu brauchst du jede Menge Selbstvertrauen, besonders wenn es das erste Mal ist, dass du diese dir neue Position als WissenschaftlerIn einnimmst.

Überlege dir schon im Vorhinein: Was für eine WissenschaftlerIn willst du sein? Wie willst du auftreten, schreiben, präsentieren? Suche dir Vorbilder. Beobachte erfolgreiche WissenschaftlerInnen hinsichtlich ihrer Sprache und ihres Auftretens und ihrer Art zu argumentieren und zu forschen. Versuche von den ForscherInnen, die dich beeindrucken, zu lernen, aber vermeide, sie zu sehr zu kopieren. Du willst ja kein Abklatsch sein, sondern ein Unikat. Finde deinen eigenen Weg und Stil und erprobe ihn im Einsatz und am Feedback deiner KollegInnen.

Wissenschaftlich schreiben

Wissenschaft heißt: eigene Ideen und Arbeiten publizieren, Ideen und Arbeiten anderer lesen und zitieren, seine Meinung darüber schriftlich darlegen, mit den eigenen Ansichten und Resultaten in Verbindung bringen – und wieder publizieren und von anderen AutorInnen zitiert werden. An deinen Publikationserfolgen wirst du als WissenschaftlerIn gemessen werden.

Bei wissenschaftlichem Schreiben musst du dafür erst eine neue Sprache lernen: die Wissenschaftssprache deiner Disziplin. Das macht am Anfang eines Studiums oft Probleme: Du musst erst mühsam die neue „Fremdsprache" erlernen, neue Vokabeln genauso wie die Art, Dinge zu beschreiben oder formal zu gestalten. Nicht nur unterschiedliche Disziplinen haben unterschiedliche Sprachen, sogar an verschiedenen Instituten sind oft unterschiedliche „Fachdialekte" üblich. Diese Sprachen und Dialekte musst du erst erlernen, bis du flüssig darin schreiben kannst.

Wissenschaftssprache hat eine Besonderheit: Sie ist extrem genau, in jeder Hinsicht:

- **Zitiert statt plagiiert:** In einem wissenschaftlichen Text muss immer ganz klar sein, welche Aussage von wem gemacht wurde: Was sind deine Worte? Welche Worte anderer gibst du wieder? Wo genau können die nachgelesen werden?
- **Überprüfbar und belegt:** WissenschaftlerInnen sollten keine Behauptungen aufstellen, sondern höchstens Hypothesen oder Theorien formulieren. Sie suchen Beweise, sammeln Indizien und Daten und schaffen diese selbst durch Experimente und Studien. Damit alles nachvollziehbar bleibt, wird detailgenau beschrieben und auf Quellen und andere Texte verwiesen.
- **Konkret und begrenzt:** Wissenschaft ist angeblich eine der langsamsten Methoden des Erkenntnisgewinns, und das spiegelt sich in der Wissenschaftssprache wider. Sie definiert jeden Begriff möglichst genau und beleuchtet meist nur einen sehr kleinen Ausschnitt der Wirklichkeit – den aber dafür bis in den kleinsten Winkel. Damit man sich zwischen diesen vielen winzigen Bausteinen orientieren kann, sind sehr präzise Strukturen wissenschaftlicher Texte vorgegeben.

Eine der auffälligsten Fertigkeiten, die wissenschaftliches Arbeiten formal auszeichnet, ist die penible Art des Zitierens.

Literaturquellen zitieren

In den Wissenschaften ist es unbedingt notwendig, einen Diskurs verfolgen zu können, also immer nachvollziehbar vor Augen zu haben, welcher Gedanke von wem stammt, um Details nachlesen zu können. Darum ist richtiges Zitieren eine der grundlegenden Fähigkeiten, die du erlernen musst. Im Prinzip ist es ganz einfach: Für jeden zitierten Gedanken musst du eine Quellenangabe liefern.

Du kannst **indirekt zitieren,** indem du das, was AutorInnen ausdrücken, in deine eigenen Worte fasst, also paraphrasierst (siehe SQR-Methode Seite 70). Trotzdem muss immer klar erkennbar sein, von wo bis wohin der zitierte Gedanke reicht. Wenn du mehrere Zitate verschiedener AutorInnen in einen Absatz zusammenbringst, achte darauf, dass klar ist, welcher Gedanke wem zuzuordnen ist.

Die andere Variante ist **das direkte Zitat.** Besonders aussagekräftige Passagen übernimm wortwörtlich in deinen Text und setze sie unter Anführungszeichen. Direkte Zitate sollten nicht länger als 2 bis 3 Sätze sein. Binde die Zitate in den Text ein und erläutere ihren Kontext. Aber beachte: „Ein Zitat ist kein Argument und kann auch keine Argumentation ersetzen!!" (Boeglin, 2007; S. 170) Lass also Zitate nie für sich allein stehen, sondern verwende es nur als Illustration deiner eigenen Ausführungen.

Du zitierst

- *um deine Ausführungen zu belegen und zu untermauern.*
- *um Beispiele zu bringen.*
- *um Begriffe oder Rahmenbedingungen zu definieren.*
- *als Leseanreiz am Beginn eines Absatzes.*
- *um deine Argumentation zu bestärken.*
- *um verschiedene Positionen zu illustrieren und einen Diskurs zu veranschaulichen.*
- *als Ausgangspunkt einer Argumentation.*
- *um fremde Ideen von deinen eigenen zu unterscheiden.*

Vermeide Plagiate

Jede wortwörtliche Formulierung, jedes grafisch gestaltete Bild ist urheberrechtlich geschützt. Wenn du zitierst, musst du ganz genau darauf hinweisen, wer die UrheberInnen der Formulierung sind und wo die LeserInnen das Zitat finden können. Alles, was du zitierst, muss als Quelle in deiner Literaturliste aufscheinen und eindeutig zuordenbar sein.

Der Ideentrichter

Unterziehe deine gefundene Idee einem Selektionsprozess: innerhalb deiner Idee findest du interessante Themen. Nachdem du dich für eines entschieden hast, reduzierst du es weiter auf eine beantwortbare Forschungsfrage.

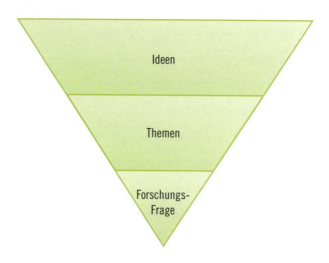

Für ein Thema entscheiden

Pamela, Humanökologin:
Ich hatte lange überlegt und endlich die Idee, worüber ich in meiner Diplomarbeit schreiben möchte: über Wasser. Das ist ein aktuell wichtiges Thema, gerade in der Globalisierungsdebatte. Jetzt hatte ich also die Idee „Wasser". Hier gibt es aber ganz viele mögliche Themenbereiche: Wasser als Ressource, politische Aspekte, Ökosystem, Verschmutzung etc. Es war unglaublich schwierig herauszufinden, was ich genau behandeln will. Ich hatte das Gefühl, alles hängt zusammen und alles ist wichtig. Um es bearbeitbar zu machen, musste ich mich für eines entscheiden.

Darum habe ich in mehreren Zyklen jedes einzelne Thema genauer betrachtet. So habe ich die verschiedenen Möglichkeiten so lange umkreist, bis sich eines herauskristallisiert hat.

Gerade wenn du dein Studienfeld sehr interessant findest, fällt es dir vielleicht schwer, dich für ein Thema zu entscheiden.

Mache zuerst ein erneutes Brainstorming und liste alle Bereiche der einzelnen Themen auf, die du interessant findest. Stelle dir dann zu jedem gefundenen Punkt Fragen, die du wieder mit Freewritings beantwortest (siehe Seite 89).

- *Was finde ich besonders spannend an diesem Thema?*
- *Was möchte ich herausfinden?*
- *Was möchte ich darüber wissen?*
- *Was ist daran verwirrend oder unklar?*
- *Was ist überraschend?*
- *Was ist neu daran oder hat sich verändert?*
- *Wie viel weiß ich schon darüber?*
- *Welche ungelösten Probleme gibt es in diesem Bereich?*
- *Welche interessanten Fragen wirft das Thema auf?*
- *Welche Möglichkeiten und Potenziale birgt dieses Thema? Für mich? Für die Wissenschaft? Für die Allgemeinheit?*

Dass dir ein Thema interessant erscheint, reicht alleine nicht aus, um es für eine wissenschaftliche Bearbeitung geeignet zu machen. Grundsätzlich gilt: Du brauchst einen Aufhänger, einen Ansatzpunkt, um dich deinem Thema zu nähern. Um diesen Angelpunkt für deine wissenschaftliche Auseinandersetzung mit dem Thema zu finden, kannst du verschiedenste Techniken einsetzen.

Nicht alle Themen sind für eine wissenschaftliche Bearbeitung geeignet (Kruse, 2002). Zu persönliche Themen erschweren dir vielleicht eine objektive Betrachtungsweise, obwohl du sicher sehr motiviert daran arbeiten würdest. Wenn das Interesse sehr hoch ist, fällt es zusätzlich schwer, sich auf einen kleinen Aspekt des Themas zu beschränken, was für eine wissenschaftliche Detailsicht aber unerlässlich ist.

Manche Themen sind vielleicht so intensiv bearbeitet, dass sich kaum etwas Neues dazu sagen lässt, bei Modethemen gibt es Unmassen an

Literatur zu bewältigen und die Gefahr, etwas zu wählen, das bereits von anderen erforscht wird oder wurde. Andere Themen sind vielleicht noch nicht reif für die Bearbeitung, weil es keine geeignete Methode oder zu wenige Daten gibt.

Vom Thema zur Forschungsfrage

„Die Themeneingrenzung sollte darauf hinauslaufen, eine klare Forschungsfrage zu entwickeln, um welche die gesamte Arbeit zentriert werden kann. Eine solche Frage verhilft zu einer klareren Ausrichtung als ein Thema und verlangt nach Beantwortung und einem ROTEN FADEN ..."
Birgit Aschemann-Pilshofer

Ein gesamtes Thema ist immer noch zu umfangreich, um es wissenschaftlich im Detail zu bearbeiten – insbesondere innerhalb einer Präsentation, Seminararbeit oder Masterthesis. Also musst du es weiter eingrenzen. Ziel ist eine sehr präzise Fragestellung, die eng genug ist, um eine wissenschaftliche Erörterung zu ermöglichen.

Versuche verschiedene Fragen so prägnant wie möglich zu formulieren. Folgende Fragen können dir dabei helfen:

- *Was genau möchtest du herausfinden?*
- *Welche Antworten könntest du finden? Wo? Warum?*
- *Wie willst du die Frage beantworten?*
- *Was könnte das Ergebnis deiner Untersuchungen sein?*
- *Möchtest du die bestehende Literatur zu einem Thema in deiner Arbeit darstellen? Zu welchen Aspekten deines Themas genau?*
- *Welchen Zusammenhang möchtest du beleuchten? Warum?*
- *Was weißt du noch nicht, und wie willst du es herausfinden?*

Für dein weiteres Arbeiten brauchst du unbedingt eine gute Forschungsfrage, besonders für umfangreichere Projekte. Die Schreibforschung hat ergeben, dass eine schwammige Forschungsfrage der Hauptgrund ist, warum viele Abschlussarbeiten viel zu lange dauern oder sogar abgebrochen werden (Rienecker, 1999).

Wenn du eine Zielsetzung oder Hypothese erarbeitest, versuche sie als Frage zu formulieren. Auf Fragen zu antworten macht das wissenschaftliche Arbeiten leichter. Judith Wolfberger (2007) bezeichnet eine gute Forschungsfrage als Schlüssel zum Thema.

Du erkennst eine gute Forschungsfrage an folgenden Kriterien:
- *Sie ist beantwortbar im vorgegebenen Zeitrahmen.*
- *Die Beantwortung ist mit den dir zu Verfügung stehenden Mitteln und Fähigkeiten realisierbar.*
- *Sie klingt spannend und interessant für dich.*
- *Sie ist so spezifisch wie ein Forschungsauftrag.*
- *Die Frage erlaubt dir, ein Thema zu erörtern, zu diskutieren und zu argumentieren.*
- *Die Ergebnisse wären relevant im Fachkontext.*
- *Die möglichen Antworten auf deine Forschungsfrage erlauben es, Schlüsse zu ziehen, zu einer Konklusion zu kommen.*
- *Du kannst sie in präziser Sprache formulieren.*
- *Die Hauptfrage hat maximal 2 Nebenfragen.*
- *Die Frage bezieht sich auf ein konkretes Problem oder eine Beobachtung, einen auffälligen Sachverhalt oder eine Unstimmigkeit.*

Hast du deine Forschungsfrage präzise formuliert, schränkst du dein Thema von 2 weiteren Seiten her ein: Du definierst die Methode, mit der du die Frage beantworten willst, und den Rahmen für deine Antwort.

Das Triangelmodell von Lotte Rienecker (1999) veranschaulicht den Prozess der Themeneingrenzung gut:

Was willst du wissen?
Deine Forschungsfrage

Dein Schreibprojekt

Womit willst du die Frage beantworten?
In welchem Rahmen?
Mit welchen Quellen, Daten, Materialien oder Beobachtungen?

Wie willst du die Frage beantworten?
Mit welchen Untersuchungen und Methoden, Theorien oder Konzepten?

Deine Arbeit balanciert also auf 3 Beinen:

- **Was:** *deine Forschungsfrage.*
- **Wie:** *die wissenschaftliche Methode, mit der du die Frage beantworten willst.*
- **Womit:** *anhand welchen Materials und innerhalb welcher Rahmenbedingungen du die Frage beantworten willst.*

An jedem Eck kannst du eingrenzen. Feile an allen 3 Beinen, damit deine Arbeit im Gleichgewicht bleibt und der Umfang realistisch wird. So entsteht ein klares Bild deiner weiteren Vorgehensweise.

Strukturiert kommunizieren

Egal ob es sich um ein Schreibprojekt, eine Präsentation oder einen Vortrag handelt oder um ein Poster: die strukturierte Darstellung eines wissenschaftlichen Themas verlangt einige Elemente, die in einer guten Arbeit immer enthalten sein sollten.

Einleitende Worte

Um dein Publikum ins Thema hereinzuholen, brauchst du einen guten Einstieg. Darin gibst du sozusagen die Spielregeln vor, erklärst, was ungefähr folgen wird und was nicht. Außerdem hilfst du deinem Auditorium sich zu orientieren und stellst Grundlagen für ein weiteres Verständnis zu Verfügung.

Natürlich soll eine gute Einleitung neugierig machen auf das, was folgt. Darum kehrst du die Bedeutung des Kommenden heraus und stellst Fragen, die das Publikum interessieren.

Denke auch daran: Viele werden nur deine Ankündigung oder deine Einleitung lesen, um zu entscheiden, ob sie sich den Rest zumuten wollen. Sei also in deiner Einleitung knackig und präzise: Zeige auf, von welchem Ausgangspunkt du wohin reisen willst und mache neugierig auf das Dazwischen. Da du erst am Ende weißt, was alles kommt, schreibe die Einleitung erst zum Schluss.

Spannungsbogen

Wie ein gutes Buch oder ein guter Film braucht auch eine wissenschaftliche Darstellung einen Spannungsbogen. Wenn schon ganz am Anfang klar ist, wer der Mörder ist, ist der Rest des Krimis langweilig zu lesen. Wenn am Ende nicht klar ist, wer schuldig ist, verlässt man das Kino mit einem unbefriedigten Gefühl. Ein guter Aufbau steigert die Spannung Stück für Stück, bietet ein Indiz nach dem anderen, das Wichtigste kommt erst kurz vor dem Schluss.

Mache am Anfang klar, worum es dir geht, aber verrate nicht gleich alles. Baue immer wieder überraschende Bezüge und Wendungen oder Widersprüche ein, um die Aufmerksamkeit nicht absinken zu lassen.

Wichtig ist die Abfolge: Wenn Handlungselemente unlogisch aufeinanderfolgen, wird das Publikum verwirrt und kann dem Handlungsverlauf nicht mehr folgen. Achte darum darauf, dass dein roter Faden immer sichtbar bleibt, weise deswegen aktiv immer wieder darauf hin. Eine gute Strukturierung bietet immer einen Anhaltspunkt, kennzeichne also die einzelnen Themen oder Handlungsstränge, damit klar ist, wo du gerade bist.

Am besten kommt eine Arbeit an, wenn du deine LeserInnen oder ZuhörerInnen so durch deine Arbeit führst, dass sie sich immer sicher und orientiert fühlen. Mache sie auf interessante Ausblicke und Details aufmerksam und gestalte den Weg so, dass er nicht zu anstrengend oder eintönig wird und überraschende Höhepunkte bietet.

Ein krönendes Finale

Ein gutes Ende schließt den Kreis zum Anfang. Hier werden die Fragen, die du am Beginn gestellt hast, beantwortet, die Neugier und der Wissensdurst des Publikums gestillt.

Am Ende sollen sich alle einzelnen Details zu einem Ganzen zusammenfügen: Du zeigst deinem Publikum das fertige Bild, die Antworten werden sichtbar. Wie in einem Krimi verstehen jetzt alle, wie und warum der Mord abgelaufen ist. Dieses Aufzeigen von Zusammenhängen und In-Bezug-Setzen von Einzelheiten ist der wichtigste Teil einer wissenschaftlichen Arbeit: die Diskussion und Konklusion. Bleiben hier Unklarheiten offen, die nicht angesprochen werden, ist das Publikum unzufrieden.

Eine prägnante Zusammenfassung am Ende einer Arbeit ist für wissenschaftliche Darstellungen unerlässlich. Damit in Erinnerung bleibt, was du gesagt hast, wiederhole am Ende die wichtigsten Punkte, dann wird sie dein Publikum behalten. Dasselbe gilt für eine schriftliche Arbeit: Beim Querlesen wird oft nur das Abstract oder die Zusammenfassung gelesen. Achte also noch mehr als bei der Einleitung darauf, dass alles Wichtige darin vorkommt.

Nütze unterschiedliche Sprachfunktionen

Für deine Kommunikation kannst du dir ganz genau überlegen, was du bezweckst. Je nach deiner Zielsetzung kannst du bewusst Textstellen oder Elemente deines Vortrages spezifisch gestalten.

> **Facts: Sprachfunktionen.**
> Jakobson definierte 1960 ein Modell über das Zusammenspiel von 6 verschiedenen Sprachfunktionen.

Wann verwendest du beim wissenschaftlichen Arbeiten welche Sprachfunktionen?

- Die **Expressive Funktion** kommt beim wissenschaftlichen Schreiben nur untergeordnet vor: Hier liegt der Fokus auf dir, du drückst deine Position oder Meinung als AutorIn aus. Du verwendest diese Sprachfunktion in Danksagung und Vorwort, aber auch bei Vorträgen und bei der Definition deines Ausgangspunktes.
- Wichtiger ist die **Konative Funktion**: Hiermit versuchst du deine AdressatInnen zu überzeugen. Du findest solche Stellen besonders in Evaluierungen, Diskussionen und Konklusionen, oft auch nur subtil in Argumentationen verborgen.
- Die **Referentielle Funktion** spielt die bedeutendste Rolle bei wissenschaftlichem Arbeiten, hier stellst du den Bezug deiner Mitteilung zu Kontext, Welt und Wirklichkeit dar. Du benötigst diese Sprachfunktion für die Einführung und für die Darstellung von theoretischem Hintergrund, bei Methodik und Material sowie zur Diskussion und Konklusion und Beschreibung der Relevanz deiner Ergebnisse.
- Wichtig für die Verständlichkeit ist die **Phatische Funktion.** Hier liegt dein Fokus darauf, den Kontakt mit deinen LeserInnen nicht zu verlieren. Du führst sie sicher von einem Punkt zum nächsten, sodass sie nie verwirrt sind und immer Klarheit haben, worum es gerade geht. Diese Funktion wird in Einleitungen, Überleitungen und Zusammenfassungen, aber auch in Titel und Überschriften oder Vorworten und Abstracts wesentlich.
- Die **Metalinguistische Funktion** macht wissenschaftliche Texte fachspezifisch. Sie bringt den Code der jeweiligen Fachsprache zum Ausdruck. Das ist besonders wichtig für spezifische Bedeutungen, Begriffsdefinitionen, Fachausdrücke, aber auch für Tabellen, Darstellungsformen und Argumentations- oder Auswertungsarten.
- Die **Poetische Funktion**: Spielt keine Rolle beim wissenschaftlichen Schreiben (Versmaß, Gedichte, Lautmalerei).

Gerade für wissenschaftliche Schreibprojekte, wo der visuelle und akustische Kommunikationskanal wegfällt und nur sprachlich vermittelt werden kann, ist es wichtig, diese Sprachfunktionen bewusst einzusetzen.

Erkenntnisse publizieren

Targetting is about working out where, within the on-going discussion in your discipline, what you want to say can be rendered relevant and, at the same time, original.
Rowena Murray

Wissenschaftliche Erkenntnisse finden erst dann Eingang in den wissenschaftlichen Diskurs, wenn sie publiziert sind. Damit deine Arbeit und deine Erkenntnisse nicht sang- und klanglos in einer Schublade verschwinden, überlege, wie du sie publizieren kannst!

Was hast du anzubieten?

Es zahlt sich also aus, genau zu überlegen, wo du deine Erkenntnisse platzieren willst. Dafür analysiere zuerst, was dein Forschungsthema alles zu bieten hat.

Betrachte es von vielen verschiedenen Perspektiven, um möglichst viele verschiedene Aspekte zu finden, aus denen du den „Aufhänger" deiner Publikation machen könntest. Überlege dir:

- *Wo könnten deine Ergebnis hinpassen?*
- *Für welche Fachbereiche wären sie interessant?*
- *Wofür sind deine Ergebnisse praktisch anwendbar?*
- *Was ist ganz neu und einzigartig daran?*
- *Aus welchen anderen Sichtweisen könntest du einen lohnenden Blick auf deine Erkenntnisse werfen?*
- *Was könntest du analysieren, welche Zusammenhänge?*

Schreibe eine Liste mit 10 möglichen Titeln für Publikationen!

Wen interessiert das?

Was du publizierst, muss zumindest vom Peer-Review-Team des Journals oder der Konferenz, die du anpeilst, als interessant befunden werden. Aber was ist interessant?

Nach Rowena Murray (2005) ist interessant, was einer Erwartung des Publikums widerspricht. Also finde heraus:

- *Was erwartet dein Publikum?*
- *Welche deiner Erkenntnisse kennen sie noch nicht?*
- *Welche ihrer Erkenntnisse könntest du anzweifeln oder umstoßen?*
- *Wie kommst du drauf, wo deine Erkenntnisse hinpassen könnten?*

Wo publizieren?

> *Was du tust, wenn du einen Artikel für ein Journal schreibst, ist an einer laufenden Konversation teilnehmen.*
> *Rowena Murray*

Der weitere Erfolg deiner Publikation hängt zunächst davon ab, ob sie gelesen und zitiert wird. Dabei ist es wichtig, wo du publizierst: Alle Journale haben unterschiedliche Stellenwerte und unterschiedliche Impact-Faktoren in ihrem Fachbereich. Der Impact-Faktor resultiert daraus, wie oft Artikel aus diesem Journal zitiert werden.

Adressiere dein Publikum

Nimm an der Fachkommunikation teil, steig ein in den wissenschaftlichen Diskurs. Dafür analysiere (nach Murray, 2005):

- *Wer nimmt bereits am Diskurs teil, wer vertritt welche Positionen?*
- *Welchen Positionen oder Argumenten möchtest du mit deinen Erkenntnissen widersprechen?*
- *Welche möchtest du unterstreichen?*
- *Worüber wird gerade am intensivsten diskutiert? Was ist bereits abgehandelt und nicht mehr so ergiebig / wurde bereits alles gesagt?*
- *Welcher Aspekt wurde in der Diskussion schon länger vernachlässigt?*
- *Welche neuen Perspektiven kannst du in den aktuellen Diskurs in deinem Fachgebiet einbringen?*
- *Auf welche Theorien berufst du dich, welche Fachbereiche berühren dein Thema?*

Nimm auf all diese Details bereits im Abstract und bei der Formulierung des Titels Bezug. Es ist wie eine Werbetafel für deine Arbeit – es soll neugierig machen und die Bedeutung deiner Ergebnisse herausstreichen.

WISSENSCHAFTLICHE SCHREIBPROJEKTE

Planen und Strukturieren

Zielsetzungen

Bevor du daran gehst, ein Thema zu bearbeiten oder ein Projekt zu starten, solltest du dir über deine persönlichen Zielsetzungen im Klaren sein. Diese sind abhängig vom Thema und Art des Projektes. Genauso wichtig ist aber die Frage, was du damit bezweckst.

- *Was willst du persönlich mit dieser Arbeit erreichen?*
- *Wie viel Zeit und Energie willst du investieren?*
- *Wofür wirst du diese Arbeit verwenden? Was kommt danach?*

Die Erwartungen anderer spielen ebenfalls eine wichtige Rolle. Versuch sie schon vorher abzuschätzen:

- *Was erwartet dein Zielpublikum?*
- *Was interessiert deine LeserInnen oder ZuhörerInnen?*
- *Was erwarten deine BetreuerInnen und die Personen, die deine Leistung bewerten?*
- *Welche Anforderungen stellen deine Team-KollegInnen?*

Frage dich, welche Ansprüche du erfüllen willst und welche Erwartungen du nicht auf dich nehmen willst. Definiere die Grenzen für dich selbst, und mache sie für andere klar ersichtlich.

Formate wissenschaftlicher Schreibprojekte

Bei wissenschaftlichen Schreibprojekten ist die Projektplanung mindestens genauso wichtig wie das Schreiben selbst. Nimm dir also zu Beginn die Zeit, zu definieren, wie deine Aufgabenstellung genau aussieht.

- **Seminararbeit:** *Seminararbeiten haben einen Umfang von 10 bis 40 Seiten, je nach Fach. Meist handelt es sich um eine Literaturarbeit. Eigene Experimente oder Untersuchungen sind höchstens in minimalem Ausmaß notwendig, etwa wenn die Arbeit im Rahmen eines Praktikums verfasst wird. Seminararbeiten dienen einerseits der inhaltlichen Erarbeitung eines Themas, andererseits der Übung und dem Erlernen wissenschaftlicher Schreibkompetenz.*

- **Bakkalaureatarbeiten:** Im Rahmen des Bakkalaureatstudiums sind üblicherweise 1 bis 2 Bakkalaureatarbeiten zu verfassen. Diese werden eigenständig innerhalb einer Lehrveranstaltung anstatt einer Seminararbeit geschrieben. Es soll sich dabei um eine kleine wissenschaftliche Arbeit handeln, deren Themenstellung vorgegeben oder angeleitet wird, die allerdings eigenständig innerhalb eines begrenzten Zeitraumes erarbeitet werden soll. Wichtig für die Beurteilung ist, dass der Text den formalen Anforderungen eines wissenschaftlichen Beitrags entspricht. Der Umfang beträgt zwischen 20 und 40 Seiten, durch die dafür vorgesehenen ECTS wird der Aufwand definiert. Erkundige dich über Details an deinem Institut.

- **Masterarbeit oder Diplomarbeit:** Um den Graduierten-Status zu erreichen, wird ein Master-, Magister- oder Diplomstudium mit einer umfangreichen wissenschaftlichen Abschlussarbeit vollendet. Dabei handelt es sich um eine eigenständig durchgeführte und verfasste wissenschaftliche Arbeit: von der Themenfindung und Eingrenzung auf eine Forschungsfrage über Durchführung, wissenschaftliche Methodik und Auswertung bis zur Präsentation und Diskussion der Ergebnisse. Mit dieser Arbeit sollst du unter Beweis stellen, dass du eigenständig wissenschaftlich arbeiten und im Studium erworbene Kompetenzen anwenden kannst. Es ist dabei nicht notwendig, eine neue Erkenntnis zu gewinnen oder eine noch unbearbeitete Fragestellung erstmals zu erörtern; wohl aber muss deine Arbeit alle Kriterien wissenschaftlichen Arbeitens erfüllen: inhaltlich, methodisch, strukturell und sprachlich, nicht nur formal.

  Zusätzlich stellt die Diplomarbeit einen Teil deiner Diplomprüfung dar, ihre Beurteilung fließt also in deine Abschlussnote ein. Diese Abschlussarbeit soll laut Gesetzgeber so konzeptioniert sein, dass sie innerhalb von 6 Monaten zumutbar zu bewältigen ist. Das entspricht den meist für eine Masterarbeit vergebenen 30 ECTS. Der Umfang ist meist nicht vorgegeben, bewegt sich aber im Schnitt zwischen 80 und 120 Seiten. Erkundige dich über die detaillierten Anforderungen an deinem Institut und deiner Universität.

- **Dissertation:** Eine Dissertation ist mehr als eine besonders ausführliche Diplomarbeit. Es wird eine vertiefende und selbständige Aufarbeitung eines Themenkomplexes erwartet, die methodisch perfekt und eingebettet in einen breiten Fachkontext erfolgt. Hier besteht der Anspruch, tatsächlich etwas Neues zu schaffen, das bisher noch nicht veröffentlicht wurde.

Formaler Aufbau

Eine wissenschaftliche Arbeit verlangt das Einhalten gewisser formaler Richtlinien. Sie beinhaltet üblicherweise folgende Bestandteile:

- **Abstract:** Das Abstract fasst die gesamte Arbeit und ihre Ergebnisse kurz zusammen. Schreibe es ganz zum Schluss.
- **Theoretischer Teil:** Hier beschreibst du das Forschungsfeld, zeigst eine Forschungslücke auf und legst deine Forschungsfrage dar, die deine Arbeit beantworten soll.
- **Praktischer Teil:** Im praktischen Teil beschreibst du, mit welcher Methode und in welchem Rahmen du die Fragestellung beantwortest. Dieser Teil hat häufig einen typischen Aufbau: Material, Methode, Ergebnisse.
- **Diskussion:** Hier interpretierst du deine Ergebnisse, ziehst Schlussfolgerungen, stellst sie in Bezug zu bisherigen Erkenntnissen und bettest sie in den wissenschaftlichen Diskurs ein.
- **Konklusion:** Ähnlich wie im Abstract fasst du deine Arbeit und deine Erkenntnisse zusammen, streichst ihre Bedeutung hervor und verweist auf daraus resultierende Forschungsansätze und Anwendungsmöglichkeiten.

BetreuerInnen von Abschlussarbeiten

Für eine wissenschaftliche Abschlussarbeit brauchst du eine Person, die deine Betreuung übernehmen will und kann. In sehr speziellen Fachgebieten oder Fächern mit hohen Studierendenzahlen ist es oft gar nicht so einfach, passende BetreuerInnen zu finden. Achte daher schon während deines Studiums darauf, bei welchen Personen du gerne schreiben würdest, und kläre im Vorfeld ab

- *ob sie habilitierte UniversitätsprofessorInnen sind, dich also betreuen dürfen.*
- *ob sie DiplomandInnen annehmen würden und wie lange die Wartezeiten sind.*
- *für welche Fachthemen sie die Betreuung übernehmen würden.*

Frage höhersemestrige Studierende und DiplomandInnen nach ihren Erfahrungen mit der Lehrperson und ihrer Betreuung.

Oft beurteilt dein Betreuer oder deine Betreuerin zwar deine Arbeit, überlässt deine Betreuung aber AssistentInnen. Finde heraus, wie und mit wem du am besten kommunizierst, um Missverständnisse zu vermeiden und eine möglichst gute Betreuung zu bekommen.

Für die endgültige Auswahl der BetreuerInnen gibt es einige Kriterien, die du gegeneinander abwägen solltest:

- *Ist dir die Person sympathisch? Habt ihr eine gute Kommunikationsbasis?*
- *Ist sie kompetent in dem Fachgebiet deiner Wahl?*
- *Entspricht die Art der Betreuung deinen Vorstellungen?*
- *Ist die Person im vorgesehenen Zeitraum leicht verfügbar?*

Bei einer ersten Abschlussarbeit kann das gute Kommunizieren und Sympathie sehr große Bedeutung haben. Auch wie weit du fachspezifisch oder methodisch schon sattelfest bist, spielt eine Rolle. Wenn du intensive fachliche Unterstützung brauchst, wirst du eventuell zugunsten der Fachkompetenz von Betreuenden bei der Sympathie Abstriche machen. Nimm dir auf jeden Fall Zeit bei der Wahl deiner BetreuerInnen, sie sind bedeutend am Erfolg deines Schreibprojektes beteiligt: Sie bewerten es abschließend.

Nimm dir die Zeit, im Vorfeld die gegenseitigen Erwartungen offenzulegen und zu besprechen. Plant gemeinsam, wie ihr miteinander kommuniziert und wie das Projekt aussehen soll!

Plane dein Schreibprojekt

Ein guter Plan hilft bei der Durchführung eines Schreibprojektes enorm. Wichtig ist, dass du dir für alle Phasen deines Zeitprojektes genug Zeit einteilst. Handelt es sich um eine Abschlussarbeit, so musst du auch die Zeitressourcen deiner BetreuerInnen einplanen. Wenn du empirisch oder im Team arbeitest, bist du vielleicht von der Verfügbarkeit von räumlichen und technischen Ressourcen oder gar von InterviewpartnerInnen und KollegInnen abhängig. So etwas nicht einzuplanen kann deinen Zeitrahmen ganz schön durcheinanderbringen.

Wissenschaftliche Schreibprojekte lassen sich in 6 Phasen unterteilen, die alle ungefähr gleich viel Zeit brauchen (siehe Abbildung). Nimm dir am Beginn genug Zeit für die Definition der Forschungsfrage und die Entscheidung für eine Gliederung, sonst dauert dein Schreib- und Überarbeitungsprozess wesentlich länger.

Trenne, wenn möglich, die Einlesephase vom Rohtextschreiben und die Schreibphase vom Überarbeiten, da sich diese Prozesse gegenseitig behindern. Wenn du eine praktische oder empirische Untersuchung machst, beginne erst damit, wenn du bereits eine klare Forschungsfrage formuliert hast, sonst arbeitest du womöglich ins Leere.

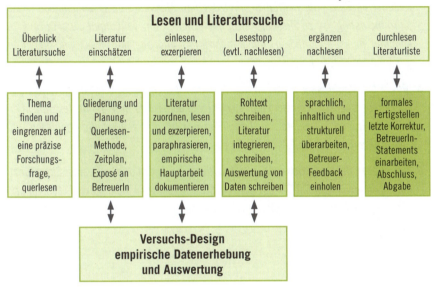

Wann liest du wie?

Im Laufe einer wissenschaftlichen Arbeit wendest du unterschiedliche Lesetechniken zu unterschiedlichen Zeitpunkten an (siehe Kapitel „Lesen" ab Seite 70). Du variierst deine Lesegeschwindigkeit je nach Lesezweck. Im Laufe eines Schreibprojekts solltest du folgende Lesephasen durchlaufen:

1. ***Überblickslesen:*** *Du recherchierst, welche Literaturressourcen und Quellen dir zu Verfügung stehen, und sammelst Literatur. Mittels Schnelllesetechniken verschaffst du dir einen oberflächlichen Einblick in dein Thema und Überblick über die vorhandene Literatur.*

2. ***Literatureinschätzung:*** *Nun beurteilst du die gefundenen Texte mittels SQR-Lesemethode oder Frage-geleitetem Lesen: Welche Literatur ist für die Beantwortung deiner Forschungsfrage brauchbar? Welche nicht? Worüber fehlt dir noch Literatur?*

3. Tiefes Einlesen: Entlang deiner Gliederung liest du dich jetzt in dein Thema ein. Beginne mit der neuesten Literatur, nicht mit dem dicken veralteten Basiswerk. Notiere und paraphrasiere und reflektiere beim Lesen, am besten schriftlich, dann hast du schon viele Teile geschrieben, die du verwenden kannst.

4. Lesestopp: Nach der Hälfte der zu Verfügung stehenden Zeit solltest du einen Lesestopp einlegen. In ein interessantes Thema könntest du dich endlos weiter vertiefen. Jetzt ist es Zeit, zum Schreiben überzugehen. Maximal kurzes „Hineinlesen" als Schreibeinstieg ist zu diesem Zeitpunkt erlaubt. Um vom Input zum Output zu kommen, musst du aufhören, immer mehr Informationen nachzulesen, und das in dir gesammelte Wissen herauslassen.

5. Gezieltes Nachlesen: In der ersten Überarbeitungsphase füllst du gezielt deine Lücken: Du suchst nach konkreten Antworten in deiner Literatur, am besten, indem du konkrete Fragen formulierst. In dieser Phase wirst du Sachverhalte nachlesen und überprüfen und eventuell Zitate einfügen.

6. Durchlesen deines Textes: In der letzten Phase wechselst du von fremder Literatur zu deinem eigenen Text: Mit Distanz durchforstest du deinen eigenen Text als LeserIn und gibst dir wohlwollendes Feedback, wie einer guten Freundin, der du hilfst, ihren Text zu verbessern.

Exposé

Welcher Art und Größe deine Schreibprojekt auch ist: Wenn du ein Thema gefunden hast, sollte dein erstes Ziel ein Exposé sein. Darin entwirfst du eine Kurzdarstellung deiner Arbeit. Einerseits kannst du dich damit deinen BetreuerInnen gegenüber absichern: Wenn sie dein Exposé akzeptieren, weißt du, dass du in die richtige Richtung arbeitest. Auch der geforderte Umfang an Literaturrecherche und Seitenzahl ist somit festgelegt.

Andererseits ist ein Exposé bereits das Grundgerüst deiner Arbeit, und die darin enthaltenen Texte kannst du in der Einleitung deiner Arbeit verwenden.

In einem Exposé sollte in einzelnen getrennten Abschnitten enthalten sein:

- ganz kurz deine persönliche Motivation.
- eine kurze Beschreibung deines Themas und des Forschungsstandes.
- die für dich spannenden Fragen, Forschungslücken oder Widersprüche.
- deine Forschungsfrage oder These.

- eine kurze Beschreibung deiner Arbeit, die beinhalten sollte, wie du deine Forschungsfrage beantworten willst oder deine These erörtern und überprüfen möchtest.
- verwendete Methoden und Materialien.
- Quellenangaben und Literaturliste.
- vorläufige Gliederung mit Angabe der Seitenzahlen.

Schreibe Stück für Stück

> *Writing is like driving a car at night.*
> *You can see only as far as your headliners,*
> *but you can make the whole trip that way.*
> *Edgar Lawrence Doctorow*

Du kannst nicht eine ganze Arbeit auf einmal schreiben, sondern nur Seite für Seite. Nimm dir kleine, überschaubare Texteinheiten vor und nimm als Schreibeinstieg eine Mindmap oder eine Stichwortliste.

Mit deiner Forschungsfrage hast du das Ziel der Reise festgelegt, und du weißt, wie und womit du es erreichen willst. Aber bekanntlich führen viele Wege nach Rom. Um dich später ganz auf die Reise durch dein Schreibprojekt konzentrieren zu können, macht es Sinn, eine ungefähre Reiseroute zu planen. Zusätzlich teilst du deine Arbeit auf kurze Zeiteinheiten auf und nutzt diese dafür mit voller Energie bis zum Schluss. Eine gute Gliederung ist wie eine Handlungsanleitung für dein Schreiben.

Wolfsberger (2007) hat eine geniale Methode entwickelt, um deine Arbeit und deinen Schreibprozess entlang des roten Fadens deiner Forschungsfrage zu strukturieren:

Gliederungs-Clustering

1. *Nimm deine Forschungsfrage als Kernbegriff einer Mindmap und teile es in 2 bis 3 Unterfragen auf.*
2. *Clustere nun pro Unterfrage alle Teilantworten mit ihren einzelnen Aspekten dazu. Hier merkst du bereits, ob du zu viel in die einzelnen Kapitel hineinpacken möchtest oder zu wenig Stoff dazu hast: Deine Gliederung sollte nicht mehr als 3 Ebenen tief sein, also: Kapitel, Unterkapitel und Detailaspekt.*

3. *Nachdem du die Kapitel Einleitung und Diskussion oder Konklusion hinzugefügt hast, folgt die Dimensionierung: Teile nun die geplante Gesamtseitenzahl auf die einzelnen Unterpunkte auf. Du wirst sehen, dass pro Einzelaspekt sogar bei einer Diplomarbeit nicht mehr als 10 Seiten übrigbleiben: Schon hast du den riesigen Berg auf kleine thematisch strukturierte Einzelschritte aufgeteilt.*

4. *Im nächsten Schritt fügst du deine Literaturquellen zu den kleinen Einheiten hinzu. Vermerke möglichst genau, welche Seiten, Abschnitte oder Zitate jeweils für diese Einheit interessant sind. So merkst du schnell, wo du bereits ausreichend Literatur hast und wofür du noch Material suchen musst. Für 10 Seiten Text musst du keine 5 Bücher gelesen haben.*

Heike, Politikwissenschafts-Studentin:
Um den Überblick über meine Diplomarbeit zu bewahren, habe ich an der Wand vor meinem Schreibtisch ein riesiges Gliederungs-Clustering mit Flipchart-Stiften auf Klebefolie gemalt. Alles was ich in der Literatur gefunden habe, habe ich auf kleinen Post-it-Zetteln auf die richtigen Stellen geklebt und mit verschiedenen Farben Notizen gemacht. So hatte alles seinen Platz und ich ging auf Nummer sicher, keine wichtigen Punkte zu verlieren. Im Laufe des Schreibens hat sich das Clustering verändert wie ein Chamäleon, die Haftnotizzettel konnte ich einfach verschieben. Stellen, an denen ich geschrieben habe, habe ich im Clustering eingekreist. Sobald ich mit dem Punkt fertig war, habe ich ihn abgehakt. Während meiner Arbeit hatte ich dank dem Clustering immer das Gesamtbild vor Augen und wusste, was zu tun ist.

Je detaillierter du dieses Clustering ausführst, desto besser kannst du damit arbeiten. Für deine Rohtexte nimm dir jeweils eine kleine Einheit als Thema.

Rohtext schreiben

Nimm das Gliederungs-Clustering, das du soeben erstellt hast, als Ausgangspunkt für deinen ersten Entwurf. Schreib zu jedem Punkt deines Clusterings spontan einen Rohtext mit der Freewriting-Methode (siehe Seite 89).

Schicke deinen inneren Zensor auf Urlaub

*You have to write badly
in order to write well.*
William Faulkner

Dein innerer Zensor behindert dich nur in deinem produktiven Schaffen. Später beim Überarbeiten wirst du ihn wieder zurückholen und er wird dir frisch erholt gute Dienste leisten. Sei nicht zu perfektionistisch, sondern bringe erstmal irgendwas aufs Papier – vielleicht mit einem Freewriting. Behandle deinen Rohtext liebevoll und fördernd, als wäre er ein kleines Kind.

Du wirst feststellen, dass ist gar nicht so leicht. Deine innere kritische Instanz (Wolfsberger, 2007) weist dich immer wieder darauf hin, dass deine Worte und Sätze noch nicht perfekt sind. Halte dir immer vor Augen: Überarbeiten kannst du später.

Mit Methoden wie Freewriting überlistest du deinen inneren Zensor. Gegen Perfektionismus hilft, mit der Hand zu schreiben: dass diese handschriftlichen Texte so niemand anderer zu lesen bekommt, ist sogar deinem Zensor klar.

Shitty first drafts

Just get it down.
You can fix it up later.
Anne Lamott

Erlaube dir, miserable Erstversionen zu schreiben. Aus ihnen wird später ein guter zweiter Entwurf und schließlich ein toller fertiger Text.

Wie aus einem Klumpen Ton oder einem Stück Holz modellierst du später die endgültige Form, aber zuerst brauchst du genügend Ausgangsmaterial. Das muss erst mal aufs Papier gebracht werden. Kümmere dich jetzt also nicht um die endgültige Form, sondern achte erstmal darauf, wovon dein Text generell handeln soll und wie viel du ungefähr schreiben willst.

Einstieg ins Schreiben

Um dir das Losstarten zu erleichtern, mach dir ein „Drehbuch" für deinen Text: Welche Szenen willst du schreiben? Was soll darin vorkommen? Am besten machst du dir ein paar Notizen in einer kleinen Mindmap oder einer Stichwortliste pro Szene. Wenn du nicht weißt, wo du anfangen sollst, beginne mit den einfachsten Stellen. Schreibe viele einzelne Kurztexte, die einzelnen Texte kannst du später beim Überarbeiten sinnvoll zusammenmontieren.

Ritualisiere dein Schreiben

Schreibe regelmäßig, am besten immer um dieselbe Tageszeit, und suche dir verschiedene Schreiborte, an denen du gut arbeiten kannst. Rituale zum Schreibeinstieg bringen dich leichter in einen Schreibfluss. Schreib dich vorher warm, damit du irritierende Gedanken loswirst.

Überarbeiten

> *Writing is a complex process rather than a product,*
> *including explaining matters to oneself*
> *and ongoing posting*
> *and answering of questions.*
> *James Britton*

Das Schreiben, wie wir es im deutschsprachigen Raum kennen, dreht sich oft ausschließlich um fertige Texte. Schreiben wird oft mit dem Produkt des Schreibens, dem Geschriebenen, dem Text in Verbindung gebracht.

Dabei ist Schreiben eigentlich ein Prozess. Der passiert vor allem in den Wissenschaften noch immer eher im Verborgenen. Niemand Außenstehender weiß genau, was so vor sich geht, wenn ein Text entsteht. Darum rankt sich der Glaube, dass fertige Texte so, wie sie gedruckt aussehen, auf die Welt gekommen sind, fertig ausgewachsen, hübsch formatiert und rausgeputzt, ohne Rechtschreibfehler. Der falsche Eindruck besteht, sie wurden bereits stilvoll und sprachlich ausgreift geboren und die zugehörige Literaturliste kam mit ein paar Nachwehen von selbst hinten nach.

Im angloamerikanischen Kulturraum gibt es eine völlig andere Schreib-Kultur: Hier wird Schreiben als Prozess gesehen, über den ganz offen diskutiert, ja sogar geforscht werden kann. Ganz selbstverständlich gibt es an jeder Universität ein studienübergreifendes Schreibzentrum, wo die verschiedenen Phasen des Schreibprozesses unterrichtet, geübt und erforscht werden. Eigene Seminare beschäftigen sich mit verschiedenen Schreibtechniken oder dem Phänomen der Schreibblockade, des „Writer's Block", genauso wie mit differenzierten Überarbeitungstechniken.

Ein guter Text kommt wie die meisten Dinge nämlich noch sehr unfertig und roh auf die Welt. Wird er genährt und unterstützt, entwickelt er sich schrittweise weiter, durchläuft viele Veränderungen und wächst heran zu einem ausgereiften Endprodukt. Vor dem großen Auftritt als gedrucktes Werk wird er natürlich besonders herausgeputzt.

Schritt für Schritt zum fertigen Text

Beim Überarbeiten ist es wichtig, Schritt für Schritt vorzugehen, du ersparst dir so doppelte Arbeit. Außerdem kannst du gezielter vorgehen, wenn du nicht versuchst, alles auf einmal zu verbessern. Am besten gehst du in 4 Stufen vor:

1. *Inhaltliche Vervollständigung:* Zuerst schaust du, ob inhaltlich alles dasteht, was in deinen Text hineinkommen sollte. Du ergänzt Fehlendes und streichst Überflüssiges raus, fügst zusätzliche Informationen und Definitionen oder Quellen und Zitate ein.

2. *Strukturelle Überarbeitung:* Wenn du sicher bist, dass alles Notwendige vorhanden ist, bringe die Inhalte in eine sinnvolle Struktur. Ordne die einzelnen Text-Bausteine entlang deines roten Fadens. Schreibe zwischen den Teilen Ein- und Überleitungen und Zusammenfassungen. Peppe die optische Struktur mit Abbildungen, Tabellen und Grafiken auf und füg Absätze und Überschriften ein.

3. *Sprachlicher Feinschliff:* Jetzt, wo alles an seinem Platz ist, widmest du dich dem sprachlichen Feinschliff und feilst an einzelnen Formulierungen, kürzt Schachtelsätze und suchst die schönsten Ausdrücke. Du überprüfst, ob deine Schreibweise der Fachausdrücke konsistent ist, korrigierst unwissenschaftliche Phrasen und prüfst deine Wortwahl hinsichtlich der gewünschten Wirkung.

4. *Formale Endkorrekturen:* Ganz zum Schluss formatierst du deinen Text einheitlich, beschriftest und nummerierst Abbildungen und Tabellen, kontrollierst deine Zitate und vervollständigst deine Literatur. Du fügst Inhaltsverzeichnis und Abbildungsverzeichnis ein und lässt eventuell jemanden mit ungetrübtem Blick deinen Text korrekturlesen, um letzte Rechtschreibfehler auszumerzen.

Inhaltliche Vervollständigung

Versuche vor dem Überarbeiten eine Pause einzulegen, um etwas Distanz zum eigenen Text zu bekommen. Denn um deinen Text objektiv überarbeiten zu können, musst du von der AutorInnenrolle in die einer LeserIn wechseln.

Zum Überarbeiten druckst du den Text am besten so aus, dass du am Rand Platz hast, um Kommentare dazuzuschreiben. Nützlich ist es auch, dir den Text laut vorzulesen oder vorlesen zu lassen. Konzentriere dich auf die Verständlichkeit und weniger auf den Inhalt. Ist die Kernaussage des Textes klar und verständlich? Fehlt etwas Wichtiges? Was kannst du ergänzen?

Strukturelle Überarbeitung

> *Beim Filmemachen sind Bearbeitung und Korrektur nicht etwa überflüssiges Beiwerk, sondern unverzichtbare Bestandteile des künstlerischen Schaffensprozesses. Was wir schließlich auf der Leinwand sehen, ist nicht das, was gefilmt wurde, sondern das, was bei der Bearbeitung entstanden ist.*
>
> William Irmscher

Wenn du sicher bist, das inhaltlich alles vorhanden und zumindest kurz skizziert ist, beginnt das eigentliche Überarbeiten. Ein guter Text ist wie ein fertiger Film: Erst durch einen guten Schnitt und vielfältige Nachbearbeitung, Hinzufügen von Ton und Filmmusik wird aus dem gedrehten Rohmaterial ein wirklich guter Film. Schreiben funktioniert genauso: Aus deinen vielen Rohtexten wählst du die besten Stellen und Formulierungen aus, streichst Überflüssiges weg, fügst hier und da etwas hinzu und bringst alle Teile in eine stimmige Reihenfolge.

Du bist damit mitten in dem Prozess des Überarbeitens, der aus deinem Rohmaterial das fertige Kunstwerk herausmeißelt. Nun ist die kritische Instanz, die du beim Verfassen des Rohtextes verbannt hast, nützlich: Dein analytischer Blick bringt Ordnung und Struktur und hilft, deinen Text zu perfektionieren.

Zerschneiden und neu zusammenbauen

Gestalte die Struktur übersichtlich und prägnant:

- *nur ein Gedankengang pro Absatz.*
- *genügend Unterüberschriften einfügen und Titel anpassen.*
- *Aufzählungszeichen statt endloser Wortlisten.*
- *runde die einzelnen Textelemente mit Übergängen, Einleitungen und Zusammenfassungen ab.*
- *lockere den Text mit Fragen auf.*
- *ersetze doppelte Erklärungen durch Hinweise auf andere Kapitel.*
- *füge illustrierende Abbildungen, Tabellen oder Graphen ein.*
- *straffe den Text! Du kannst alles weglassen, was nicht unbedingt nötig ist.*

Sprachlicher Feinschliff

> *Ein Satz soll keine überflüssigen Wörter,*
> *ein Absatz keine überflüssigen Sätze enthalten,*
> *wie auch eine Zeichnung keine überflüssigen Striche*
> *und eine Maschine keine überflüssigen Teile enthalten sollte.*
> *Das heißt nicht, dass der Autor nur kurze Sätze schreiben und auf alle Einzelheiten*
> *verzichten muss (...), sondern dass jedes Wort bedeutsam sein soll.*
> William Strunk

Nachdem du deinen Text strukturell überarbeitet hast, kannst du nun an den sprachlichen Details feilen. Mach deinen Text besser lesbar, indem du die 4 Punkte des Hamburger Verständlichkeitsmodells berücksichtigst (Märtin, 2003):

- **Einfachheit:** Ersetze lange Wörter durch kürzere und einfachere, erkläre Fachwörter. Vermeide zu viele „Verhauptwortungen". Stelle das Verb an den Anfang, um Sätze verständlicher zu machen. Verwende aktive Verbkonstruktionen und Infinitive statt Passiv-Formen, vermeide Hilfszeitwörter.
- **Gliederung:** Gute Überschriften und Absätze schaffen Struktur, an der sich deine LeserInnen anhalten können. Teile lange Gliedsätze in mehrere kurze Sätze und setze zwischen lange Satzkonstruktionen kurze Sätze. Vermeide Schachtelsätze und stelle den Hauptsatz vor den Nebensatz.
- **Prägnanz:** Streiche so viele Füllwörter und Adjektive wie möglich – weniger ist mehr. Verwende bildhafte ausdrucksstarke Wörter und finde Synonyme.
- **Attraktivität:** Formuliere positiv und ersetze Verneinungen. Illustriere deine Ausführungen mit bildhaften Metaphern und Abbildungen oder Tabellen. Füge passende Vergleiche, Zitate und Fallbeispiele ein.

Schreiben ist Kommunikation

Schreiben ist immer Kommunikation mit den LeserInnen. Behalte darum beim Schreiben deine LeserInnen im Kopf: Knüpfe ihnen einen roten Faden, entlang dem sie deinem Text folgen können. Schreibe Einleitungen und Überleitungen, sodass dir deine LeserInnen folgen können, vermeide Sprünge. Sag, worauf du hinauswillst, kündige an, was kommt.

Sprich deine AdressatInnen direkt an, um ihre Aufmerksamkeit beim Lesen aufrechtzuerhalten. Mach sie neugierig auf den nächsten Satz, indem du Fragen aufwirfst und beantwortest.

Nimm Distanz zum eigenen Text ein. Versetze dich in die Rolle deiner LeserInnen: Welches Vorwissen kannst du voraussetzen?

Belege deine Argumente und mache den Kontext für deine LeserInnen sichtbar.

Formale Endkorrekturen

Ganz zum Schluss geht es um all die kleinen formalen Details. Informiere dich über die konkreten formalen Anforderungen an deinem Institut oder der Zeitschrift, in der du publizieren möchtest.

Unterschätze den Zeitaufwand für die formale Überarbeitung nicht. Obwohl es sich nur um „Formales" handelt, spielt Korrektheit hier eine große Rolle, insbesondere für die Beurteilung einer Abschlussarbeit.

Kontrolliere genau ...
- *ob alle Zitate mit den korrekten Jahreszahlen versehen sind und zu einem Eintrag in der Literaturliste passen.*
- *ob sich deine Zitierweise korrekt und einheitlich durch den ganzen Text zieht.*
- *ob alle Tabellen und Abbildungen ordentlich beschriftet und durchnummeriert sind.*
- *ob deine Kapitelnummerierungen stimmen und die Formatierung deiner Überschriften einheitlich ist.*
- *ob die Seitenangaben im Inhaltsverzeichnis und bei Querverweisen stimmen.*

Falls es sich um eine Abschlussarbeit handelt, kontrolliere deine Ausdrucke, bevor du sie binden lässt, ob auch keine Seiten durcheinandergekommen sind oder Abbildungen sich verschoben haben. Nichts ist ärgerlicher als solche kleinen Schönheitsfehler nach so viel Mühe.

Abschließen

Feedback einholen

Nütze das Feedback anderer, bilde Teams zum Überarbeiten und lasse den Text korrekturlesen. Jemand, der nicht so „betriebsblind" vom Schreiben ist wie du, erkennt viel zielsicherer, was an deinem Text noch verbessert werden kann.

Durch die Außensicht verschiedener Perspektiven bekommst du erst einen Eindruck davon, wie deine Aussagen ankommen und welche Informationen tatsächlich im Text stecken und nicht nur von dir zwischen den Zeilen gesehen werden.

Hole dir konstruktives Feedback von wohlwollenden LeserInnen ein. Stelle dafür konkrete Fragen, um konkrete Tipps und Anregungen zum Weiterarbeiten zu bekommen. Vermeide aber, dass „MiesmacherInnen" und überkritische Personen deine Texte kommentieren – das frustriert dich mehr, als dass es dich weiterbringt.

Nimm andererseits nicht jede Anregung als Kritik auf: Dein Text wirst nur besser, indem du Lücken bemerkst, Schwachstellen auffüllst und Schwammiges präzisierst. Du musst auch nicht jede Anregung aufnehmen: Feedback ist ein Angebot, du entscheidest, wie und ob du es in deine Arbeit einfließen lässt.

Setze einen Schlussstrich

Aus jedem Rohtext kannst du viele unterschiedliche Texte formen. Wann ein Text „fertig" ist, bestimmst du: Es gibt keinen „richtigen" Punkt, an dem ein Text perfekt ist! Du kannst bis in alle Ewigkeit an einem Text feilen – je nachdem, wie hoch du deinen Anspruch schraubst, wirst du ihn nie fertigstellen. Ein Ende finden ist nicht leicht: Es fordert Mut und Selbstvertrauen, die Arbeit an einem Text abzuschließen, und ihn in den öffentlichen Diskurs zu entlassen

Gut ist auch, wenn du dir zwischen den einzelnen Überarbeitungsschritten Feedback holst und schon in die Überarbeitung einbaust. Denn so verhinderst du mit einiger Wahrscheinlichkeit, am Ende noch einmal alles ganz umschreiben zu müssen.

was tun wenn ...

... du nicht weißt, wo du beginnen sollst?

- *Enge deine Forschungsfrage noch weiter ein!*
- *Teile deine Gliederung in immer kleinere Stücke.*
- *Beginne mit den einfachsten Teilen und schreibe die leichtesten Stellen zuerst!*
- *Mache ein Clustering zu einem beliebigen Punkt deiner Gliederung und verwende es als Einstieg für ein Freewriting.*
- *Stelle Fragen zu jedem Bereich, über den du schreiben willst, und beantworte sie nacheinander.*
- *Höre nicht am Ende eines Kapitels auf, sondern schreibe noch den ersten Satz oder Gedanken vom nächsten Teil, dann fällt das Wiedereinsteigen leichter!*

… du eine Schreibblockade hast?

- *Schreib darüber, warum du dich beim Schreiben blockiert fühlst, das befreit!*
- *Verkürze deine Schreibzeiten drastisch!*
- *Schreib immer nur ein ganz kleines Stück pro Arbeitseinheit.*
- *Erlaube dir unfertige, schlechte Rohtexte zu schreiben. Du kannst deinen Erstentwurf später überarbeiten.*
- *Verwende ein Pseudonym: Schreibe als eine andere Person!*
- *Schreibe deinen Text wie einen Brief an ein bestimmtes Gegenüber.*
- *Wechsle deine Schreiborte und Schreibzeiten.*
- *Lege eine Schreibpause ein!*
- *Erzähle deinen Text einem Tonband und lass ihn jemand anderen abtippen.*
- *Mit der Hand schreiben überlistet deinen inneren Zensor.*
- *Mache Bewegung! Höre Musik!*
- *Schreib etwas Privates, am besten täglich und zur selben Zeit, dann kommst du leichter auch ins wissenschaftliche Schreiben.*

… du deinen Text noch nicht gut genug findest?

- *Gewinne Distanz, indem du den Text ein paar Tage weglegst.*
- *Überarbeite in getrennten Schritten: zuerst inhaltlich, dann strukturell, dann sprachlich.*
- *Streiche komplizierte Formulierungen und „entschachtle" deine Sätze!*
- *Hol dir Feedback von anderen und arbeite es ein!*
- *Lies deinen Text laut vor, dann erkennst du Schwachstellen leichter!*
- *Markiere gute Stellen, auf die kannst du deinen Text reduzieren!*
- *Finde ein Ende, du kannst jeden Text ewig weiterüberarbeiten!*

PRÄSENTATIONEN

Die Themenerarbeitung einer Präsentation oder Rede ist ähnlich wie die einer Seminar- oder Diplomarbeit. Der Unterschied ergibt sich erst im nächsten Schritt, der Gestaltung des Produktes. Diesmal adressierst du nicht nur einen Leser, sondern ein größeres Publikum, das nicht liest, sondern zuhört. Rekapituliere noch einmal kurz für dich selber: Was möchtest du mit deiner Präsentation erreichen? Welche Informationen möchtest du unbedingt vermitteln? Welchen Eindruck möchtest du erwecken? Wie möchtest du auf das Publikum wirken?

Vorbereitung

Rahmenbedingungen

Informiere dich gut über die Voraussetzungen deines Vortrages.

Zielgruppe: Wer ist dein Publikum? Wie viele Leute werden erwartet? Was ist das Vorwissen der HörerInnen und was erwarten sie von deinem Vortrag? Passe deine Sprache und das Niveau deines Vortrags an dein Publikum an. Wenn du deinen ZuhörerInnen nur einen Satz sagen könntest, was müssten sie unbedingt wissen?

Ort: Finde heraus, wo du deine Präsentation abhalten wirst, und besichtige eventuell den Raum. So kannst du dich während deiner Vorbereitung auf den Saal einstellen und eventuelle Besonderheiten berücksichtigen.

Zeit: Wie lange soll der Vortrag sein? Meistens gibt es genaue Zeitvorgaben, üblicherweise wird die Zeit während Präsentationen zu kurz. Stoppe darum unbedingt, wie lange du für deine Rede brauchst, kalkuliere eventuelle Fragenrunden mit ein und passe die Länge gegebenenfalls an.

Form: Verschiedene Grundvoraussetzungen sind möglich. Hältst du eine reine Rede oder kannst du sie visuell unterstützen, etwa mit Beamer, Overhead, Tafel oder Flipchart? Willst du auch etwas präsentieren wie ein Produkt oder eine Website oder möchtest du eine Methode oder ein Experiment vorführen? Planst du eine interaktive Übung mit deinem Publikum oder Diskussionsrunden?

Steht dir die Gestaltung frei, halte keinen Frontalvortrag, sondern nütze die Chance, deine Präsentation abwechslungsreich zu gestalten.

Technische Ausstattung: Sollst du deinen eigenen Laptop mitnehmen oder ist ein Computer vorhanden? Welches Betriebssystem ist installiert und welche Programme sind vorhanden? Organisiere dir eine Fernsteuerung für den Folienwechsel, damit du nicht die ganze Zeit hinter deinem Computer gefesselt bist.

Wenn du Folien auf deinem eigenen Computer vorbereitest, achte darauf, die Kompatibilität mit dem Präsentationslaptop abzugleichen. Welches Programm hast du verwendet und ist die Datei auch in anderen Programmen zu öffnen? Speicher die Datei gegebenenfalls in verschiedenen Formaten auf deinem USB-Stick.

Benötigst du für deine Präsentation einen Internetzugang oder möchtest du Filme oder Audiosequenzen abspielen? Überlasse nichts dem Zufall, sondern kontrolliere alle technischen Elemente im Vorfeld.

Ablauf

Bereite deine Präsentation inhaltlich gut vor. Deine Rede darf ruhig spontan wirken, doch das gelingt nur, wenn du sie gut geplant hast.

Platziere deinen Schwerpunkt gezielt: Wir erinnern uns besonders gut an die ersten und letzten Elemente einer Liste. Sage darum die wichtigsten Informationen ganz am Anfang und wiederhole sie nochmals am Ende.

Ein vorgefertigtes Manuskript ermöglicht dir, genau abzuschätzen, wie lange deine Rede dauert. Als Faustregel kannst du damit rechnen, dass du für 100 Worte etwa 1 Minute Redezeit benötigst.

- *Begrüßung:* Im Unterschied zu schriftlichen Arbeiten ermöglichen Vorträge, das Publikum direkt anzusprechen. Beginne damit gleich beim Einstieg und begrüße dein Publikum entsprechend. Üblicherweise werden die Gäste in absteigender Reihenfolge begrüßt, erkundige dich im Vorfeld nach den üblichen Anredeformen. Wenn du Titel nennst, dann bei allen erwähnten Personen. Wenn du nicht vorgestellt wirst, informiere dein Publikum selbst kurz über dich und für den Vortrag relevante Bereiche deiner Tätigkeit.

- *Einstieg:* Bist du einer von vielen Rednern in einer ganzen Reihe von Vorträgen? Knüpfe eventuell an vorige Präsentationen an. So schaffst du Kontakt zu VorsprecherInnen und bietest deinen HörerInnen gleich zu Beginn einen roten Faden.

- **Orientierung:** Bereite dein Publikum darauf vor, was sie erwartet. Bei längeren Präsentationen ist eine kurze Inhaltsangabe unumgänglich. Beginne darum mit einer kurzen Vorschau und einem Zeitplan für deinen Beitrag und weise während deinem Vortrag ab und zu auf den Ablauf hin.
- **Abschluss:** Fasse die wichtigsten Punkte abschließend zusammen und bedanke dich bei deinem Publikum. Gib die Möglichkeit, Fragen zu stellen. Vergiss nicht deine Kontaktdaten auf die letzte Folie zu setzen, insbesondere wenn deine Präsentation online zur Verfügung gestellt wird.

Stichwortzettel

Ein Stichwortzettel gibt dir Halt und Orientierung während deines Vortrags.

Selbst wenn du eine Rede schon im Vorhinein ausformulierst, vermeide es, diesen Text wortwörtlich abzulesen, sondern verwende während der Rede deine eigenen Worte. So wirkst du authentisch.

Reduziere deinen Stichwortzettel auf die wichtigsten Stichworte.

Schreibe deine Notizen auf Kärtchen des Formats A5 oder A6. Verwende lieber Karton als dünnes Papier und beschrifte die Kärtchen nur einseitig.

Achte darauf, dass deine Stichworte groß und deutlich geschrieben sind. Pro Gedanken oder Abschnitt sollte nur ein Kärtchen verwendet werden. Für die Übersicht kannst du die einzelnen Karten nummerieren.

Du hast auch das Mindmappen kennengelernt. (siehe Seite 91) Wenn dir diese Visualisierungsmethode liegt, kannst du deine Stichworte in dieser Form aufschreiben.

Regieanweisungen

- *Während deiner Präsentation bist du der Star auf der Bühne. Statte dich selber mit Regieanweisungen aus, um jede Situation gut vorbereitet zu meistern. Notiere, wann du Zettel verteilen möchtest bzw. bestimmte Übungen geplant hast.*
- *Ihr präsentiert im Team? Plant die Reihenfolge der einzelnen Punkte und legt fest, wer welche Stellen übernimmt. Überlegt euch, wie ihr die Übergabe gestaltet.*
- *Zuhörende benötigen Pausen, um das Gehörte zu verarbeiten. Gönne ihnen und deiner Stimme immer wieder Pausen. Damit du nicht darauf vergisst, kannst du auf deinen Stichwortzetteln notieren, wo du kurze Pausen einlegen möchtest.*

Einprägen

Nachdem du deine Vorträge inhaltlich selber vorbereitest, kannst du sie dir relativ leicht einprägen. Gestalte einen Stichwortzettel in deinem Kopf. Lerne nicht ganze Sätze auswendig, sondern präge dir nur die wichtigsten Aussagen und deren Reihenfolge ein.

Wahrscheinlich willst du sichergehen, dass du alle Punkte erwähnst. Die folgenden 3 Merktechniken helfen dir dabei.

Was ist das Stichwort?

SchauspielerInnen haben Strategien entwickelt, wie sie sich ihre langen Texte merken können. Häufig arbeiten sie mit Stichworten: Ein markantes Wort, das ein anderer Schauspieler sagt, dient als Hinweis für den nächsten Satz. Du kannst dir auch selber Stichworte geben. Wenn du einen wichtigen Satz nicht vergessen möchtest, verknüpfe ihn mit einem Wort, das vorher fällt. Erinnere dich an die Basismethode „Assoziieren" (siehe Seite 133) und gestalte die Verknüpfung möglichst merk-würdig. So kannst du dich Stichwort für Stichwort durch deinen Vortrag hanteln.

LOCI-Technik

Reduziere deinen Vortrag auf die wichtigsten Stichworte und verteile sie mithilfe dieser Mnemotechnik (siehe Kapitel „Merken" ab Seite 139) im Vortragssaal.

Hinweise auf Folien

Du kannst deine Powerpoint-Präsentation interessanter gestalten, indem du hin und wieder auf die nächste Folie hinweist, bevor du sie zeigst. Vielleicht möchtest du auch eine Frage ans Publikum stellen und diese dann mit der nächsten Folie beantworten?

Du kannst auf deinen Powerpoint-Folien kleine Hinweise wie kleine Symbole verstecken. Erinnere dich so selber an rhetorische Fragen oder wichtige Anmerkungen.

Visuelle Unterstützung

Präsentationsprogramme wie Powerpoint oder Impress werden im universitären Rahmen häufig genützt, darum wird in diesem Kapitel näher auf sie eingegangen.

Du kannst verschiedene Medien nützen, um Inhalte visuell darzustellen.

- **Kurzfristig:** *Beamer und Overhead ermöglichen einen schnellen Wechsel von Folien.*
- **Langfristig:** *Auf Tafel oder Flipchart können wichtige Begriffe länger stehenbleiben.*

Nütze einen Medienmix, um deine Nachricht optimal zu übermitteln. Gehäufte Informationen kannst du wahrscheinlich besser mithilfe von Folien präsentieren, während du einzelne Schlagwörter vielleicht auf eine Tafel schreiben möchtest.

Plane die Struktur

Garr Reynolds (Reynolds, 2008) empfiehlt, Computerpräsentationen analog zu planen: Nimm Papier und Bleistift zur Hand und skizziere deine Ideen.

Besonders geeignet sind Karteikarten oder Haftnotizzettel: Schiebe sie nach Belieben hin und her, bis du eine geeignete Sequenz gefunden hast.

Der klassische Folienablauf ist linear:
Mithilfe von Hyperlinks kannst du verschiedene Folien miteinander verknüpfen. Über einen derartigen Link kannst du gezielt eine bestimmte Folie ansteuern.

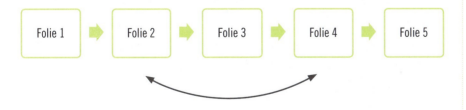

Hyperlinks eröffnen unterschiedliche Möglichkeiten. Du kannst beispielsweise deine Präsentation sternförmig gestalten und immer wieder zu einer Überblicksfolie zurückkehren.

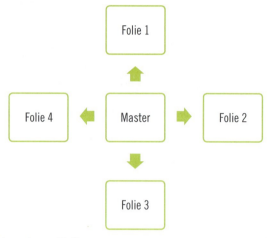

Design der einzelnen Folien

Lass dich von Beispiel-Präsentationen im Internet inspirieren. Auf www.slideshare.net findest du Power-Point-Präsentationen zu verschiedensten Themen.

- *Wähle einen möglichst simplen Hintergrund für deine Folien. Möglicherweise gibt es passende Folienmaster von deiner Universität oder Studienrichtung.*

- *Wähle kontrastreiche Farben: optimal ist dunkle Schrift auf hellem Hintergrund, helle Schrift auf dunklem Hintergrund ist nur für dunkle Räume geeignet.*

- *Achte bei den einzelnen Folien darauf, dass genügend Leerraum bestehen bleibt. Weniger ist mehr!*

- *Setze in kleiner Schrift deinen Namen an den unteren Rand, um die Urheberrechte zu sichern.*

- *Beachte unsere übliche Blickfolge, von links nach rechts und von oben nach unten, bei der Anordnung der einzelnen Elemente.*

- *Animationen helfen, informationsreiche Folien übersichtlicher zu präsentieren. Folienübergänge können neue Themen einleiten und Kapitel voneinander abgrenzen. Andererseits können sie technische Probleme verursachen und dein Publikum ablenken. Setze sie daher sparsam ein und beschränke dich auf einheitliche Animationsformen.*

Text

Niemand kann gleichzeitig lesen und zuhören. Wenn du möchtest, dass dein Publikum deinem Vortrag folgt, darfst du keine Romane auf deine Folien setzen. Sei sparsam mit Text und reduziere ihn auf wichtige Schlagworte.

Ausführlichere Hintergrundinformationen kannst du über Handouts zur Verfügung stellen.

Verwende maximal 2 verschiedene Schriftarten, damit die Folien nicht zu unruhig werden, und schreibe in Druckschrift. SÄTZE, DIE NUR IN GROSSBUCHSTABEN GESCHRIEBEN SIND, SIND SCHWERER ZU LESEN, *das gilt auch für "verspielte" Schriftarten*.

Wichtige Informationen, die du besonders hervorheben möchtest, kannst du in größeren Buchstaben schreiben oder fett hervorheben.

Wir neigen dazu, die Worte „nicht", „nein" und „kein" zu überlesen. Unterstreiche sie gegebenenfalls, damit deine LeserInnen sie <u>nicht</u> übersehen.

Bilder

Ein Bild sagt mehr als tausend Worte. Verstärke deine Botschaft durch passende Abbildungen. Setze Bilder generell eher in die linke Folienhälfte, Text in die rechte.

Reduziere den Text, indem du stattdessen Bilder und Symbole verwendest.

Viele Folien sind überfüllt mit Aufzählungspunkten. Kannst du die eine oder andere Liste vielleicht bildlich darstellen?

Das Internet ist eine umfassende Quelle für Bildmaterial. Folgende Seiten ermöglichen dir, geeignete Bilder zu suchen, und bieten diese teilweise kostenlos an (achte aber darauf, ob die Verwendung der Bilder urheberrechtlich freigegeben ist):

- www.flickr.com
- www.imageafter.com
- www.everystockphoto.com
- www.morguefile.com
- www.sxc.hu

Tabellen, Graphen

Daten wirst du häufig in Form von Tabellen oder Graphen präsentieren wollen. Manchen Zuhören fällt es möglicherweise schwer, sich in großen Zahlen- und Datenmengen zurechtzufinden, vor allem, wenn sie in kleiner Schriftgröße dargestellt sind.

Reduziere darum deine Tabellen und Graphen auf die entscheidenden Werte. Auch hier gilt: wenn du umfassendere Daten oder komplexe Diagramme zur Verfügung stellen möchtest, verteile diese in Handouts.

Die Gestaltung der Tabellen und Graphen sollte so einfach und deutlich wie möglich sein. Vermeide dreidimensionale Darstellungen und überflüssige Linien. Denke daran, X- und Y-Achse zu beschriften und Einheiten anzugeben.

Poster

Ein wissenschaftliches Poster ist eine Kurzübersicht deines Forschungsprojektes, entsprechend einer Präsentation auf einer einzigen Folie in großem Format. „Poster Sessions" geben ForscherInnen während Konferenzen die Möglichkeit, ihre Arbeit abseits von Vortragssaal und Seminaren zu präsentieren.

Dein Poster ist länger sichtbar und erreicht ein größeres Zielpublikum. Personen können dein Poster auch sehen, wenn du gerade nicht dabei bist. Aus diesem Grund sollte es selbsterklärend sein.

Gleichzeitig konkurriert dein Poster allerdings mit hunderten anderen Postern. Es muss also ansprechend sein und sich von der Masse abheben. Darum setzen wir uns in diesem Abschnitt mit der optimalen Gestaltung von wissenschaftlichen Postern auseinander.

Inhalt

Reduziere den Inhalt deines Posters auf die Hauptbotschaft und nenne wirklich nur die wesentlichen Informationen.

Dein Poster sollte so wenig Text wie möglich beinhalten, als Faustregel etwa 1/5 der Posterfläche, sodass es in wenigen Minuten lesbar ist. Weitere 2/5 des Posters stehen für Grafiken, Tabellen und Abbildungen zur Verfügung und die restlichen 2/5 bleiben leer. Gönne den Augen deines Publikums diesen Leerraum.

Titel
Dein Titel ist das Aushängeschild des Posters. Wähle darum einen pointierten Titel, keine trockene wissenschaftliche Ausführung, die du selbst erfahrenen KollegInnen erklären musst.

Einleitung
Deine Einleitung soll Interesse wecken. Beginne darum mit einer spannenden Frage, einem überraschenden Ergebnis oder einem innovativen Gedanken. Überlege dir, was das Besondere an deiner Arbeit ist. Warum sollte jemand gerade vor deinem Poster stehenbleiben?

Material und Methoden
Nütze Grafiken und Abbildungen, um deine Botschaft zu verdeutlichen. Hast du vielleicht Fotos aus dem Labor oder kannst du einen Screen-Shot einfügen?

Ergebnisse
Präsentiere deine Ergebnisse vorzugsweise mithilfe von Graphen anstelle von Tabellen. Reduziere die Daten auf die entscheidenden Werte.

Quellenangaben, Danksagungen, weiterführende Informationen
Finde Platz am unteren Rand deines Posters, um wesentliche Literatur zu zitieren und Kollegen und Institutionen zu danken. Denke daran, anzugeben, wie dich LeserInnen für weiterführende Informationen kontaktieren können.

Design
Erkundige dich bezüglich der Richtlinien deines Instituts, deiner Universität bzw. der entsprechenden Konferenz. Halte dich unbedingt an die vorgegebenen Werte, damit dein Poster während der Präsentation nicht unangenehm hervorsticht.

Folgende Formate sind üblich:

- A0 (841 × 1189 mm)
- A1 (594 × 841 mm)

Derartig große Formate werden auf speziellen Geräten ausgedruckt, dies dauert länger als ein normaler Druckvorgang. Bedenke dies in deiner Zeitplanung.

Programme

Du kannst dein Poster in Powerpoint erstellen. Stelle dazu die Foliengröße auf das gewünschte Format ein. Dies ist auch im Open-Office-Programm Impress möglich. Weiters kannst du natürlich auch Grafikbearbeitungsprogramme wie Adobe Illustrator oder Layoutprogramme wie Indesign einsetzen.

Layout

Hier siehst du Beispiele typischer Poster-Layouts. Die Blickrichtung geht von links oben nach rechts unten. Im Prinzip sind vielfältige Anordnungen möglich und erlaubt, achte darauf, dass die Reihenfolge logisch ist und sich Betrachter des Posters schnell zurechtfinden können.

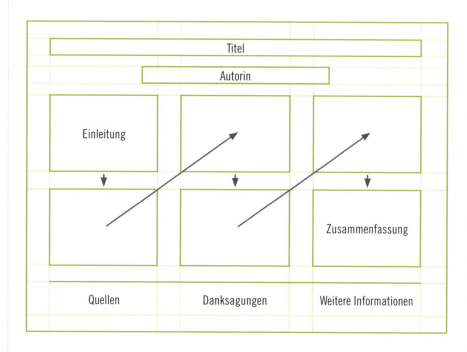

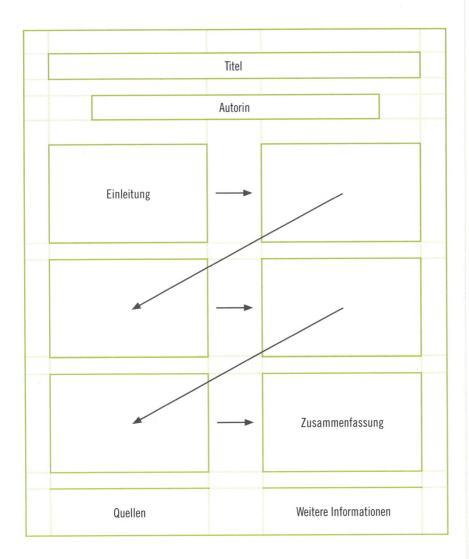

Farbe

Auch für Poster gilt: wähle kontrastreiche Farben, bevorzugt dunkle Schrift auf hellem Hintergrund. Wenn du sichergehen möchtest, dass die Farben am Bildschirm so angezeigt werden, wie sie später gedruckt werden, stelle das Programm auf den Farbmodus CMYK ein.

Schriftart

Im Optimalfall stehen mehrere Interessenten rund um dein Poster. Wähle darum Schriftarten, die von ein paar Schritten Abstand noch lesbar sind. Wähle Serifen-Schriftarten wie Times oder Courier für den Fließtext und serifenlose Schriftarten (Arial, Tahoma, Verdana, Helvetica) für die Titel.

Beschränke die Textmenge: Pro Block sollten maximal 12 Sätze stehen, bei 12 Wörtern pro Zeile.

Abbildungen und Graphen

Für Poster gilt dasselbe wie für Powerpoint-Folien: ersetze Text nach Möglichkeit durch Bilder. Um sicherzugehen, dass die Bilder gut gedruckt werden, wähle eine hohe Auflösung, mindestens 300 dpi.

Beschrifte alle Abbildungen mit einer kurzen, aussagekräftigen Zeile. Verwende Sätze, die das Ergebnis direkt beschreiben. Statt „Ergebnisse des Experiments" formuliere also besser „der Effekt zeigt sich in 75% der Versuchspersonen".

Lege dein fertiges Poster einen Moment zur Seite und betrachte es nach einer Pause nochmals kritisch: Welche Textstellen lassen sich löschen? Streiche alle Informationen, die für das Verständnis nicht unbedingt notwendig sind.

Poster-Präsentation

Während der Poster-Session willst du deine Arbeit verkaufen. Bedenke, dass deine Präsentation in einer Reihe zahlreicher interessanter Poster steht. Nütze also die Chance, Personen noch zusätzlich zu begeistern. Lege dir ein spannendes Detail zurecht, um das Interesse deiner Zuhörer zu wecken. Es gibt den Ausdruck des „elevator pitch": Junge Unternehmer üben, ihre Geschäftsidee während einer kurzen Aufzugfahrt spannend zu präsentieren. Kannst du dein Forschungsprojekt in 1 Minute erklären?

Dein Auftritt

Du siehst, der endgültige Vortrag ist nur ein kleiner Teil einer langen Kette an Vorbereitungen. Jetzt hast du die Chance, all deine Bemühungen zu präsentieren. Du bist wie ein Schauspieler, der auf der Bühne ein vorbereitetes Stück abspielt.

Der erste Eindruck bleibt meistens lange hängen und kann die Beurteilung deiner gesamten Präsentation beeinflussen. Achte darum darauf, wie du auf dein Publikum wirkst.

Wähle die Kleidung, die du während deiner Präsentation trägst, bewusst aus. Du brauchst dich nicht zu verkleiden. Wähle deinen eigenen Stil, aber passe ihn an die Umgebung an. Selbst wenn du nicht täglich im dreiteiligen Anzug herumläufst: am Sportplatz trägst du andere Kleidung als im Restaurant oder eben bei deinem Vortrag. Überlege dir, wie du auf dein Publikum wirken möchtest, und ziehe dich entsprechend an.

Wirf vor deinem Auftritt noch einen kontrollierenden Blick in den Spiegel.

Alles da?

Nimm dir Zeit, um dir vor deiner Rede alle wichtigen Punkte noch einmal durch den Kopf gehen zu lassen. Solltest du an viele Dinge denken müssen, kannst du dir im Vorfeld eine Checkliste erstellen, die du dann der Reihe nach abhaken kannst.

- ☐ *Getränk bereitstellen*
- ☐ *Folien durchklicken: funktioniert alles?*
- ☐ *Video- und Audiofiles testen*
- ☐ *Notizzettel sortieren und bereitlegen*
- ☐ *Handouts*
- ☐ *Laserpointer*
- ☐ *Fernsteuerung für den Laptop (testen)*

Entspann dich

Indem du zu deinem eigenen Auftritt mehr als rechtzeitig anreist, sicherst du dir vor dem großen Moment noch ein paar ruhige Minuten. Nütze sie, um dich mental auf den Vortrag vorzubereiten.

Öffne ein Fenster und atme tief und ruhig durch die Nase ein und durch den Mund wieder aus. Im Kapitel „Selbstorganisation" findest du weitere Tipps zur Entspannung.

Wenn du unter Lampenfieber leidest, kannst du die folgende Übung absolvieren:

Alles ist relativ

Setz dich entspannt hin und schließe eventuell die Augen. Stell dir vor, wo du in einer Stunde sein wirst und wie du dich fühlen wirst. Was ist in der einen Stunde alles passiert? Visualisiere anschließend, wo du in 1 Jahr sein wirst. Was wirst du in genau 1 Jahr machen? Welche Ziele, Pläne, Träume wirst du haben und was hast du bis dahin alles erreicht? Träume anschließend weiter und überlege dir, wer du in 10 Jahren sein wirst. Wie haben sich dein Umfeld und dein Leben mittlerweile verändert? Was ist in der Welt passiert? Kannst du den Tagtraum noch weiterführen und darüber nachdenken, was in 100 Jahren sein wird?

Hole dich anschließend wieder langsam zurück ins Hier und Jetzt und denke der Reihe nach zurück an die einzelnen Stationen: in 10 Jahren, in 1 Jahr, in 1 Stunde.

Körperhaltung

Finde bereits vor dem Vortrag eine Körperhaltung, in der du dich wohlfühlst. Wirst du während deiner Präsentation stehen oder sitzen?

- **Wenn du sitzt:** Setze dich auf das vorderste Drittel deines Sessels und achte auf eine aufrechte Körperhaltung. Hast du genug Bewegungsfreiheit, um zu gestikulieren? Verstecke dich nicht hinter deinem Laptop, sondern schiebe ihn schräg zur Seite, damit du freie Sicht aufs Publikum hast.
- **Wenn du stehst:** Suche dir eine stabile Standposition. Setze deine Beine schulterbreit auf den Boden, Knie leicht gebeugt, und finde dein Gleichgewicht, indem du deinen Körper leicht hin und her bewegst. Du kannst zum Beispiel kleine kreisende Bewegungen machen, um dich so auf einer angenehmen Standposition einzupendeln, oder dir vorstellen, dass dich ein Faden am Kopf in die Höhe zieht, bis du eine aufrechte Position erreicht hast.
- Lockere deine Arme und untermale deinen Vortrag mit zahlreichen Handbewegungen.

Ruhige Stimme

Ein Schauspieler, der einen aufgeregten, nervösen Charakter spielt, setzt eine entsprechende Stimme ein: hoch, schnell, zittrig. Wie wird die Stimme einer Schauspielerin klingen, die eine kompetente Wissenschaftlerin darstellen möchte? Sprich bewusst langsam und tief, konzentriere dich während deines Vortrages auf deine ruhige Stimme und lege ausreichend Pausen ein.

Kommunikation mit dem Publikum

Du hältst deinen Vortrag nicht für dich selber, sondern für deine ZuhörerInnen. Schon bei der Begrüßung kannst du mit einem Lächeln das Eis brechen und während deiner Rede immer wieder das Band zwischen dir und deinen ZuhörerInnen festigen. Kommuniziere mit deinem Publikum: halte Augenkontakt und schenke ihnen Aufmerksamkeit. Du kannst einzelne Personen auch persönlich ansprechen oder dein Publikum mit rhetorischen Fragen adressieren.

Inkludiere persönliche Erfahrungsberichte und erzähle deine Präsentation, als wäre es deine eigene Geschichte.

Umgang mit Medien

Drehe deinem Publikum nie den Rücken zu. Dreh dich also selber nicht zu der Wand, auf die deine Präsentation projiziert wird. Verwende eventuell einen Laserpointer, um auf Bilder, Graphen oder Tabellen zu weisen. Stelle dich dazu schräg vor das Publikum.

Kündige wichtige Folien an und weise darauf hin, dass jetzt entscheidende Daten kommen. Gib den ZuhörerInnen anschließend Zeit, um die Folie zu betrachten und zu lesen.

Du kannst die Aufmerksamkeit des Publikums auf einen wichtigen Begriff lenken, indem du ihn auf eine Tafel oder Flipchart schreibst. Achte dabei aber darauf, dass du nicht gleichzeitig redest und schreibst. Während du dich der Tafel zuwendest, kann dich das Publikum nicht verstehen.

was tun wenn ...

... Zwischenfragen gestellt werden

- *Überlege dir schon im Vorfeld, welche Fragen kommen könnten. Was könnte die ZuhörerInnen besonders interessieren und wo wird vielleicht nachgehakt? Lege dir geeignete Antworten zurecht.*

- *Betrachte Fragen nie als Kritik, sondern beantworte sie, als ob ein neugieriges Kind oder deine interessierte Großmutter nachfragt: erklärend, wissend. Lass dich durch Zwischenfragen nicht in eine Prüfungssituation drängen. Eine Präsentation ist keine Prüfung, sondern deine Chance, ein Thema zur Schau zu stellen, bei dem du ExpertIn bist.*

- *Zeige, dass du die Frage verstanden hast und dass du sie ernst nimmst. Du kannst dir wichtige Punkte oder Begriffe notieren, während die Frage gestellt wird. Wiederhole die Frage, bevor du sie beantwortest, sodass das gesamte Publikum die Frage akustisch versteht. Mögliche Phrase: „Lassen Sie mich wiederholen, was Sie soeben sagten."*

- *Frage gegebenenfalls nach, falls du eine Frage nicht eindeutig verstehen konntest: „Was meinen Sie mit ...?", „Der Begriff ... kann in diesem Zusammenhang so ausgelegt werden ...".*

- *Falls viele oder unpassende Fragen gestellt werden, kannst du dir überlegen, die Fragen zu notieren und in einem Fragespeicher zu sammeln. Bewahre etwa die Fragen auf Flipchart oder Tafel für die Enddiskussion.*

- Biete die Möglichkeit an, einzelne Fragen nach dem Vortrag im Einzelgespräch zu klären oder per Mail zu beantworten.

… du im Vortrag hängenbleibst?

- Bereite dich gut vor. Erzähle FreundInnen die Rede im Vorfeld. So hast du konkrete Situationen, an die du dich erinnern kannst.
- Lege eine kurze Pause ein. Eine kurze Schweigeminute ermöglicht deinem Publikum das Gesagte zu verarbeiten. Trink eventuell einen Schluck Wasser und nütze die Denkpause, um deine Gedanken zu sammeln.
- Wiederhole den letzten Abschnitt in anderen Worten oder fasse bisher Gesagtes zusammen. Du kannst auch den Moment nützen, um besonders wichtige Informationen zu betonen: „Was ich nochmals hervorheben möchte …"
- Stelle eine Frage ans Publikum: „Gibt es soweit irgendwelche Unklarheiten?", „Hat jemand ähnliche Erfahrungen gemacht?".
- Wirf einen Blick auf deinen Stichwortzettel und setze mit dem nächsten Punkt fort. Lass einfach die Folie aus, bei der du hängengeblieben bist.
- Greife zu deinem Manuskript: „Dazu möchte ich kurz etwas vorlesen …"

ENTDECKE DEN/DIE WISSEN-

Recherchiere gezielt!

- *Entscheide dich für dein Material*
- *Führe ein Journal*
- *Verwalte deine Literatur*
- *Suche gezielt im Internet*
- *Begrenze deine Recherche*

Arbeite wissenschaftlich!

- *Entscheide dich für ein Thema*
- *Kommuniziere strukturiert*
- *Zitiere richtig*

SCHAFTLERIN IN DIR

Schreibe eine wissenschaftliche Arbeit!

- Plane dein Schreibprojekt
- Verfasse ein Exposé
- Schreibe Stück für Stück
- Beginne mit einem Rohtext
- Überarbeite dein Produkt
- Hole dir Feedback
- Setze einen Schlussstrich

Präsentiere sicher!

- Bereite dich gut vor
- Verfasse einen Stichwortzettel
- Setze die wichtigsten Informationen auf Folien
- Designe ein ansprechendes Poster
- Entspanne dich und sprich mit ruhiger Stimme
- Kommuniziere mit deinem Publikum

LITERATUR

Ameri, A. (1999) The Effects of Cannabinoids on the Brain. Pharmacology, Biochemistry and Behaviour. 64, 257-260

Anderson, J. R. (2001) Aufmerksamkeit und Leistung. In: Anderson, J. R., Kognitive Psychologie. 3. Auflage, Heidelberg, Berlin: Spektrum, 75-106

Anderson, J. R. (2001) Gedächtnis: Behalten und Abruf. In: Anderson, J. R., Kognitive Psychologie. 3. Auflage, Heidelberg, Berlin: Spektrum, 203-239

APA, American Psychiatric Association (1994) Diagnostic and Statistical Manual of Mental Disorders. 4th edition, Washington, DC: American Psychiatric Association

Aschemann-Pilshofer, B. (2005) Diplomarbeiten in den Geisteswissenschaften: Widersprüche und Wege. Eine empirische Analyse der Barrieren und Hilfestellungen im Diplomarbeitsprozess. Norderstedt: Books on Demand

Bahrick, H.P. (1984) Semantic Memory Content in Permastore: Fifty Years of Memory for Spanish Learned in School. Journal of Experimental Psychology

Bjork, R. A.; Bjork, E. L. (2006) Optimizing Treatment and Instruction: Implications of a New Theory of Disuse. In: Nilsson, L. G.; Ohta, N. (Eds.) Memory and Society. Psychological Perspectives, Psychology Press

Boeglin, M. (2007) Wissenschaftlich arbeiten Schritt für Schritt. Gelassen und effektiv studieren. München: Wilhelm Fink Verlag

Bolker, J. (1997) The Writers' Home Companion. An Anthology of the Word Best Writing Advice From Keats to Kunitz. New York: Henry Holt and Company

Bolker, J. (1998) How to Write a Dissertation in 15 Minutes a Day. Guide to Starting, Revising, and Finishing your Doctoral Thesis. New York: Henry Holt and Company

Cameron, J. (2003) Von der Kunst des Schreibens und der spielerischen Freude, die Worte fließen zu lassen. München: Knaur

Cameron, J. (2000) Der Weg des Künstlers. Ein spiritueller Pfad zur Aktivierung unserer Kreativität. München: Knaur

Carter, R. (1998) Mapping the Mind. Phoenix

Chan, G. C.; Hinds, T. R.; Impey, S.; Storm, D. R. (1998) Hippocampal Neurotoxicity of D9-Tetrahydrocannabinol. The Journal of Neuroscience, July 15, 1998, 18(14), 5322–5332

Chi, M. T. H.; Glaser, R.; Farr, M. J. (1988) The Nature of Expertise. Lawrence Erlbaum Associates

Coffield, F.; Moseley, D.; Hall, E.; Ecclestone, K. (2004) Learning Styles and Pedagogy in Post-16 Learning: a Systematic and Critical Review. London: Learning and Skills Research

de Groot, A. (1978) Thought and Choice in Chess. Mouton De Gruyter, 2nd edition.

Dilts, R. B. (1994) Strategies of Genius. Volume I: Aristotle, Sherlock Holmes, Walt Disney, Wolfgang Amadeus Mozart. Meta Publications, Capitalo

Eco, U. (2005) Wie man eine wissenschaftliche Abschlussarbeit schreibt. 11. Auflage. Heidelberg: C. F. Müller (WUV Verlag),

Einstein, G. O.; Morris, J. Smith, S. (1985) Notetaking, Individual Differences, and Memory for Lecture Information. Journal of Educational Psychology, 77 (5), October 1985, pp. 522–532

Elbow, P. (1998) Writing with Power. Techniques for Mastering the Writing Process. New York/Oxford: Oxford University Press

Goldberg, N. (2003) Schreiben in Cafés. Berlin: Autorenhaus Verlag

Hebb, D. O. (1949) The Organization of Behavior. New York: Wiley

Jahnke, J. C. (1965) Primacy and Recency Effects in Serial-position Curves of Immediate Recall. Journal of Experimental Psychology 70, 130-2

Jakobsen, R. (1960) Linguistics and Poetics. In: T. Sebeok (Ed.) Style in Language. Cambridge, MA: M.I.T. Press, 1960, pp. 350–377

Kilian, D.; Krismer, R.; Loreck, S.; Sagmeister, A. (2007) Wissensmanagement. Werkzeuge für Praktiker. Linde

Köbler, G.(2007) Altgriechisches Abkunfts- und Wirkungswörterbuch. online unter http://www.koeblergerhard.de/altgriechisch/griech_etym.pdf (abgerufen am 5. März 2009)

Kruse, O. (2002) Keine Angst vor dem leeren Blatt. Ohne Schreibblockaden durchs Studium. 9. Auflage. Frankfurt/New York: Campus,

Lamott, A. (2004) Bird by Bird. Wort für Wort. Anleitung zum Schreiben und Leben als Schriftsteller. Berlin: Autorenhaus Verlag

Levy, M. (2002). Geniale Momente. Revolutionieren Sie Ihr Denken durch persönliche Aufzeichnungen. Zürich/St. Gallen: MidasVerlag

Luchins A. S.; Luchins, E. H. (1970) Wertheimer's Seminar Revisited: Problem Solving and Thinking. Albany, NQ: State University of New York

Märtin, D. (2003) Erfolgreich texten! Für Studium und Beruf. München: Wilhelm Heyne Verlag

Mayer, R. E.; Gallini, J. K. (1990) When Is an Illustration Worth Ten Thousand Words? Journal of Educational Psychology, Vol. 82, No. 4, 715–726

Mayer, R.E. (2001) Multimedia Learning. Cambridge University Press

Millsaps C. L.; Azrin, R. L; Mittenberg, W. (1994) Neuropsychological Effects of Chronic Cannabis Use on the Memory and Intelligence of Adolescents. Journal of Child and Adolescent Substance Abuse, 3, 47–55

Murray, R. (2005) Writing for Academic Journals. Maidenhead: Open University Press-McGraw-Hill, 240 pp

North, V.; Buzan, T. (2001) Get Ahead. Mindmap Your Way to Success. Wien: Krenn Verlag

Paivio, A. (1986) Mental Representations: a Dual Coding Approach. Oxford/England: Oxford University Press

Raugh, M. R.; Atkinson, R. C. (1974) A Mnemonic Method for the Acquisition of a Second-Language Vocabulary. Psychology and Education Series, Technical Report No 224

Reinmann, G.; Eppler, M (2008) Perspektivendiagramm. In: Reinmann, G.; Eppler, M. Wissenswege. Bern: Huber, 75–77

Reynolds, G. (2008) Presentation Zen. Berkley: new riders

Rico, G. (2004) Garantiert schreiben lernen: Sprachliche Kreativität methodisch entwickeln. Ein Intensivkurs auf der Grundlage moderner Gehirnforschung. Hamburg: Rowohlt

Rodgers, J.; Buchanan, T.; Scholey, A. B. et al. (2001) Differential Effects of Ecstasy and Cannabis on Self-reports of Memory Ability: a Web-based Study. Human Psychopharmacology: Clinical and Experimental, 16, 619–625

Roediger, H. L. (1980) The Effectiveness of Four Mnemonics in Ordering Recall. Journal of Experimental Psychology: Human Learning and Memory, Vol 6. No 5, 558–567

Ross, H. S.; Killey, J. C. (1977) The Effect of Questioning on Retention. Child Development

Sanford, E. C. (1982) Professor Sanford's Morning Prayer. In: Neisser, U.; Hyman, I. E. Jr. (Eds) Memory Observed: Remembering in Natural Contexts, 2nd edition, New York: Worth, 137p

Schwartz, R. H. (1991). Heavy Marijuana Use and Recent Memory Impairment. Psychiatric Annals, 21, 80–82

Shors, T. J. (2004) Learning During Stressful Times. Learning and Memory Vol. 11, 137–144

Skinner, B.F. (1991) How to Discover What You Have to Say. In: Bolker, J. (Ed.) (1997) The Writers' Home Companion. An Anthology of the Word Best Writing Advice From Keats to Kunitz. New York: Henry Holt and Company

Slotte, V.; Lonka, K. (1998) Using Notes During Essay-writing: Is it Always Helpful? Educational Psychology, 4, 445–459

Stickgold, R. (2005) Sleep-dependent Memory Consolidation. Nature Vol. 437/27, 1272–1278

Stroop, J. R. (1935) Studies of Interference In Serial Verbal Reactions. Journal of Experimental Psychology

Tulving, E. (1984) Précis of Elements of Episodic Memory. Behavioural and Brain Sciences, 7, 223–268

Unicef Deutschland (2009) Kinder haben Rechte. online unter http://www.unicef.de/fileadmin/content_media/aktionen/F_0015_Kinder_haben_Rechte.pdf (abgerufen am 13. März 2009)

Vester, F. (1975) Denken, lernen, Vergessen. Deutscher Taschenbuchverlag

Warneken, F.; Tomasello, M. (2006) Altruistic Helping in Human Infants and Young Chimpanzees. Science, 31, 1301–1303

Wegner, D. M. (1989) White Bears and Other Unwanted Thoughts: Suppression, Obsession, and the Psychology of Mental Control. New York: Viking/Penguin

Werder, L. v.; Schulte-Steineicke, B.; Schulte, B. (2001) Weg mit Schreibstörungen und Lesestress: Zur Praxis und Psychologie des Schreib- und Lesecoachings. Hohengehren: Schneider

Wolfsberger, J. (2007) Frei geschrieben. Wien: Böhlau Verlag

Yates, F. A. (1966) The Three Latin Sources for the Classical Art of Memory. In: Yates, F.A. The Art of Memory. London: Pimlico, 17–41

IMPRESSUM

Das Werk, einschließlich aller seiner Teile, ist urheberrechtlich geschützt. Jede Verwertung außerhalb des Urheberrechtsgesetzes ist ohne Zustimmung der Hubert Krenn VerlagsgesmbH unzulässig und strafbar. Das gilt insbesondere für Vervielfältigungen, Übersetzungen, Mikroverfilmungen sowie die Einspeicherung und Verarbeitung in elektronischen Systemen. Die in diesem Buch veröffentlichten Ratschläge sind mit größter Sorgfalt von den Autorinnen erarbeitet und geprüft worden. Eine Garantie kann jedoch nicht übernommen werden. Ebenso ist eine Haftung des Verlags und seiner Beauftragten für Personen-, Sach- oder Vermögensschäden ausgeschlossen. Jede gewerbliche Nutzung der Arbeiten und Entwürfe ist nur mit Genehmigung der Hubert Krenn VerlagsgesmbH gestattet.

Cover: Marianne Prutsch
Grafische Gestaltung: Moritz Scharf
Texte: Dr. Katharina Turecek, Mag. Birgit Peterson
Lektorat: Alexander Schipflinger
Illustrationen: Sibylle Vogel, Cover: istockphoto
Druck und Bindung: Druckerei Theiss GmbH, A-9431 St. Stefan

© Hubert Krenn VerlagsgesmbH 2010, Printed in EU 2010
ISBN: 978-3-99005-033-0